大学赤本シリーズ

496

関西学院大学
英　語

3日程 × 3カ年

教学社

は　し　が　き

　おかげさまで，大学入試の「赤本」は，今年で創刊 70 周年を迎えました。

　これまで，入試問題や資料をご提供いただいた大学関係者各位，掲載許可をいただいた著作権者の皆様，各科目の解答や対策の執筆にあたられた先生方，そして，赤本を使用してくださったすべての読者の皆様に，厚く御礼を申し上げます。

　以下に，創刊初期の「赤本」のはしがきを引用します。これからも引き続き，受験生の目標の達成や，夢の実現を応援してまいります。

　本書を活用して，入試本番では持てる力を存分に発揮されることを心より願っています。

編者しるす

＊　　　＊　　　＊

　学問の塔にあこがれのまなざしをもって，それぞれの志望する大学の門をたたかんとしている受験生諸君！　人間として生まれてきた私たちは，自己の欲するままに，美しく，強く，そして何よりも人間らしく生きることをねがっている。しかし，一朝一夕にして，この純粋なのぞみが達せられることはない。私たちの行く手には，絶えずさまざまな試練がまちかまえている。この試練を克服していくところに，私たちのねがう真に人間的な世界がはじめて開かれてくるのである。

　人生最初の最大の試練として，諸君の眼前に大学入試がある。この大学入試は，精神的にも身体的にも，大きな苦痛を感ぜしめるであろう。あるスポーツに熟達するには，たゆみなき，はげしい練習を積み重ねることが必要であるように，私たちは，計画的・持続的な努力を払うことによって，この試練を克服し，次の一歩を踏みだすことができる。厳しい試練を経たのちに，はじめて満足すべき成果を獲得できるのである。

　本書は最近の入学試験の問題に，それぞれ解答を付し，さらに問題をふかく分析することによって，その大学独特の傾向や対策をさぐろうとした。本書を一般の参考書とあわせて使用し，まとはずれのない，効果的な受験勉強をされるよう期待したい。

（昭和 35 年版「赤本」はしがきより）

目　次

解答用紙は，赤本オンラインに掲載しています。
https://akahon.net/kkm/kgk/index.html

※掲載内容は，予告なしに変更・中止する場合があります。

掲載内容についてのお断り

- 本書には，一般選抜のうち3日程分の「英語」を掲載しています。
- 関西学院大学の赤本には，ほかに下記があります。

『関西学院大学（文学部・法学部・商学部・人間福祉学部・総合政策学部－学部個別日程）』

『関西学院大学（神学部・社会学部・経済学部・国際学部・教育学部－学部個別日程）』

『関西学院大学（全学部日程〈文系型〉）』

『関西学院大学（全学部日程〈理系型〉）』

『関西学院大学（共通テスト併用日程〈数学〉・英数日程）』

『関西学院大学（国語〈3日程×3カ年〉）』

『関西学院大学（日本史・世界史・文系数学〈3日程×3カ年〉）』

『関西学院大の英語』（難関校過去問シリーズ）

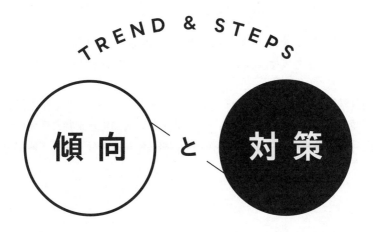

科目ごとに問題の「傾向」を分析し，具体的にどのような「対策」をすればよいか紹介しています。まずは出題内容をまとめた分析表を見て，試験の概要を把握しましょう。

=== 注　意 ===

「傾向と対策」で示している，出題科目・出題範囲・試験時間等については，2024年度までに実施された入試の内容に基づいています。2025年度入試の選抜方法については，各大学が発表する学生募集要項を必ずご確認ください。

試験日が異なっても出題傾向に大きな差はないから
過去問をたくさん解いて傾向を知ることが合格への近道

　関西学院大学の一般選抜は，例年，方式・試験日が違っても出題形式・問題傾向に大きな差はみられないことから，過去問演習が特に重要です。

　多くの過去問にあたり，苦手科目を克服し，得意科目を大きく伸ばすことが，関西学院大学の合格への近道と言えます。

——— 関西学院大学の赤本ラインナップ ———

総合版　まずはこれで全体を把握！

✓ 『関西学院大学（文・法・商・人間福祉・総合政策学部－学部個別日程）』

✓ 『関西学院大学（神・社会・経済・国際・教育学部－学部個別日程）』

✓ 『関西学院大学（全学部日程〈文系型〉）』

✓ 『関西学院大学（全学部日程〈理系型〉）』

✓ 『関西学院大学（共通テスト併用日程〈数学〉・英数日程）』

科目別版　苦手科目を集中的に対策！

✓ 『関西学院大学（英語〈3日程×3カ年〉）』

✓ 『関西学院大学（国語〈3日程×3カ年〉）』

✓ 『関西学院大学（日本史・世界史・文系数学〈3日程×3カ年〉）』

難関校過去問シリーズ

最重要科目「英語」を出題形式別にとことん対策！

✓ 『関西学院大の英語［第10版］』

英　語

年　度	番号	項　目	内　容
2024	〔1〕	読　　解	空所補充，同意表現，内容真偽
	〔2〕	読　　解	同意表現，内容説明
2月2日 ●	〔3〕	読　　解	空所補充，内容説明，内容真偽
	〔4〕	文法・語彙	空所補充
	〔5〕	文法・語彙	語句整序
	〔6〕	会　話　文	空所補充
	〔1〕	読　　解	選択：空所補充，同意表現，要約文の完成 記述：英文和訳
	〔2〕	読　　解	選択：空所補充，同意表現，内容真偽 記述：英文和訳
2月6日 ◗	〔3〕	読　　解	選択：同意表現，内容真偽
	〔4〕	文法・語彙	選択：空所補充
	〔5〕	文法・語彙 英　作　文	選択：語句整序 記述：和文英訳
	〔6〕	会　話　文	選択：空所補充
	〔1〕	読　　解	選択：空所補充，同意表現，内容説明 記述：英文和訳
	〔2〕	読　　解	選択：空所補充，同意表現，内容真偽
2月7日 ◗	〔3〕	読　　解	選択：同意表現，内容説明 記述：英文和訳
	〔4〕	文法・語彙	選択：空所補充
	〔5〕	文法・語彙 英　作　文	選択：語句整序 記述：和文英訳
	〔6〕	会　話　文	選択：空所補充

2023	2月2日 ●	〔1〕	読　　解	空所補充，同意表現，内容説明，内容真偽
		〔2〕	読　　解	内容説明，内容真偽
		〔3〕	読　　解	空所補充，同意表現，内容真偽
		〔4〕	文法・語彙	空所補充
		〔5〕	文法・語彙	語句整序
		〔6〕	会　話　文	空所補充
	2月6日 ◐	〔1〕	読　　解	選択：空所補充，同意表現，内容真偽 記述：英文和訳
		〔2〕	読　　解	選択：空所補充，同意表現，内容真偽 記述：英文和訳
		〔3〕	読　　解	選択：同意表現，内容真偽
		〔4〕	文法・語彙	選択：空所補充
		〔5〕	文法・語彙 英　作　文	選択：語句整序 記述：和文英訳
		〔6〕	会　話　文	選択：空所補充
	2月7日 ◐	〔1〕	読　　解	記述：英文和訳 選択：空所補充，同意表現，内容説明
		〔2〕	読　　解	記述：英文和訳 選択：同意表現，内容真偽
		〔3〕	読　　解	選択：空所補充，同意表現，内容真偽
		〔4〕	文法・語彙	選択：空所補充
		〔5〕	文法・語彙 英　作　文	選択：語句整序 記述：和文英訳
		〔6〕	会　話　文	選択：空所補充

2022	2月2日 ●	〔1〕	読解	空所補充, 同意表現, 内容真偽
		〔2〕	読解	空所補充, 同意表現, 内容真偽
		〔3〕	読解	同意表現, 内容真偽
		〔4〕	文法・語彙	空所補充
		〔5〕	文法・語彙	語句整序
		〔6〕	会話文	空所補充
	2月6日 ◑	〔1〕	読解	選択：空所補充, 同意表現, 内容真偽 記述：英文和訳
		〔2〕	読解	選択：空所補充, 同意表現, 内容真偽 記述：英文和訳
		〔3〕	読解	選択：同意表現, 内容真偽
		〔4〕	文法・語彙	選択：空所補充
		〔5〕	文法・語彙 英作文	選択：語句整序 記述：和文英訳
		〔6〕	会話文	選択：空所補充
	2月7日 ◑	〔1〕	読解	記述：英文和訳 選択：同意表現, 空所補充, 内容説明
		〔2〕	読解	記述：英文和訳 選択：同意表現, 内容真偽
		〔3〕	読解	選択：空所補充, 同意表現, 内容真偽
		〔4〕	文法・語彙	選択：空所補充
		〔5〕	文法・語彙 英作文	選択：語句整序 記述：和文英訳
		〔6〕	会話文	選択：空所補充

（注）　●印は全問，◑印は一部マークセンス方式採用であることを表す。

読解英文の主題

年　度	番号	主　題
2024 2月2日	〔1〕	記憶のプロセスとその役割
	〔2〕	食品廃棄物問題の現状と解決策
	〔3〕	古代文明における天文学の重要性
2月6日	〔1〕	インセンティブが及ぼす影響
	〔2〕	鳥の鳴き声に関する研究結果
	〔3〕	習慣を定着させるのに有効な戦略
2月7日	〔1〕	経済学と社会の仕組み
	〔2〕	言語の起源とその後の変化
	〔3〕	専門職が果たす役割

2023	2月2日	〔1〕	イギリスの標準時誕生をめぐって
		〔2〕	真のコミュニケーションとは
		〔3〕	奇跡のロッキングチェア
	2月6日	〔1〕	世界の様々な地域で同時に農業が始まった理由
		〔2〕	アルコール依存症の特徴と対策
		〔3〕	世界の水不足の現状
	2月7日	〔1〕	江戸時代の妖怪漫画本
		〔2〕	日本の開国と欧米列強との条約締結
		〔3〕	樹木のコミュニケーション能力
2022	2月2日	〔1〕	自転車の歴史と世界への貢献
		〔2〕	トウモロコシの起源
		〔3〕	くしゃみをめぐる文化の違い
	2月6日	〔1〕	哲学に関する誤解と真実
		〔2〕	傍観者効果とその対処法
		〔3〕	歴史研究の知識の源としての自然
	2月7日	〔1〕	良い習慣の日々の積み重ねが大切
		〔2〕	家族間の類似の仕組みの解明
		〔3〕	AI の進化がもたらす変化

 傾 向　オールラウンドな力を試す出題

01　出題形式は？

　いずれの日程も大問 6 題，試験時間は 90 分。

　全学部日程（2 月 1 日・2 月 2 日実施分）は全問マークセンス方式，学部個別日程（2 月 3 日・2 月 4 日・2 月 6 日・2 月 7 日実施分）はマークセンス方式に一部記述式（英文和訳・和文英訳）の出題である。

02　出題内容はどうか？

　例年，読解問題 3 題，文法・語彙問題（英作文含む）2 題，会話文問題 1 題という出題パターンとなっている。

　〔1〕〔2〕〔3〕が読解問題であるが，例年読みやすい文章であり，取り組みやすいと思われる。学部個別日程では英文和訳も問われる。〔4〕の文

法・語彙問題は短文中の空所に入る語句を選ぶものである。〔5〕は全学部日程は語句整序，学部個別日程は語句整序と和文英訳。和文英訳は，英文の書き出し語（2語〜5語）が与えられた形となっているが，2023年度2月6日実施分，2024年度2月7日実施分は後続の語句も与えられた形式になっている。〔6〕の会話文問題は長文だが，平易な内容で会話の流れに沿って素直に解答することができる。

03 難易度は？

　例年，問題そのものは標準レベルで，平易な設問も含まれている。特に，英文和訳と和文英訳で問われているのは，基本的な語彙・構文であることが多い。基本をおろそかにせず，しっかりとした学力をつけておくこと。そのうえで，〔1〕〜〔3〕は各15〜20分，〔4〕〔5〕は各10分以内，〔6〕は15分以内というように，自分なりの時間配分を考えておくとよいだろう。

対　策

01 語彙の充実

　知っているつもりの単語も必ずこまめに辞書で確認し，意味・用法を確認する習慣をつけたい。多義語の意味の特定が重要なポイントとなっている。『システム英単語』（駿台文庫）などを利用して，普段から多義語および同意語・反意語などの語彙を充実させておく必要がある。

02 読解力の充実

　長文読解の占める割合が大きく，読解力の養成は必須である。内容説明や同意表現では，文脈を正確につかみ，知識と想像力を駆使して問題に取り組む必要がある。初見の単語が出てきてもあきらめないで，とにかく解答を出そうとする根気が必要である。前後の文脈から判断したり，消去法で対応するなどして，粘り強く英文を読んでいく意欲が求められる。学校

の教科書での学習だけでは不十分で，『大学入試　ぐんぐん読める英語長文』（教学社）など，数多くの長文問題を解いて，英文を読む訓練を重ねることが必要である。英語検定準1級対策問題集の長文読解問題は時事問題を多く取り上げているので，長文対策として勧めたい。

03　文法の確認

　基本的な文法事項を確認するために文法の問題集を1冊仕上げておきたい。また，基本例文はすべて暗唱できるまで繰り返し音読し，書き写して覚えておこう。正確な文法力は英文解釈に大いに貢献するので，『大学入試　すぐわかる英文法』（教学社）や『POWER　STAGE　英文法・語法問題』（桐原書店）などの文法参考書に何度も目を通し，総合問題などで演習を重ねることが重要である。

04　英作文の練習

　和文英訳問題の対策としては基本的な英作文問題集に取り組むことである。ただ暗記するだけでなく実際に自分で書いてみることで，作文力を高めることができる。特に問題和文を，自分が書ける語彙を使った和文に読み換える作業を重視した問題演習を心がけたい。

05　教養を高める

　まったく知らない内容に関する英文が出題されると，内容把握は難しいだろう。時事問題を中心に平素からテレビ，新聞，書籍などで教養を高めておく必要がある。

06　実戦問題研究

　関西学院大学の出題形式はどの学部も似ているので，受験する学部のみならず別日程で実施されている他学部の過去問も解いておくと参考になる。難関校過去問シリーズ『関西学院大の英語』（教学社）を利用するとよい

だろう。また90分という限られた試験時間で解かなければならないので,時間配分の練習をしておく必要がある。

関西学院大「英語」におすすめの参考書

- ✓『関西学院大の英語』(教学社)
- ✓『システム英単語』(駿台文庫)
- ✓『大学入試 ぐんぐん読める英語長文』(教学社)
- ✓『大学入試 すぐわかる英文法』(教学社)
- ✓『POWER STAGE 英文法・語法問題』(桐原書店)

2024
年度

問題と解答

２月２日実施分　問　題

（90分）

〔Ⅰ〕次の英文を読み、下記の設問（Ａ～Ｃ）に答えなさい。

Memory is far more than simply bringing to mind information encountered at some previous time. Whenever the experience of some past event influences someone at a later time, the influence of the previous experience is a reflection of memory for that past event. Sometimes memories are reflected in an evident way, but sometimes the reflection can be quite vague.

The vagueness of memory can be illustrated by the following example. Without (　1　), you have seen thousands of coins in your lifetime. But let us reflect on how well you can remember a typical coin that you may have in your pocket. Without looking at it, take a few minutes to try to draw a coin of a particular kind from memory. Now compare your drawing with the coin itself. How accurate was your memory of the coin? For instance, was the head facing the correct way? How many words from the coin did you recall?

Systematic studies were (　2　) into this very topic in the 1970s and 1980s. Researchers found that, in fact, most people have very poor memories of very familiar things—like coins. This represents a type of memory which we tend to (ア)take for granted. Try it with other familiar objects in your environment, such as stamps, or try to remember the details of clothes that other people in your workplace or those whom you frequently have contact (　3　) typically wear. The key point here is that we tend to remember the information that is most prominent and useful for us. (　4　), we may be much better at recalling the typical size, dimensions or color of coins than the direction of the head or the text on the coin, because the size, dimensions or color may well be more relevant to us when we are using money. And when remembering people, we will typically recall their faces and other distinguishing features that remain relatively (イ)consistent, rather than items which may change, such as individual clothing.

Instead of thinking of coins and clothing, it is perhaps (　5　) for most people to consider the role of memory in the case of a student who attends a lecture and later successfully recalls in the examination hall what was taught in the lecture. This is the type of memory that we are all familiar with from our own school days. But memory can help us in a less obvious way. A student may use information from the lecture more generally without necessarily recalling the specific information that was presented in that lecture, and possibly even without thinking about the lecture itself.

In the case of the student's more general use of the information presented in the lecture, we refer to this information as having entered *semantic memory**, which is broadly equivalent to what we also refer to as general knowledge. Furthermore, if that student later develops an interest in the topic of the lecture, this interest may itself reflect memory of the earlier lecture, (6   ) the student might not be able to recall consciously having ever attended a lecture on the topic in question.

Similarly, memory plays a role whether or not we intend to learn. In fact, relatively little of our time is spent trying to record events for later remembering, as in formal study. By contrast, most of the time we are simply (ウ)getting on with our everyday lives. But if, in this everyday life, something prominent happens, and when it may well have been associated with a threat or reward, then established physiological** and psychological processes (エ)kick in, and we usually remember these events quite well. For example, most of us have had the experience (7   ) where we left our car in a large car park. But if we have an accident while parking and damage our car in the car park, we typically remember such events and the location of our car very well.

So memory is, in fact, not dependent upon an intention to remember events. Memory also plays a role regardless of our intention to retrieve or utilize past events. Many of the influences of past events are unintended, and may (オ)pop into our mind unexpectedly. Recall of information may even run counter to our intentions. Traumatic*** memories such as natural disasters or wartime experiences are an example of this.

*semantic memory：意味記憶（知識、事実についての記憶）

 **physiological：生理学上の

***traumatic：心的外傷を与える、トラウマになる

設 問

A. 本文中の空所（1～7）に入れるのに最も適当なものを、それぞれ下記（a～d）の中から1つ
   選び、その記号をマークしなさい。

（1） a. fear   b. doubt   c. confirmation   d. permission

（2） a. conducted   b. concluded   c. controlled   d. contracted

（3） a. with   b. by   c. at   d. on

出典追記：Memory：A Very Short Introduction by Jonathan K. Foster, Oxford University Press

（4）　a．To summarize　　b．For instance　　c．In addition　　d．In contrast

（5）　a．easier　　　　　b．broader　　　　c．cleaner　　　　d．harder

（6）　a．as if　　　　　b．even though　　c．because　　　d．since

（7）　a．to forget　　　b．of forgetting　c．forgot　　　　d．forget

B．本文中の下線部（ア〜オ）の文中での意味に最も近いものを、それぞれ下記（a〜d）の中から
　　1つ選び、その記号をマークしなさい。

（ア）　take for granted
　　　　　a．take seriously　　　　　　　　b．sound dramatic
　　　　　c．find important　　　　　　　　d．consider obvious

（イ）　consistent
　　　　　a．unchanged　　b．opposite　　　c．suspended　　　d．equal

（ウ）　getting on with
　　　　　a．continuing　　b．riding　　　　c．understanding　d．building

（エ）　kick in
　　　　　a．break　　　　b．blow　　　　　c．stop　　　　　d．start

（オ）　pop into our mind
　　　　　a．appear in our thoughts　　　　b．develop our ideas
　　　　　c．impact our way of thinking　　d．convert our opinions

C．次の英文（a〜h）の中から本文の内容と一致するものを3つ選び、その記号を各段に1つずつ
　　マークしなさい。ただし、その順序は問いません。

　　a．Even without looking at the coins we often use, we can accurately draw a picture
　　　　of them.
　　b．We can easily remember the exact details of familiar items such as stamps and
　　　　clothes.
　　c．Our memory of someone's face tends to be less accurate than that of their
　　　　clothing.
　　d．When we think about an object without looking at it, what comes to our mind is
　　　　likely to be the features that matter to us.

e. Remembering the specific features of the lecture hall is a good example of memory playing an effective role.

f. When a piece of information has become a part of our semantic memory, we may not remember clearly how or when we learned the information.

g. It is usually difficult to remember where we parked a car since it involves physiological and psychological processes.

h. Memories of past frightening or painful events may come back whether or not we intend to remember them.

〔Ⅱ〕 次の英文を読み、下記の設問（A～C）に答えなさい。

Researcher Timothy Jones spent more than a decade studying food waste. His research finds that some crops sit abandoned or unharvested in the fields where they are grown. Supermarkets or suppliers also throw away a few percent (1)dismissed as too imperfect for retail. The rest—about 25 to 30 percent—we throw away at home.

"By treating food as a throwaway product, we teach our children not to value it," says Jonathan Bloom, author of the book *American Wasteland*. He shows that people in the United States waste nearly half of their food with (ア)a figure of more than $100 billion annually. This matches with what I found in the interviews with the volunteers and the kitchen visits and what I observed in my own house and in the homes of friends. A few of the volunteers agreed to keep a journal of what they bought, ate, and threw out for two weeks. The result? They reported less waste due to the guilt they felt knowing they had to write it down, but even then, (2)an average of 18 percent of their grocery bills went into the trash.

But why do we waste so much? Both Jones and Bloom offer some interesting insights. First, people often shop for the life they aspire to, not for their real one. Everyone knows that they are supposed to eat fruit and vegetables, so they stock them up on kitchen shelves. Since most people don't plan meals for the week, those (イ)greens that looked so great at the farmers' market sit untouched as we end up eating convenience foods. With proper planning, buying in large (ウ)quantities or loading up on two-for-one deals* can be (3)a genuine money saver; without a plan, it's just a recipe to double or triple the amount of food tossed away.

Dr. Trubek from the University of Vermont has studied the activities of home cooks for years. To her, the greatest lack of skill when it comes to cooking isn't the inability to use a knife. "Planning menus is the greatest skill that we've collectively lost," she said.

出典追記：The Kitchen Counter Cooking School by Kathleen Flinn, Penguin Books *two-for-one deal：同じ商品 2 個を 1 個分の値段にする割引販売

設　問

A．本文中の下線部（ア～ウ）の文中での意味に最も近いものを、それぞれ下記（a～d）の中から
1つ選び、その記号をマークしなさい。

（ア）a figure
   a．the conclusion
   b．the sum
   c．a series of events
   d．a person's body shape

（イ）greens
   a．green activists
   b．green fields
   c．green vegetables
   d．green seasons

（ウ）quantities
   a．schedules　　b．markets　　c．selections　　d．amounts

B．本文中の二重下線部（1～3）が文中で表している内容に最も近いものを、それぞれ下記（a～
d）の中から1つ選び、その記号をマークしなさい。

（1）dismissed as too imperfect for retail
   a．made in small-scale production
   b．not very appealing in the market
   c．harmful for consumers
   d．priceless in industry

（2）an average of 18 percent of their grocery bills went into the trash
   a．something was missing in their record
   b．their food expenses increased
   c．they damaged the environment
   d．they wasted their money

（3）a genuine money saver
   a．a real bargain
   b．a fixed price
   c．actual expenses
   d．a terrible investment

C. 次の問い（ i ～ iii）の答えとして最も適当なものを、それぞれ下記（ a ～ d ）の中から 1 つ選び、
その記号をマークしなさい。

(i) Which of the following is true about food waste?

    a. A large percent of farm produce is not harvested.

    b. Approximately 70-75 percent of waste is convenient for households.

    c. Around 25-30 percent of food is wasted at home.

    d. A large percent of produce in supermarkets is thrown away.

(ii) Why do people stock up too much food on their kitchen shelves?

    a. Because they often find some fruit and vegetables unhealthy.

    b. Because they do not stop to think realistically before buying food.

    c. Because they realize that food goes bad quickly.

    d. Because they try to secure enough food in preparation for an emergency.

(iii) What does Dr. Trubek consider the best way to reduce household food waste?

    a. It is planning meals at home.

    b. It is relying on convenience foods.

    c. It is shopping at the farmers' market.

    d. It is using various types of cooking tools.

〔Ⅲ〕 次の英文を読み、下記の設問（A～C）に答えなさい。

In ancient civilizations, counting, astronomy and medicine were the three most obvious 'scientific' fields. Counting was necessary because they needed to know how many days they had to wait to harvest crops, how much they earned by trading their crops with others, and how many soldiers or pyramid builders were required. Astronomy was also essential because the sun, moon and stars were (　1　) closely related to the days, months and seasons that carefully noting their positions was fundamental for calendars. Finally, medicine was needed because when people fell sick or were injured, they naturally sought help. But in each of these cases, magic, religion, technology and science were mixed, so we can only guess why people in ancient times did what they did, and how they were living their daily lives. Astronomy, in particular, was very important in the Babylonian and Egyptian cultures.

The Babylonians were good (　2　) examining the heavens, which is the basis of astronomy. Over many years they began to recognize patterns in the positions of stars and planets in the sky at night. They believed that the earth was at the center of things, and that there were powerful and magical connections between us and the stars. Because people believed that the earth was the center of the universe, they didn't (　3　) it as a planet. They divided the night sky into twelve parts, and gave each part a name associated with certain groups of stars. Through a heavenly game of Join-the-dots, the Babylonians saw pictures of objects and animals in the night sky. This was the first Zodiac*, the basis of astrology**, which is the study of the influence of the stars (　4　) us. Astrology and astronomy were closely related in ancient Babylon and for many centuries afterwards. Many people today know which sign of the Zodiac they were born under and read their horoscopes in newspapers and magazines for advice about their lives. (　5　), astrology is not part of modern science. For most people today, astrology is (　6　) and nothing to be taken very seriously.

Egyptian astronomy was similar to the Babylonians', but Egyptian concern with the afterlife meant that they were more practical in their study of the stars. The calendar was very important, not only to tell them when it was the best time to plant, or when to expect the Nile to flood and make the soil richer, but also to plan religious festivals. Their 'natural' year was 360 days—that is, twelve months made up of three weeks lasting ten days each—and they added an extra five days at the end of the year to keep the seasons in correct times. The Egyptians thought that the universe was shaped like a rectangular box, with their world at the base of the box, and the Nile flowing exactly through the center of that world. The beginning of their year coincided with the flooding of the Nile, and they eventually (7   ) it with the nightly rising of the brightest star in the night sky, which we call Sirius***.

 *Zodiac：十二宮図
 **astrology：占星術
***Sirius：シリウス（おおいぬ座の α 星）

設 問

A. 本文中の空所（1〜7）に入れるのに最も適当なものを、それぞれ下記（a〜d）の中から1つ選び、その記号をマークしなさい。

(1) a．very   b．more   c．so   d．such
(2) a．at   b．on   c．to   d．for
(3) a．consider   b．hurt   c．prepare   d．stay
(4) a．to   b．upon   c．for   d．under
(5) a．However   b．Moreover   c．Finally   d．Otherwise
(6) a．outside the Zodiac   b．hard at work
     c．fundamental technology   d．just for fun
(7) a．dealt   b．linked   c．brought   d．drew

B. 次の問い（ア〜ウ）の答えとして最も適当なものを、それぞれ下記（a〜d）の中から1つ選び、その記号をマークしなさい。

(ア) In ancient civilizations like Babylonia and Egypt, magic and science were not separated. What is one consequence of it?
    a．People at that time thought that Sirius was the center of the universe.
    b．Astrology business is no longer prosperous.
    c．It is hard to know the reason for the ancient people's actions.
    d．Telling people's fortunes using the Zodiac signs has become an important part of modern science.

(イ) What was one result of the Babylonians' study of the stars?
    a．They found a magical connection between stars and their afterlife.
    b．They saw some shapes in the arrangements of stars and planets.
    c．They created the study of astronomy with Egyptians' cooperation.
    d．They drew pictures of the Zodiac in the sky to influence the movements of

出典追記：A Little History of Science by William Bynum, Yale University Press the stars.

(ウ) Why did the Egyptians consider the calendar to be important?

    a. The calendar indicated seasonal activities in agriculture and religion.

    b. The calendar was worshiped as a religious item.

    c. The calendar did not indicate when the Nile would flood and help with agriculture.

    d. The calendar reminded people to add ten days at the end of the year.

C. 次の英文（a〜f）の中から本文の内容と一致するものを2つ選び、その記号を各段に1つずつマークしなさい。ただし、その順序は問いません。

    a. Ancient civilizations used counting as a way to plan things like military action and construction work.

    b. The Babylonians believed that stars controlled people's lives, so they didn't go outside at night.

    c. Nobody looks for their Zodiac sign in the newspaper today because they don't know which one they were born under.

    d. Egyptian astronomy was exactly the same as Babylonian astronomy because people in both cultures believed that their lives were magically affected by the movement of stars.

    e. Egyptian astronomy was focused on knowing when the Nile would flood and when they should perform ceremonies for their gods.

    f. In the ancient Egyptian calendar, a month consisted of four seven-day weeks.

〔Ⅳ〕 次の英文（1～10）の空所に入れるのに最も適当なものを、それぞれ下記（a～d）の中から1
つ選び、その記号をマークしなさい。

（1） Tom was （　　　　） to go to the party because he needed to study for the exam
tonight.
　　a．liable　　　　b．keen　　　　　c．indifferent　　　d．unwilling

（2） Let's discuss this issue．So, John, what do you make （　　　　） this?
　　a．of　　　　　　b．in　　　　　　c．into　　　　　　d．toward

（3） AI technology has contributed to various fields．（　　　　）, I am so worried about
the negative effects it will bring to our society.
　　a．Having said that　　　　　　b．In short
　　c．In other words　　　　　　　d．On top of that

（4） I can't provide a clear explanation for this, but （　　　　） my knowledge, this is
one of the phenomena we have been searching for.
　　a．speaking of　　　　　　　　b．instead of
　　c．in the middle of　　　　　　d．to the best of

（5） This is an incredible piece of work and is absolutely （　　　　）.
　　a．out of mind　　　　　　　　b．last but not least
　　c．second to none　　　　　　　d．of no use

（6） As these rules are very old, they should be （　　　　） immediately.
　　a．caught up with　　　　　　　b．done away with
　　c．kept in mind　　　　　　　　d．set out

（7） She （　　　　） to get these jobs done before she took some days off.
　　a．has succeeded　　　　　　　b．had avoided
　　c．has prepared　　　　　　　　d．had managed

（8） We all need to realize （　　　　） we receive fake news from social media.
　　a．which degree　　　　　　　　b．what degree
　　c．the degree of which　　　　　d．the degree to which

(9) The customers were all made (　　　　) the building to escape from the fire.

    a．leave　　　　b．left　　　　c．to leave　　　　d．leaving

(10) I haven't been doing any exercise these days, (　　　　) going jogging on weekends.

    a．without　　　b．while　　　c．let alone　　　d．compared to

〔Ⅴ〕 次の日本文（1〜5）に相当する意味になるように、それぞれ下記（a〜h）の語句を並べ替えて正しい英文を完成させたとき、並べ替えた語句の最初から2番目と7番目に来るものの記号をマークしなさい。ただし、文頭に来るものも小文字になっています。

(1) 脳画像化技術のおかげで研究者は10代の若者の脳の発達過程をよりよく理解できるようになった。

    (　　　　　　　) the development process of the teenage brain.

    a．about　　　b．brain-imaging　　　c．learn　　　d．helped

    e．more　　　f．researchers　　　g．technologies　　　h．have

(2) ご都合のよい日をお知らせいただけると幸いです。

    I would appreciate it if you (　　　　　　　) for you.

    a．convenient　　　b．could　　　c．days　　　d．know

    e．let　　　f．me　　　g．which　　　h．are

(3) 率直に言うと、その数学の方程式は間違っていると思います。

    Frankly, (　　　　　　　).

    a．correct　　　b．don't　　　c．equation　　　d．I

    e．is　　　f．mathematical　　　g．the　　　h．think

(4) 大局的に見ると、今回の悲劇を招いた責任は私たちにあったとわかった。

    When we thought about the bigger picture, we (　　　　　　　).

    a．realized　　　b．for　　　c．that　　　d．responsible

    e．this　　　f．tragedy　　　g．we　　　h．were

(5) ある場所で起きた事は世界の別の場所に影響を与えている。

    (　　　　　　　) other corners of the world.

    a．happens　　　b．an impact　　　c．in　　　d．makes

    e．on　　　f．one　　　g．place　　　h．what

〔Ⅵ〕 次の会話文を読み、空所（1〜10）に入れるのに最も適当なものを、それぞれ下記（a〜d）の
中から1つ選び、その記号をマークしなさい。

Kym and Ayun are co-workers in the same company, but they work in different sections.
They happen to meet in the corridor.

Ayun: Hi Kym. I haven't seen you around these days. (　1　)

Kym: I'm fine, Ayun. Strange isn't it, we work in the same building but haven't
(　2　) each other for so long.

Ayun: Yes, good to see you. We should see each other more often. Actually, do you
think you have time before you go home today? There is a new café just
(　3　) the corner. How about a cup of coffee?

Kym: (　4　), but sorry, I have (　5　) at Hotel Grosvenor.

Ayun: What for, may I ask?

Kym: Actually, I'm going to choose a dress and veil there.

Ayun: A dress and veil? You mean, you're going to get married?

Kym: Yes, I am!

Ayun: Wow! Congratulations! Who is the lucky person? (　6　) I know?

Kym: Yes! He is working in your section.

Ayun: Really? I can't (　7　) who it would be.

Kym: You (　8　) know him. He has long hair.

Ayun: Got it. Yuji, right? Yes, yes, he is a nice guy. That's wonderful. How did you
two meet?

Kym: Well, when he came to my section, he was looking for someone in charge of travel
arrangements, and I helped him.

Ayun: That sounds like love at first sight.

Kym: Well, I didn't feel that way, but perhaps Yuji fell in love with me then. A few days
later, he asked me (　9　) for a date.

Ayun: That sounds nice. And how did that date (　10　)?

Kym: It was great! We went for ice cream at my favorite café and enjoyed talking for
hours.

（1）　a．How are you doing?　　　　　　b．Why are you here?

　　　c．What are you doing now?　　　　d．What's on your mind?

（2）　a．taken in　　　b．talked over　　　c．bumped into　　　d．brought about

（3）　a．off　　　　　　　b．around　　　　　c．of　　　　　　d．along

（4）　a．I don't particularly like coffee　　　b．You're joking
　　　c．After work isn't good　　　　　　　d．I'd like to

（5）　a．an appointment　b．a choice　　　　c．a drink　　　d．calling

（6）　a．Anyone　　　　　b．Anything　　　　c．Anyway　　　d．Anytime

（7）　a．meet　　　　　　b．call　　　　　　c．ask　　　　　d．imagine

（8）　a．definitely　　　　b．evenly　　　　　c．warmly　　　d．oddly

（9）　a．in　　　　　　　b．up　　　　　　　c．off　　　　　d．out

（10）　a．take　　　　　　b．see　　　　　　c．have　　　　d．go

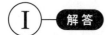

解　答

Ⅰ 　解答　**A.** (1)— b　(2)— a　(3)— a　(4)— b　(5)— a
(6)— b　(7)— b

B. (ア)— d　(イ)— a　(ウ)— a　(エ)— d　(オ)— a

C. d・f・h

―――――――――――――――――― 全 訳 ――――――――――――――――――

《記憶のプロセスとその役割》

1　記憶とは，単にいつだったか以前目にした情報を思い出すにとどまらないものだ。何か過去の出来事を経験したことで，後に誰かが影響を受けるとすれば常に，その過去の経験の影響は，過去の出来事の記憶を反映するものとなる。時に，記憶がはっきりした形で反映されている場合もあれば，その反映がかなり不明瞭な場合もある。

2　記憶のあいまいさは，以下の例で説明することができる。間違いなく，あなたはこれまでに何千枚もの硬貨を目にしてきた。しかし，自分のポケットに入っているかもしれないごく普通の硬貨のことを，どれほど覚えているか考えてみるとしよう。硬貨を見ずに，数分かけて，ある特定の種類の硬貨を記憶をたよりに描いてみる。次に，その絵と硬貨そのものとを比べてみる。硬貨に関するあなたの記憶はどれくらい正確だっただろう？例えば，（硬貨の肖像画の）顔の向きは正しかっただろうか？　その硬貨に書かれているいくつの単語を思い出せただろうか？

3　1970 年代から 1980 年代にかけて，まさにこのテーマの体系的な研究が行われた。実は，ほとんどの人にとって，硬貨のように非常に見慣れたものについての記憶がかなりあやしいことを，研究者たちは発見したのだ。このことは，私たちが当然視しがちな記憶の一例を示している。切手のように，他にもあなたの身の回りにある見慣れたもので試してみるとか，職場にいる他の人たちや，これまで頻繁に接してきた人たちがいつも着ている服の詳細を思い出してみてほしい。ここで鍵となるのは，私たちは自分にとって最も目につき，役に立つ情報を思い出す傾向があるという点だ。例えば，私たちは硬貨の顔の向きやそこに書かれている文言よりも，

硬貨の典型的な大きさや寸法や色を思い出すほうがはるかに得意かもしれ
ないのだが，それは大きさや寸法や色のほうが，多分，いざお金を使おう
とするときには自分にとってより重要だからだろう。さらに，人について
思い出す場合，私たちは通常，個々の服装のように，変わる可能性のある
ものよりむしろ，比較的変化のない，その人の顔や他にも際立った特徴の
ほうを思い浮かべるものなのだ。

④　硬貨や服装のことを考えるのではなく，講義に出て，後にその講義で教
わった内容を試験会場で首尾よく思い出す学生の場合における記憶が持つ
役割について考えるほうが，おそらくほとんどの人にとっては簡単だろう。
これは，私たちがみな，学生時代から非常に馴染みのある記憶の類である。
しかし，記憶というのは，さほどはっきりとはしない形で私たちの役に立
つこともある。学生は，必ずしもその講義で与えられた特定の情報を思い
出さなくても，ひょっとしたら講義そのものについて考えることすらせず
に，講義から得た情報を，より一般的な形で使っているかもしれないのだ。

⑤　講義で与えられた情報を学生がより一般的な形で利用する場合，私たち
は，この情報は「意味記憶」に入ったという言い方をするが，それは私た
ちが一般知識とも呼んでいるものとほぼ同じである。さらに，その学生が
後に，その講義のトピックに興味を持つようになった場合，この興味自体
が前に受けた講義の記憶を反映している可能性がある。それはたとえ学生
が当のトピックに関する講義に出たことを意識的には思い出せないかもし
れないとしても，である。

⑥　同様に，私たちが頭に入れようと思っていようがいまいが，記憶は何ら
かの役割を果たす。実際，後で思い出すために出来事を記録しておこうと
する時間は，正規の授業でもそうだが，比較的わずかである。その一方で，
私たちはほとんどの時間は単に日々の生活を送っているだけなのだ。しか
しこの日常生活で，もし何か人目を引くようなことが起きて，それが何ら
かの脅威や報酬と関連するものであった可能性が高い場合，既定の生理学
上かつ心理学上のプロセスが動き始め，私たちは通常，こういう出来事は
かなりよく覚えている。例えば，たいていの人は，広い駐車場のどこに自
分の車を置いたか忘れてしまうという経験をしたことがある。しかし，も
し私たちがその駐車場で車を駐車中に事故に遭い，車に損傷を受けた場合
は，通常そのような出来事や自分の車の位置を非常によく覚えているのだ。

2
0
2
4
年
度

2
月
2
日

解答編

7　したがって，記憶とは，実は，出来事を思い出そうとする意図に左右されるものではない。また，記憶は，過去の出来事を思い起こしたり利用したりしようという意図とは無関係に，何らかの役割を果たしている。過去の出来事の影響の多くは意図されたものではなく，不意に頭に浮かぶのかもしれない。情報を思い出すことが，私たちの意図に反する場合さえある。自然災害や戦時中の経験のように，トラウマになる記憶は，この一例である。

＝＝＝＝＝＝＝＝＝＝　解　説　＝＝＝＝＝＝＝＝＝＝

A.（1）空所の後の，これまでに何千枚もの硬貨を見たことがあるという内容は，明白な事実を述べていると判断でき，without doubt なら「間違いなく，確かに」という意味で，文脈上適切であるため，b の doubt が正解。fear「恐れ，懸念」，confirmation「確認」，permission「許可」はいずれも文脈上不適。

（2）空所を含む動詞の部分は受動態であることから，主語の Systematic studies「体系的な研究」が空所に入る動詞の目的語なので，a の conducted「行われた」が正解。concluded「結論づけられた」，controlled「制御された」，contracted「契約された」はいずれも文脈上不適。

（3）空所直前の have contact に注目すると，have contact with ～ で「～と接する」という意味になる a の with が正解。whom から空所までは those「人々」を先行詞とする関係代名詞節。

（4）空所の前後の文のつながりを考える。空所後の文は前文の，私たちは自分にとって最も際立った，役に立つ情報を思い出す傾向があるという内容の具体例となっていることから，b の For instance「例えば」が正解。To summarize「要約すると」，In addition「その上，加えて」，In contrast「対照的に」はいずれも文脈上不適。

（5）空所を含む it で始まる文は形式主語構文であり，補語として文脈上適切な形容詞を選ぶ。ほとんどの人にとっては，硬貨や服装についての記憶より，講義で教わった内容を試験で思い出すという場合の記憶の役割について考えるほうが簡単と考えられることから，a の easier が正解。broader「より幅広い」，cleaner「より清潔な」，harder「より難しい」はいずれも文脈上不適。

⑹　空所の前後の文のつながりを考える。空所の前は，学生が抱いた興味は，以前受けた講義の記憶を反映している可能性があるという内容で，空所の後にはその学生がその講義に出たことがあるのを意識的に思い出すことはできないかもしれない，という内容。選択肢の中で，この2文をつなぐ接続詞としては譲歩の意味を持つ b の even though ～「～だとしても」が適切。

⑺　空所にはどんな経験かを説明する語句が続くと判断できる。「～した経験がある」は have the experience of *doing* という形で表現するので，b の of forgetting が正解。

B. ㋐　この take for granted は，take *A* for granted「*A* を当たり前だと考える」というイディオムの *A* が関係代名詞の which となって前に置かれた形。d の consider obvious「（～を）明白だと考える」が意味的に近い。

㋑　consistent は「一貫性のある」という意味の形容詞で，選択肢の中では a の unchanged「変わりがない，不変の」が意味的に近い。opposite「反対側の」　suspended「一時停止中の」

㋒　get on with ～ は「～をどんどん進める」という意味のイディオムだが，get on with (*one's*) life の形で「人生を前向きに進む」という意味になる。選択肢の中では，a の continuing「～を続けていく」が意味的に近い。

㋓　kick in は「始まる，作動する」という意味の表現。恐れや報酬に関連する出来事があると，生理学上かつ心理学上のプロセスがどうなるかを考えれば，選択肢の中では d の start が意味的に近いと判断できるだろう。

㋔　pop into our mind は「ふと頭に浮かぶ」という意味の表現で，選択肢の中では a の appear in our thoughts「頭に浮かぶ」が意味的に近い。impact「～に影響を与える」　convert「～を転換する」

C．a．「私たちはよく使う硬貨は見なくても，正確にその絵を描くことができる」

第3段第2文（Researchers found that …）に，研究者たちが発見したこととして，ほとんどの人にとって，硬貨のように非常に見慣れたものについての記憶がかなりあやしいと述べられており，不一致。

b．「私たちは切手や服装といった見慣れた品物は，正確に細部まで楽に

思い出すことができる」

　第3段第4・5文（Try it with … useful for us.）に，切手や服装のように，見慣れた品物の詳細を思い出そうとした場合，目につき，役に立つ情報を思い出す傾向があると述べられており，切手や服装の細部を思い出すわけではないと判断できるので，不一致。

c．「誰かの顔に関する私たちの記憶は，その人の服装の記憶ほど正確ではない傾向がある」

　第3段最終文（And when remembering …）に，人について思い出す場合，私たちは通常，個々の服装より，あまり変化のない，その人の顔や他にも際立った特徴のほうを思い浮かべると述べられており，顔の記憶のほうが正確と判断できるので，不一致。

d．「私たちが，ある物を見ずにそれについて考えるとき，頭に浮かぶのは，私たちにとって重要な特徴である可能性が高い」

　第3段では，硬貨や切手など，身近にあるものについての記憶をたどる場合について述べられているが，同段第5文（The key point …）に，私たちは自分にとって最も目につき，役に立つ情報を思い出す傾向があると述べられており，そういう情報とは重要な特徴のことだと判断できるので，一致。

e．「大教室の特定の特徴について思い出すのは，記憶が効果的な役割を果たしているいい例だ」

　第4・5段には講義についての記述はあるが，大教室についてはふれられておらず，不一致。

f．「ある情報が私たちの意味記憶の一部になっている場合，その情報をどうやっていつ覚えたのか，あまりよく覚えていないかもしれない」

　第5段には，講義で与えられた情報が「意味記憶」に取り込まれた場合，その講義に出たことがあるのを意識的に思い出すことができなくても，その情報が講義の記憶を反映している可能性はあると述べられており，記憶した経緯を思い出せない場合もあると判断できるので，一致。

g．「私たちが車を駐車した場所については，生理学上かつ心理学上のプロセスがからむので，思い出すのは通常困難である」

　第6段最終3文（But if, in …）には，車の駐車位置を忘れる経験について述べられてはいるが，事故で車に傷がついた場合には，生理学上かつ

心理学上のプロセスが動き始め，車の駐車場所が記憶に残るという内容が述べられているだけなので，不一致。

h.「過去の恐ろしい，あるいは辛い出来事の記憶は，思い出すつもりがあろうとなかろうと，甦る可能性がある」

最終段第3文（Many of the …）に，過去の出来事が不意に頭に浮かぶことがあると述べられており，同段最終文（Traumatic memories such …）に，自然災害や戦時中の経験のように，トラウマになる記憶が例として挙がっていることから，一致。

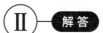
A.　(ア)— b 　(イ)— c 　(ウ)— d
B.　(1)— b 　(2)— d 　(3)— a
C.　(i)— c 　(ii)— b 　(iii)— a

・・・・・・・・・・・・・・・・・・・・・・・・・・ **全 訳** ・・・・・・・・・・・・・・・・・・・・・・・・・・

《食品廃棄物問題の現状と解決策》

① 　研究者のティモシー=ジョーンズは，10年以上かけて食品廃棄物の研究をした。彼の研究によると，作物の一部は栽培されている農地に放棄されたままになっていたり収穫されないままになっていたりする。スーパーマーケットや納入業者も，小売りには難があるとしてはねられた数パーセント分を廃棄している。残りの約25〜30パーセント分は，私たちが家庭で捨てている。

② 　「食べ物を使い捨て商品扱いにすることで，私たちは子供たちに食べ物は大切にしなくていいと教えているのです」と，『アメリカン・ウェイストランド』という本の著者であるジョナサン=ブルームは言う。彼はアメリカの人たちは，食品のほぼ半分を無駄にしているということを，年間1000億ドル以上という数値つきで明らかにしている。これは，私がボランティアとのインタビューや台所を訪問してわかったことや，自分自身の家や友人の家で見て取れたこととも一致する。ボランティアの何人かは，2週間，自分たちが買ったもの，食べたもの，捨てたものを日誌につけることに同意した。その結果は？　報告によると，書き留めなければならないことはわかっていたので罪悪感から無駄遣いは減ったということだが，それでも食料品代の平均18パーセントはゴミ箱行きだった。

③ 　しかし，どうして私たちはそれほど大量に無駄にするのだろうか？　ジ

ョーンズとブルームの両氏は，いくつか興味深い見解を出している。まず第1に，人は実生活のためではなく，自分が目標とする生活のために買い物をすることが多い。誰もが果物や野菜は当然食べるべきだとわかっているので，台所の棚に買いだめしておく。ほとんどの人は，1週間分の献立など作らないので，農産物の直売所ではすごくおいしそうに見えた野菜も，結局はインスタント食品を食べることになって，手つかずのままになる。適切な計画を立てていれば，まとめ買いをしたり，2個で1個分の値段になる割引販売で大量に購入したりすることは，まさにお金の節約になりうる。計画がなければ，それは廃棄する食品の量を2倍，3倍にするだけのやり方なのだ。

④　バーモント大学のトルベック博士は，家庭料理でやっていることを長年研究している。彼女にとって，料理をするとなると，一番足りないスキルは，包丁が使えないことではない。「メニューのプランを立てることが，私たちがそろって失くしている最大のスキルなのです」と彼女は語っている。

=== 解　説 ===

A. (ア)　figure には「数字」という意味がある。この直後に年間1000億ドル以上という具体的な数字が述べられていることからも，ここではbの the sum「総額」が意味的に近い。

(イ)　greens には「緑の野菜」という意味があり，cの green vegetables が正解。直前の文で，私たちは果物や野菜を食べなければとわかっているという内容が述べられている点もヒントになる。

(ウ)　in large quantities で「大量に」という意味になっており，dの amounts「量」が意味的に近い。

B. (1)　dismiss には「～を首にする，～を捨てる」などの意味があり，dismiss A as B の形で「A を B としてはねつける，拒絶する」という意味になるが，ここでは過去分詞句の形で a few percent を修飾している。imperfect for retail は「小売りには難がある」という意味で，選択肢の中では，bの not very appealing in the market「市場ではあまり魅力がない」が意味的に近い。in small-scale production「小規模生産で」priceless「貴重な」

(2)　二重下線部の grocery bills の bill は「請求書，明細書」という意味。

ここでは食料品購入時の請求書をすべて合わせたもの，つまり「食料品代，食費」の意味と判断できる。go into the trash は「ゴミ箱に行く」という意味で，食費の平均 18 パーセントがゴミ箱行きということは，買った食品は使わずに捨てられたことになり，d の they wasted their money「彼らはお金を浪費した」が意味的に近い。

(3) a genuine money saver の genuine は「正真正銘の，本当の」，money saver は「お金の節約」という意味。bargain には「掘り出し物，お買い得品，取引」などの意味があり，いい買い物をすればお金の節約になることから判断して，選択肢の中では a の a real bargain が意味的に近い。fixed price「固定価格」 actual expenses「実費」 investment「投資」

C. (i) 「食品廃棄物に関して正しいのは次のどれか？」

第 1 段第 2 文（His research finds …）以降は，廃棄されている食料の内訳について言及している。第 2 文では農作物の中には収穫されることなく廃棄されるものがあると述べられているが，量は some であって a にある A large percent では不一致。同段第 3 文（Supermarkets or …）にはスーパーマーケットや納入業者は食品のうち数パーセント（a few percent）を廃棄とあるので，d にある A large percent では不一致。同段第 4 文（The rest …）には，残りの約 25〜30％は家庭で廃棄されるとあり，c と一致する。なお，直前文でも a few percent とあるのは「食品のうちの数パーセント」ということであることから，about 25 to 30 percent も同様に考えて，後ろに of food と補って考えるとよいだろう。

(ii) 「人々はなぜ台所の棚に食べ物を買いだめしすぎるのか？」

第 3 段第 3 文（First, people often …）に，人は実生活のためではなく，自分が目標とする生活のために買い物をすることが多いと述べられている。同段第 4 文（Everyone knows that …）にも，果物や野菜を食べなくては，との思いから買いだめしてしまう現状が述べられており，b の「食べ物を買う前に，立ち止まって現実的に考えることをしないから」が正解。

(iii) 「トルベック博士は家庭での食品廃棄物を削減するのに最善の方法は何だと考えているか？」

最終段最終文（"Planning menus is …）では，家庭料理をどうやっているかを研究しているトルベック博士の発言として，メニューを決めるの

が最大のスキルだと述べられており，ａの「それは家庭でメニューのプラ
ンを立てることだ」が正解。

Ⅲ **解答** **A.** (1)— c　(2)— a　(3)— a　(4)— b　(5)— a
　　　　　　　　(6)— d　(7)— b
B. (ア)— c　(イ)— b　(ウ)— a
C. a・e

‥‥‥‥‥‥‥‥‥‥‥‥‥‥‥‥ 全　訳 ‥‥‥‥‥‥‥‥‥‥‥‥‥‥‥‥

《古代文明における天文学の重要性》

① 古代文明では，計算，天文学，医学は３つの最も明確な「科学の」分野
だった。計算が必要だったのは，農作物を収穫するのに何日待たなければ
ならないか，自分たちの農作物を他者と取り引きしていくら稼いだか，兵
士やピラミッドを建設する人が何人必要かを知る必要があったからだ。天
文学も不可欠で，それは，太陽，月，星が日，月，季節と非常に密接に関
係していたので，それらの位置を入念に記録するのは，暦には不可欠だっ
たからである。最後に，人は病気になったり怪我をしたりすると，当然，
助けを求めたから，医学も必要だった。しかし，このいずれの場合でも，
魔術，宗教，技術，科学は混在していたので，私たちには，古代の人々が
なぜそのような行為をしたのか，どうやって日常生活を送っていたのかは
推測の域を出ない。特に，天文学は，バビロニアとエジプトの文化におい
て非常に重要だった。

② バビロニア人は，天文学の基礎となる天空を精査することに長けていた。
長い年月をかけて，彼らは夜空の星や惑星の位置にはパターンがあること
に気づき始めた。彼らは地球は物事の中心にあり，私たちと星の間には強
力で不思議なつながりがあると信じていた。人々は地球が宇宙の中心だと
信じていたので，地球を惑星とは考えていなかった。彼らは夜空を 12 の
部分に分け，各部分には特定の星のグループに関連のある名前をつけた。
天空の点つなぎゲームによって，バビロニア人には夜空に物体や動物の絵
が見えたのである。これが最初の十二宮図で，私たちに及ぼす星の影響を
研究する占星術の土台となった。占星術と天文学は，古代バビロンでは，
そしてその後も数世紀にわたり，密接なつながりがあった。現在でも多く
の人が，自分がどの星座のもとに生まれたかを知っているし，自分の人生

に関する助言を求めて，新聞や雑誌の星占いを読む。しかし，占星術は現代科学とは無縁である。現代人の多くにとって，占星術は単に楽しむためのものであり，何も真剣に受け取るようなものではない。

3　エジプトの天文学はバビロニア人のものと似てはいたが，エジプト人の死後の世界への関心は，彼らが星の研究においては，もっと実用的だったことを意味していた。暦は，植物を植えるのに最適な時期はいつかとか，ナイル川がいつ氾濫して土壌を豊かにしてくれるかを知らせてくれるためだけでなく，宗教祭事の計画を立てるためにも非常に重要だった。彼らの「回帰」年は 360 日，つまり，それぞれ 10 日ずつ続く 3 週間からなる 12 カ月であり，季節をずっと正しい時期にしておけるように，年末にもう 5 日間を追加した。エジプト人は，宇宙は長方形の箱のような形をしていて，自分たちの世界はその箱の底部にあり，ナイル川がその世界のまさにど真ん中を流れていると考えていた。彼らの 1 年の始まりはナイル川の氾濫と同時期であり，彼らはやがて，私たちがシリウスと呼ぶ夜空で最も明るい星が夜ごとに昇ることと関連づけた。

=== 解説 ===

A. (1)　空所の直後に closely related「密接に関連して」という表現があり，さらにその後の文中に that 節がある点に注目すると，so ～ that S V の形で「非常に～なので S が V する」という意味の構文だとわかる。したがって，c の so が正解。

(2)　空所の直前の were good と，直後の examining という動名詞に注目すると，空所を含む部分が be good at *doing*「～するのが得意である，～することに長けている」というイディオムだとわかる。a の at が正解。

(3)　空所の直後に代名詞の it と名詞の a planet が as を挟む形で続いている点に注目する。選択肢の中では a の consider であれば，consider *A* as *B* の形で「*A* を *B* と見なす，*A* を *B* と考える」という意味になり，文脈上も適切なので，これが正解。

(4)　the influence of the stars「星の影響」と us とをつなぐ前置詞としては，b の upon が適切。have influence on〔upon〕～ は「～に影響を及ぼす」という意味の表現。

(5)　空所の前文の，現代人が新聞や雑誌の星占いを読んでいるという内容と，空所の後の占星術は現代科学とは無縁だという内容をつなぐ語として

は，逆接の意味を持つ a の However が正解。

(6)　直前の 2 文の内容と，後続の nothing to be taken very seriously「あまり真面目に受け取るべきものではない」という内容から判断する。現代人にとって占星術はどういうものかを考えると，d の just for fun「ただ楽しむための」が文脈上適切。take A seriously「A を真面目に受け取る」

(7)　空所の後に it with the nightly rising of … と続いていることから，選択肢の中では b の linked であれば，link A with B で「A を B と結びつける」という表現になり，文脈上適切。

B. (ア)「バビロニアやエジプトのような古代文明では，魔術と科学は別のものではなかった。その結果の一つは何か？」

　第 1 段第 5 文（But in each …）に，古代文明では魔術，宗教，技術，科学が混在していたので，古代の人々がなぜそのような行為をしたのか，どうやって日常生活を送っていたのかは推測することしかできないと述べられており，c の「古代の人々の行動の理由を知ることは難しい」が正解。

(イ)「バビロニア人の星に関する研究結果の一つは何だったか？」

　第 2 段第 2 文（Over many years …）には，バビロニア人が夜空の星や惑星の位置にパターンがあるのに気づいたという内容が述べられており，同段第 6 文（Through a heavenly …）には，彼らには夜空に物体や動物の絵が見えたと述べられていることから，b の「彼らは星や惑星の配置に，いくつかの形を見た」が正解。

(ウ)「エジプト人はなぜ暦が重要だと考えたのか？」

　最終段第 2 文（The calendar was …）に，暦は，植物を植えるのに最適な時期や，ナイル川が氾濫して土壌を豊かにしてくれる時期を知るためだけでなく，宗教祭事の計画を立てるためにも非常に重要だったと述べられており，a の「暦は，農業や宗教で季節ごとに行うことを示すものだった」が正解。

C. a.「古代文明では，計算を軍事行動や建設作業といった事柄の計画を立てる手段として用いた」

　第 1 段第 2 文（Counting was necessary …）に，計算が必要だった理由の一つとして，兵士やピラミッドを建設する人が何人必要かを知る必要があったと述べられており，一致。

b.「バビロニア人は星が人々の生活を左右すると信じていたので，夜は外出しなかった」

第2段第1文（The Babylonians were …）には，バビロニア人が天空の精査に長けていたと述べられており，夜も外に出て星を観察していたことがわかるので，不一致。

c.「今日では，新聞で自分の星座のところを探す人などいないのは，自分がどの星座のもとに生まれたかを知らないからである」

第2段第9文（Many people today …）に，現在でも多くの人が，自分がどの星座のもとに生まれたかを知っているし，新聞や雑誌の星占いを読むと述べられており，不一致。

d.「エジプトの天文学がバビロニアの天文学とまったく同じなのは，どちらの文化圏の人たちも，自分たちの生活が星の動きに摩訶不思議な影響を受けると信じていたからだ」

最終段第1文（Egyptian astronomy was …）には，エジプトの天文学はバビロニア人のものと似ているが，彼らの星に関する研究はもっと実用的だったと述べられており，まったく同じというわけではないので，不一致。

e.「エジプトの天文学は，ナイル川がいつ氾濫するかとか，いつ自分たちの神々のための儀式を執り行うべきかを知ることに重きを置いていた」

最終段第2文（The calendar was …）に，暦は，ナイル川がいつ氾濫して土壌を豊かにしてくれると考えてよいかを知るためだけでなく，宗教祭事の計画を立てるためにも非常に重要だったと述べられており，一致する。ナイル川に関する記述では，they や their はエジプト人を指す。

f.「古代エジプトの暦では，7日からなる週が4週で1カ月だった」

最終段第3文（Their 'natural' year …）には，10日続きの3週で1カ月が構成されていたと述べられており，不一致。natural year は天文学では「回帰年」と呼ばれ，太陽が，例えば春分点から再び春分点に戻ってくる期間を指し，約365日である。

 **Ⅳ** **解答**　(1)—d　(2)—a　(3)—a　(4)—d　(5)—c　(6)—b
(7)—d　(8)—d　(9)—c　(10)—c

━━━━━━━━━━ **解 説** ━━━━━━━━━━

(1) 「トムは，今夜試験勉強をする必要があったので，パーティーに行くのは気が進まなかった」

　試験勉強をしなければならないのだから，パーティーに行く気にはなれなかったと判断でき，be unwilling to *do* で「～するのは気が進まない，～するのは嫌だ」という意味になる d の unwilling が正解。be liable to *do*「～しがちである」 be keen to *do*「しきりに～したがっている」 be indifferent to ～「～に無関心である」

(2) 「この問題について話し合おう。で，ジョン，君はこれどう思う？」

　What do you make of this? は「これどう思う？」という意味の会話で相手の意見を求める際に用いられる表現であり， a の of が正解。

(3) 「AI 技術は様々な分野に寄与してきた。とは言うものの，私はそれが社会にもたらすであろうマイナスの影響についてはとても心配だ」

　AI 技術が役に立っているということと，そのマイナスの影響を不安視しているという内容は逆接的であることから， a の Having said that「とは言うものの，そうは言っても」が正解。In short「要するに」 In other words「言い換えると，つまり」 On top of that「その上に」

(4) 「私はこれに対して明確な説明はできないが，私の知るかぎりでは，これは私たちがずっと探し求めている現象の一つだ」

　はっきり説明はできないと言いながらも，この後自分の見解を述べていることから，to the best of my knowledge で「私の知るかぎりでは」という意味のイディオムとなる， d の to the best of が正解。speaking of ～「～と言えば」 instead of ～「～の代わりに」 in the middle of ～「～の真ん中に」

(5) 「これは実に素晴らしい作品で，絶対にどれにもひけはとらない」

　an incredible piece of work「素晴らしい作品」とほめちぎっていることから，「右に出るものはない，何にも劣らない」という意味のイディオムである， c の second to none が正解。out of mind「失念して」 last but not least「最後に重要なことを言うが，末筆ながら」 of no use「役に立たない」

(6) 「これらの規則はとても古いので，即座に廃止すべきだ」

　規則が古いと批判していることから，do away with ～ で「～を廃止す

る」という意味のイディオムが受動態で用いられている，b の done away with が正解。catch up with ～「～に追いつく」 keep *A* in mind 「*A* を覚えておく」 set out ～「～を始める」

(7) 「彼女は，数日休暇をとる前に，どうにかこれらの仕事を仕上げていた」

　空所の直後が to 不定詞である点に注目する。manage to *do* で「どうにかこうにか～する」という意味になり，文脈上も適切なので，d の had managed が正解。succeed はこの後に to 不定詞は続かない。avoid の後に続くのは動名詞。prepare to *do*「～する準備をする」は文脈上不適。

(8) 「私たちはみな，ソーシャルメディアからどの程度フェイクニュースを入手しているか，自覚する必要がある」

　the degree to which S V は，直訳すると「SがVする程度」だが，「どの程度SがVするか」という意味になっており，d の the degree to which が正解。we receive 以下は文の要素がそろった完全文であることからaとbは不適。前置詞の to がないcも不適。

(9) 「客たちは全員，火事から逃れるために建物から退去させられた」

　were all made と受動態になっている点に注目する。この文は使役動詞の make を用いた make *A do*「*A* に～させる」の受動態で，原形不定詞が to 不定詞になっていると判断できるので，c の to leave が正解。

(10) 「私は，週末のジョギングはおろか，最近まったく運動をしていない」

　まったく運動をしていないと言っているのだから，当然，ジョギングもしていないはずであるため，否定文で用いて「～は言うまでもなく，～はもちろんのこと」という意味のイディオムである，c の let alone が正解。compared to ～「～に比べて」

（2番目・7番目の順に）　(1)—g・e　(2)—e・h
(3)—b・e　(4)—c・e　(5)—a・b

━━━━━━━━━━ 解説 ━━━━━━━━━━

　正しく並べ替えた英文とポイントはそれぞれ以下の通り。

(1) Brain-imaging <u>technologies</u> have helped researchers learn <u>more</u> about (the development process of the teenage brain.)

　英文全体が無生物主語構文となっている点に気づくことがポイント。日

本文を「脳画像化技術は研究者が〜についてもっと多くを理解するのを助けるようになった」と考えると，brain-imaging technologies が主語，述部は help を現在完了時制で，help *A do*「A が〜するのを助ける」の形で用いればよいとわかる。2 番目は g の technologies，7 番目は e の more が正解。

(2)　(I would appreciate it if you) could <u>let</u> me know which days <u>are</u> convenient (for you.)

　if 以下は仮定法の条件節の形となっている。let me know は tell me とほぼ同意。「ご都合のよい日」は「どの日があなたにとって都合がよいか」という疑問詞節の形で know の目的語となっている。2 番目は e の let，7 番目は h の are が正解。

(3)　(Frankly,) I <u>don't</u> think the mathematical equation <u>is</u> correct(.)

　「〜は間違っていると思います」という部分は，英語では否定語はできるだけ早い段階で言うという原則から，「〜が正しいとは思わない」という表現にするのがポイント。2 番目は b の don't，7 番目は e の is が正解。

(4)　(When we thought about the bigger picture, we) realized <u>that</u> we were responsible for <u>this</u> tragedy(.)

　「〜を招いた責任は私たちにあった」という部分を，「私たちは〜に対する責任があった」と考える。be responsible for 〜 は「〜に対して責任がある」という表現。2 番目は c の that，7 番目は e の this が正解。

(5)　What <u>happens</u> in one place makes <u>an impact</u> on (other corners of the world.)

　主語の「ある場所で起きた事」は関係代名詞の what を用いて，What happens in one place という名詞節の形になっている。問題文は「起きた」と過去形だが，ここは過去の出来事ではなく世の中の真理を説明しているので選択肢は現在形の happens となっている。残る動詞は makes なので，「〜に影響を与える」は makes an impact on 〜 と表現すればよいとわかる。2 番目は a の happens，7 番目は b の an impact が正解。

Ⅵ　**解　答**　(1)—a　(2)—c　(3)—b　(4)—d　(5)—a　(6)—a
(7)—d　(8)—a　(9)—d　(10)—d

······················· **全 訳** ·······················

《会社の同僚2人の会話》

　キムとアユンは同じ会社の同僚だが，2人は別の部署で働いている。2人は廊下で偶然出会う。

アユン：あら，キム。最近会ってなかったわね。元気にしてる？

キム　：元気よ，アユン。不思議よね，私たち，同じビルで働いてるのに，お互いこんなに長いこと出会っていないなんて。

アユン：そうね，会えてうれしいわ。もっと頻繁に会わないとね。実際のとこ，今日，帰宅前に時間がとれるかしら？　すぐそこに新しくできたカフェがあるの。コーヒーでもどう？

キム　：そうしたいけど，ごめんね，ホテル・グロスブナーで予約してるの。

アユン：何の用？　聞いてよければ。

キム　：実は，そこでドレスとベールを選ぶつもりなの。

アユン：ドレスとベールですって？　ってことは，結婚するってこと？

キム　：ええ，そうなの！

アユン：わあ！　おめでとう！　その幸運な方は誰？　誰か私の知ってる人？

キム　：ええ！　彼はあなたの部署で働いているもの。

アユン：ほんと？　誰だか想像もつかないわ。

キム　：絶対彼を知ってるわ。髪が長いの。

アユン：わかった。ユウジでしょ？　そう，そう，彼はいい人よ。素晴らしいわ。2人はどうやって出会ったの？

キム　：それがね，彼が私の部署に来たとき，旅行の手配を担当している人を探してたから，私がお手伝いしたってわけ。

アユン：それって，一目ぼれって感じね。

キム　：まあ，私はそのような感じはしなかったけど，多分，ユウジはそのときに私が好きになったのでしょうね。数日後には私をデートに誘ってくれたの。

アユン：素敵ねえ。で，そのデートはどうだったの？

キム　：最高だった！　私たち，私の大好きなカフェへアイスクリームを食べに行って，何時間もおしゃべりを楽しんだの。

===== 解　説 =====

⑴　出会ったときの挨拶であり，この後キムが I'm fine. と答えていることから判断して，「どうしてるの？　元気？」という意味になる，a の How are you doing? が正解。d の What's on your mind? は「何を考えてるの？」という意味。

⑵　アユンに最近会っていないと言われた後であり，キムも，同じビルで働いているのに，と言った後，同様の発言をしたと判断できる。bump into ～ は「～と出くわす，～と鉢合せする」という意味であり，c の bumped into が正解。

⑶　just around the corner は「すぐ近くに」という意味のイディオムになる，b の around が正解。

⑷　空所の直後の but sorry から，キムはアユンの誘いを断っていると判断できる。失礼にあたらないように誘いを断るという場面では，まず「そうしたいのですが」と前置きするのが礼儀なので，d の I'd like to が正解。

⑸　この後キムはそのホテルでドレスとベールを選ぶ予定だと答えていることから，ホテルにその予約をいれていると判断でき，a の an appointment「予約，約束」が正解。

⑹　直前の Who is the lucky person? からもわかるように，アユンはキムの結婚相手が誰かを推測している。直後の I know? は whom が省略された形の関係代名詞節であり，先行詞としては a の Anyone が正解。ここは疑問文なので someone ではなく anyone となっている。

⑺　アユンはキムの結婚相手が誰かわからないという状況であり，I can't に続く動詞としては，I can't imagine で「想像もつかない，さっぱりわからない」という意味になる，d の imagine が正解。

⑻　キムは自身の1つ前の発言で，自分の結婚相手がアユンと同じ部署で働いていると述べており，アユンは彼のことを知っていると確信していると判断できるので，a の definitely「絶対に」が正解。

⑼　空所の後にある date に注目すると，ask A out for a date で「A をデートに誘う」という意味になる，d の out が正解。

⑽　この後キムは，デートがどうだったか説明していることから，How did S go? の形で「S はどうだった？」と様子を尋ねる発言となる，d の go が正解。

2月6日実施分

問　題

(90分)

〔 I 〕 次の英文を読み、下記の設問（A～D）に答えなさい。

　　Imagine for a moment that you are the manager of a day-care center*. You have a clearly stated (　　1　　) that children are supposed to be picked up by 4 p.m. But very often parents are late. The result is that at day's end, you have some anxious children and at least one teacher who must wait around for the parents to arrive. What to do? A pair of economists who heard of this problem—(ア)it turned out to be a rather common one —offered a solution: fine the late parents. Why, after all, should the day-care center take care of these kids for free?

　　The economists decided to test their solution by conducting a study of ten day-care centers in Haifa, Israel. The study lasted twenty weeks, but the fine was not introduced immediately. For the first four weeks, the economists simply kept track of the number of parents who came late; there were, on average, eight late pickups per week per day-care center. In the fifth week, the fine was started. It was announced that any parent arriving more than ten minutes late would pay $3 per child for each incident. The fee would be added to the parents' monthly cost, which was roughly $380. After the fine was started, the number of late pickups immediately went up! (　　2　　) there were twenty late pickups per week, more than double the original average. The incentive had plainly backfired**.

　　Economics is basically the study of incentives: how people get what they want, or need, especially when other people want or need the same thing. Economists love incentives. The typical economist believes the world has not yet invented a problem that they cannot fix if given a free hand to design the proper incentive scheme. Their solution may not always be pretty—it may involve threats or penalties or abusing civil liberties— but the original problem will most certainly be fixed. An incentive is a bullet, a lever, a key: an often tiny object with (　　3　　) power to change a situation. We all learn to respond to incentives, negative and positive, from the beginning of our lives. If you touch a hot stove, you burn a finger. If you do well in school, you get a new bike. If you go to a good college, then you get a good job. But if you fail out halfway through, you end

2
0
2
4
年
度

2
月
6
日

問
題
編

up doing a job you might not like.

　An incentive is simply (イ)a means of urging people to do more of a good thing and less of a bad thing. But most incentives don't come about naturally. Someone—an economist or a politician or a parent—has to invent them. Your three-year-old child eats all her vegetables for a week? She wins a trip to the toy store. A big steel-making company (　4　) too much smoke into the air? The company is fined for each ton of pollution over the limit.

　So what was wrong with the incentive at the Israeli day-care centers? You have probably already guessed that the $3 fine was simply too small. For that price, a parent with one child could afford to be late every day and only pay an extra $60 each month— just one-sixth of the base fee. (ウ)As far as a service to look after a child goes, that's pretty cheap. What if the fine had been set at $100 instead of $3? That would have likely stopped the late arrivals, though it would have also resulted in plenty of angry parents. But there was another problem with the day-care center fine. It substituted an economic incentive (the $3 penalty) for a moral incentive (the guilt that parents were supposed to feel when they came late). For just a few dollars each day, parents could buy off their guilt. Furthermore, the small size of the fine (エ)sent a signal to the parents that late pickups weren't such a big problem. If the day-care center suffers only $3 worth of pain for each late pickup, why should parents hurry? Such is the nature of incentives.

　*day-care center：保育園
　**backfire：裏目に出る

設　問

A．本文中の空所（1〜4）に入れるのに最も適当なものを、それぞれ下記（a〜d）の中から1つ選び、その記号をマークしなさい。

　（1）　a．investment　　b．policy　　　　c．permission　　d．colony
　（2）　a．At immediately　　　　　　　b．After soon
　　　　c．Before long　　　　　　　　　d．Nevertheless
　（3）　a．astonishing　　b．experiencing　c．standing　　　d．prohibiting
　（4）　a．fails　　　　　b．broadens　　　c．relates　　　　d．releases

B．本文中の下線部（ア〜エ）の文中での意味に最も近いものを、それぞれ下記（a〜d）の中から1つ選び、その記号をマークしなさい。

出典追記：Freakonomics by Steven D. Levitt and Stephen J. Dubner, HarperCollins Publishers

（ア）it turned out to be a rather common one

    a. economists have already studied day-care centers

    b. parents often arrive late

    c. children tend to be anxious when their parents are on time

    d. day-care centers don't take care of children after closing time

（イ）a means of urging people

    a. the meaning of stopping people from doing something

    b. a question of regulating people's behavior

    c. the suggestion that people do something wrong

    d. a method to encourage people to do something

（ウ）As far as a service to look after a child goes

    a. Whereas the base service fee is expensive

    b. Given that the time of day is late

    c. Regarding child-care services

    d. In spite of the fact that not all parents are late

（エ）sent a signal

    a. made a suggestion   b. delivered a late notice

    c. communicated a threat   d. implied a promise

C. 次の英文は本文の概要である。空白の（ i 、ii）を埋めるのに最も適当なものを、それぞれ下記（a～f）の中から1つ選び、その記号をマークしなさい。

Negative incentives, such as to（ i ）, are supposed to stop undesirable behavior. However, sometimes they result in the opposite effect. This is because small negative incentives give people who behave badly a way to（ ii ）.

a. raise the original problem

b. justify their behavior

c. cause the children of late parents to become less anxious

d. fine companies that pollute the environment

e. delay late pickups

f. punish a parent for burning a finger

D. 本文中の二重下線部 <u>That would have likely stopped the late arrivals</u> を、<u>That</u> が何を指す
のかを明確にしながら日本語に訳しなさい。答えは記述式解答用紙の所定欄に記入しなさい。

〔Ⅱ〕次の英文を読み、下記の設問（A〜D）に答えなさい。

Science is just beginning to analyze the complex nature and meaning of bird sounds.
Even common species such as American robins* make more than twenty different types of
sounds, most of which remain mysterious in purpose. Additionally, calls that sound simple
and uniform to humans, such as those of penguins, (　1　) slightly in their sound
quality, helping penguins recognize one another and choose mates.

The sounds of most songbird species differ from place to place, forming local
"dialects**" just like human accents. These dialects (ｱ)<u>play a role in</u> attracting females
and also in resolving territorial disputes. This allows birds to distinguish (　2　) local
and foreign individuals and settle conflicts without fighting. So local are the accents of
some birds in California (　3　) one could stand facing the Pacific and hear the songs
of one dialect with the left ear and a different one with the right.

It was once thought that the hearing of birds was limited to a smaller frequency range
than human hearing. (ｲ)<u>Only lately have we learned that some birds may be able to
perceive sounds "invisible" to our ears.</u> Birds are generally better at recognizing sound
than we imagined; for example, they are sharply sensitive to variations in the sounds of
their own species. This allows them to (　4　) fellow birds not just as members of
their own species, but as individuals within their groups, even in noisy conditions.

A (ｳ)<u>fine</u> example of birds using sounds to recognize individual members of their own
groups is the contact calls of budgerigars***, which vary slightly from one bird to the
next. They live in huge groups. There was a time, in the 1950s and 1960s, when the
birds were described as "so (ｴ)<u>thick</u> on power lines that the wires sank nearly to the
ground with their weight." Their contact calls allow them to recognize their mates and
their group. They can continue changing these calls as adults, modifying them to
(　5　) their mates or other group members as the birds move from one social group
to another.

Budgerigars and other birds learn their songs and calls through a process very similar
to the way we learn to speak. It's a process of imitating and practicing, and it's
extremely rare in the animal world. The learning process in birds begins early, just as it
does in humans. Before its birth, a human baby can memorize what it hears from the
external world. <u>This appears to be true for some birds, too.</u>

出典追記：The Bird Way by Jennifer Ackerman, Penguin Books

*American robin：コマツグミ（ヒタキ科の鳥）

**dialect：方言

***budgerigar：セキセイインコ

設　問

A. 本文中の空所（1～5）に入れるのに最も適当なものを、それぞれ下記（a～d）の中から1つ
選び、その記号をマークしなさい。

(1) a．vary 　　 b．varies 　　 c．varying 　　 d．various

(2) a．from 　　 b．between 　　 c．across 　　 d．for

(3) a．that 　　 b．because 　　 c．when 　　 d．however

(4) a．associate 　 b．call 　　 c．rescue 　　 d．identify

(5) a．dislike 　　 b．scare 　　 c．match 　　 d．feed

B. 本文中の下線部（ア～エ）の文中での意味に最も近いものを、それぞれ下記（a～d）の中から
1つ選び、その記号をマークしなさい。

(ア) play a role in
　　 a．compete for 　　　　　　 b．contribute to
　　 c．have nothing to do with 　 d．play sounds for

(イ) Only lately have we learned that some birds may be able to perceive sounds
"invisible" to our ears.
　　 a．It is too late for us to learn that some birds can understand sounds that we
　　　 cannot.
　　 b．Some birds have recently taught us how they can ignore sounds.
　　 c．We have only recently learned that some birds can recognize more sounds
　　　 than humans can.
　　 d．We have learned how slowly birds can receive sounds.

(ウ) fine
　　 a．healthy 　　 b．light 　　 c．great 　　 d．sunny

(エ) thick

a ． dense　　　　　b ． narrow　　　　c ． extensive　　　　d ． wide

C ． 次の英文（a ～ f ）の中から本文の内容と一致するものを２つ選び、その記号を各段に１つずつ
　　マークしなさい。ただし、その順序は問いません。

a ． Bird sounds are no less uniform than human languages, regardless of regions
　　where they are used.

b ． Some birds make use of sounds to tell which individuals belong to their groups.

c ． Birds tend to ignore differences in the sounds made by the same species.

d ． Birds such as budgerigars live alone in the wild.

e ． The calls of budgerigars are not subject to change once the birds become adults.

f ． Some birds learn how to produce sounds in a way that is similar to how humans
　　learn their mother tongue.

D ． 本文中の二重下線部 This appears to be true for some birds, too. を、This が何を指すのか
　　を明確にしながら日本語に訳しなさい。答えは記述式解答用紙の所定欄に記入しなさい。

〔Ⅲ〕 次の英文を読み、下記の設問（A、B）に答えなさい。

In 2001, researchers in Great Britain began working with 248 people to build better exercise habits over the course of two weeks. The subjects were divided into three groups. The first group was simply asked to track how often they exercised. The second group was the "motivation*" group. They were asked not only to track their exercise sessions but also to read some material on the benefits of exercise. The researchers also explained to the group how exercise could reduce the risk of heart disease and improve heart health. Finally, there was the third group. These subjects received the same presentation as the second group, which (ア)ensured that they had equal levels of motivation. However, they were also asked to develop a plan for when and where they would exercise over the following week. Specifically, each member of the third group completed the following sentence: "During the next week, I will engage in at least 20 minutes of intense exercise on [DAY] at [TIME] in [PLACE]."

In the first and second groups, 35 to 38 percent of the people exercised at least once per week. Interestingly, the motivational presentation given to the second group seemed to have no meaningful impact on behavior. But 91 percent of the third group exercised at least once per week—more than double (イ)the normal rate. The sentence that they filled out is what researchers refer to as an *implementation intention*, which is a plan you make ahead of time about when and where to act. That is, how you intend to (ウ)implement a particular habit.

The cues** that prompt a habit come in a wide range of forms, such as the feel of your phone buzzing in your pocket, the smell of chocolate chip cookies, the sound of ambulance sirens. However, the two most common cues are time and location. Implementation intentions contain both of these cues. Broadly speaking, the format for creating an implementation intention is: "When situation X arises, I will perform response Y."

Hundreds of studies have shown that implementation intentions are effective for sticking to our goals, whether it's writing down the exact time and date of when you will get a flu shot or recording the time of your doctor appointment. They increase the (エ)probability that people will stick with habits like recycling, studying, going to sleep early, and stopping smoking.

Researchers have even found that voter participation increases when people are forced to create implementation intentions by answering questions like: "What route are you taking to the voting center? At what time are you planning to go? What bus will get you there?" Other successful government programs have (オ)prompted citizens to make a clear plan to send taxes in on time or provided directions on when and where to pay traffic fines.

　The lesson is clear: people who make a specific plan for when and where they will perform a new habit are more likely to follow through.

　*motivation：動機付け
**cue：きっかけ

設　問

A. 本文中の下線部（ア～オ）の文中での意味に最も近いものを、それぞれ下記（a～d）の中から1つ選び、その記号をマークしなさい。

（ア）ensured
　　a．suggested　　b．guaranteed　　c．protected　　d．promoted

（イ）the normal rate
　　a．20-25%　　b．35-38%　　c．45-48%　　d．90-95%

（ウ）implement
　　a．execute　　b．forget　　c．cause　　d．increase

（エ）probability
　　a．event　　b．chance　　c．satisfaction　　d．circumstance

（オ）prompted
　　a．tested　　b．forced　　c．promised　　d．encouraged

B. 次の英文（a～e）の中から本文の内容と一致するものを2つ選び、その記号を各段に1つずつマークしなさい。ただし、その順序は問いません。

a．The results of the 2001 research indicated that the "motivation" group did much better than the first group but did worse in comparison to the third group.

b．Implementation intentions are helpful when individuals create plans that can result in the desired behavior.

出典追記：Atomic Habits by James Clear, Avery

c．Research has shown that, when establishing a new habit, becoming very familiar with the topic is an essential first step.

d．Among the common prompts, location and time are used most frequently for the formation of implementation intentions.

e．Election officials have encouraged higher voting rates by giving a range of travel directions to the voting centers.

〔Ⅳ〕次の英文（1〜10）の空所に入れるのに最も適当なものを、それぞれ下記（a〜d）の中から1つ選び、その記号をマークしなさい。

（1）Young adults should be aware that drugs can have harmful（　　　）on their mental health.

a．affects　　　b．effects　　　c．defects　　　d．deficits

（2）Here is a topic（　　　）which to argue at the next meeting.

a．about　　　b．in　　　c．at　　　d．toward

（3）When I was reading an online column, I found an interesting（　　　）of information.

a．case　　　b．number　　　c．block　　　d．piece

（4）They did not like（　　　）I wrote, unfortunately.

a．which　　　b．what　　　c．whether　　　d．who

（5）We were impressed by Sue's（　　　）visits to countries on the other side of the globe.

a．seldom　　　b．frequent　　　c．often　　　d．occasionally

（6）We won't begin the exam until everyone（　　　）.

a．arrived　　　b．had arrived　　　c．arrives　　　d．will arrive

（7）His name is familiar（　　　）most of the people in the town.

a．with　　　b．to　　　c．toward　　　d．about

（8）He had（　　　）spoken the words when he began to regret them.

a．hard　　　b．generally　　　c．soon　　　d．scarcely

２０２４年度

２月６日

問題編

（9）School activities will be held （　　　　　） next week.

　　　a．outdoor　　　　b．at outdoor　　　c．outdoors　　　d．at outdoors

（10）It was such a （　　　　　） experience to join the family gathering.

　　　a．pleased　　　　b．please　　　　c．pleasing　　　d．pleasure

〔Ｖ〕次の設問（Ａ、Ｂ）に答えなさい。

設　問

A. 次の日本文（1、2）に相当する意味になるように、それぞれ下記（a～h）の語句を並べ替えて正しい英文を完成させたとき、並べ替えた語句の最初から2番目と6番目に来るものの記号をマークしなさい。

（1）AIが私たちの多くの仕事を奪ってしまわないかを考えずにはいられない。

　　　I （　　　　　　　　　　） of our jobs.

　　　a．if　　　　　　　b．take　　　　　c．help　　　　　d．will

　　　e．wondering　　　f．AI　　　　　g．many　　　　h．cannot

（2）今朝以来、数粒のイチゴ以外は何も食べていません。

　　　Since this morning, I （　　　　　　　　　　）.

　　　a．for　　　　　　b．strawberries　　c．eaten　　　　d．few

　　　e．a　　　　　　　f．haven't　　　　g．except　　　　h．anything

B. 次の日本文に相当する意味になるように英文の空所を埋めなさい。答えは、空所に入れる部分のみを記述式解答用紙の所定欄に記入しなさい。

　　彼に今日の残りの時間を休むことを提案しました。

　　I suggested that （　　　　　　　　　　　　　　　　）.

〔Ⅵ〕 次の会話文を読み、空所（1～10）に入れるのに最も適当なものを、それぞれ下記（a～d）の中から1つ選び、その記号をマークしなさい。

Ken and his dad are in the kitchen of their house.

Dad: Ken, what's this pamphlet about? It mentions studying abroad in Australia.

Ken: Oh, my university is offering a program to study at a university in Australia for a year. (1   ).

Dad: A whole year abroad? That's a long time, don't you think?

Ken: I know, but it would be an incredible experience! (2   ) how much I could improve my English!

Dad: Hmm, that's true. But have you thought about being far from home for so long?

Ken: You're right, a whole year away could be challenging. But my friends have shared their great experiences abroad, and I really want to (3   )!

Dad: Hmm, but it's a big step, Ken. Have you considered how it would affect your studies here?

Ken: Yes, (4   ). The Australian university has an agreement with ours and offers my major, so I can transfer credits. It won't delay my graduation.

Dad: Well, (5   ). And how about after university? Can you see any benefits for your future career?

Ken: Definitely. As you know, I'd like to get a job where I can use English. Plus, I'd be able to gain cross-cultural experience. (6   ) overseas experience can give me an advantage when job hunting.

Dad: Okay, you're clearly motivated about this program. Now, the big question... how do you plan to pay for it? Studying overseas (7   ).

Ken: I know. The good news is that there are scholarships available. With my grades, I think I can qualify for some support.

Dad: How about living expenses?

Ken: I've thought about that as well. I could get a part-time job, and the on-campus dormitories are not so expensive.

Dad: Okay, I can see your enthusiasm, and it sounds like (8   ).

Ken: I have! It would really be a great opportunity, dad.

Dad: I can see that, but we'll need to consult with your mom, too. (9   )

Ken: Of course. Should I bring it up at dinner tonight?

Dad: Good idea. We can talk more about it then.

Ken: (10   ). Thanks, dad!

（1）　a．I'm seriously considering it　　　　b．I consider it serious

　　　c．I've thought it was serious　　　　d．It has to be serious, I think

（2）　a．Although you think about　　　　b．We'll be thinking about

　　　c．Just think about　　　　　　　　d．I'd like to think about

（3）　a．shoot it down　　　　　　　　　b．shoot the star

　　　c．give it up　　　　　　　　　　　d．give it a shot

（4）　a．it will research well　　　　　　b．the research affects it

　　　c．I've looked into it　　　　　　　d．I will study it

（5）　a．that's good to hear　　　　　　　b．that's hard to know

　　　c．that's interesting to see　　　　d．that's difficult to understand

（6）　a．Mentioning that　　　　　　　　b．To mention

　　　c．Don't mention　　　　　　　　　d．Not to mention that

（7）　a．means you are cheap　　　　　　b．doesn't come cheap

　　　c．can be dirt cheap　　　　　　　d．can't be cheaper

（8）　a．you've thought throughout　　　b．you'll research it more

　　　c．you'll join the program　　　　d．you've thought this through

（9）　a．You'll need to get her on board.　　b．Can she board the plane?

　　　c．Can you go abroad?　　　　　　d．She will board the plan.

（10）　a．I'll be there for you　　　　　　b．Let's do that again

　　　c．Sounds good　　　　　　　　　d．It's up in the air

2月6日実施分　　　解　答

A. (1)— b　(2)— c　(3)— a　(4)— d
B. (ア)— b　(イ)— d　(ウ)— c　(エ)— a

C. (i)— d　(ii)— b

D. 保育園のお迎えに遅れてくる親に科す罰金を3ドルではなく100ドルにしていたら，おそらく遅刻はなくなっていただろう。

-------------------- 全　訳 --------------------

《インセンティブが及ぼす影響》

① 少しの間，自分が保育園の経営者だと想像してほしい。あなたには子供たちを午後4時までには迎えにくることになっているというはっきりと示された指針がある。しかし，親はしょっちゅう遅れてくる。その結果，1日の終わりには，何人か不安げな子供たちと，親の到着を待たなければならない先生が少なくとも1人はいることになる。どうすればいいのか？この問題——それはかなりよくある問題だとわかった——を耳にした2人組の経済学者がある解決策を提案した。遅刻した親に罰金を科せばいいと。何にせよ，保育園がどうして無料でこういう子供たちの面倒を見なければならないというのか？

② 経済学者たちは，イスラエルのハイファにある10の保育園の調査を行って，自分たちの解決策を検証することにした。調査は20週間続いたが，罰金はすぐには導入されなかった。最初の4週間は，経済学者たちは遅刻してきた親の数を記録しただけだった。平均すると，保育園ごとに1週間あたり，お迎えの遅刻は8回だった。5週目に罰金が導入された。10分以上遅れてきた親は誰でも，1回遅れるごとに子供1人あたり3ドル支払うことになると通知された。その罰金は親が払う月謝に上乗せされるのだが，月謝はおよそ380ドルだった。罰金が導入されてから，お迎えの遅刻の数はすぐに増加した！　ほどなく，1週間にお迎えの遅刻は20になり，それは元々の平均の2倍以上だった。そのインセンティブ（行動を促す動機・誘因）は，ひどく裏目に出ていたのである。

③ 経済学は，基本的にインセンティブに関する学問である。つまり，人は

欲しいもの，必要なものを，とりわけ他の人も同じものを欲しがったり必要としたりしている場合，どうやって入手するか，である。経済学者はインセンティブが大好きだ。典型的な経済学者は，もし適切なインセンティブの計画案を策定するための自由裁量権を与えられるなら，自分たちに解決できない問題などまだこの世で考え出されてはいないと思い込んでいる。彼らの解決策は，必ずしも見た目のいいものではないかもしれない——そこには，脅しや罰則や市民の自由権の悪用といったものも含まれるかもしれない——それでも，元の問題は確実に解決されるだろう。インセンティブとは弾丸であり，レバーであり，鍵でもある。つまり，状況を一変させる驚くべき力を持つ，往々にしてごく小さなものなのである。私たちはみな，人生の最初から，後ろ向き（罰則的）なものにせよ，前向き（報酬的）なものにせよ，インセンティブに反応することを学ぶ。もしあなたが熱いストーブにさわれば，指を火傷する。もし学校の成績がよければ，新品の自転車がもらえる。いい大学に行けば，いい仕事が手に入る。しかし，もし途中で挫折すれば，結局，好きではないかもしれない仕事をすることになるのだ。

④　インセンティブとは，よいことはより多く，悪いことはより少なくやるよう人に促す手段にすぎない。しかし，ほとんどのインセンティブは，自然発生的に生まれるものではない。誰か——経済学者とか，政治家とか，保護者とか——がそれらを作り出さなければならないのだ。あなたの3歳の子供が1週間，野菜を全部食べたら？　彼女はおもちゃ屋さん行きを獲得する。大手製鉄会社が大気中にあまりにも大量の煙を放出したら？その会社は，許容量を超える汚染物質1トンごとに罰金を科されるのだ。

⑤　では，イスラエルの保育園では，インセンティブの何が問題だったのだろうか？　あなたもおそらくもう見当がついているだろうが，3ドルという罰金が余りにも少額すぎただけだ。その額では，子供が1人の親は毎日遅刻しても，毎月基本料金のわずか6分の1の60ドルを余分に払うだけで困ることはなかったのだ。子供の世話をするサービスとなると，それは相当安い額だ。もし，罰金が3ドルではなく，100ドルに設定されていたらどうだろうか？　それならおそらく遅刻はなくなっていただろうが，同時に，腹を立てる親がいっぱい出る結果にもなっただろう。しかし，その保育園の罰金に関しては，また別の問題があった。経済的インセンティブ

（3ドルの罰金）を，道徳的インセンティブ（遅れてきたときに親が当然感じるはずの罪悪感）の代用にしてしまったのだ。毎日ほんの数ドルと引き換えに，親は罪悪感を買い取ることができた。さらに，罰金が少額というのは，親にお迎えに遅れてもそれほど大した問題ではないというシグナルを送ることにもなった。もし保育園が，お迎えが遅れるたびにたった3ドル分の痛みを被るだけなら，親はなぜ急ぐ必要があるのだろうか？　インセンティブの本質とはそういうものなのだ。

═══════ 解説 ═══════

A. (1) 空所の後に続く that 節は完全な文が続いていることから同格の that 節と判断でき，この内容にふさわしい名詞としては，b の policy「方針，指針」が適切。investment「投資」 permission「許可」 colony「植民地」

(2) 直前の文に，罰金が科せられるようになると遅刻の数がすぐに増加したと述べられていることから，その数が 20 になるのにそれほど時間はかからなかったはずであり，c の Before long「ほどなく，やがて」が正解。Nevertheless「にもかかわらず」

(3) 直前部分では，インセンティブが弾丸といったものに例えられていることから，非常に強い力を持っていると判断でき，選択肢の中では a の astonishing「驚くべき」が適切。experiencing「体験する」 standing「直立した，常任の」 prohibiting「禁止する」

(4) 主語が大手製鉄会社，目的語が大量の煙であることから判断して，動詞としては d の releases「放出する」が正解。fail「～をしくじる，～を見捨てる」 broaden「～を広げる」 relate「～を関連づける」

B. (ア) turn out to be ～ は「～だとわかる」という意味の表現で，one はダッシュの前にある problem を指す。その問題とは第1段第3文（But very often …）に述べられているように，親はしょっちゅうお迎えの時間に遅れることであり，b の「親はしょっちゅう遅れてくる」が意味的に近い。

(イ) means には「手段，方法」という意味があり，urging people の後には to 不定詞が続く。encourage「～を励ます，～を促す」にも同様の用法があることから，d の「人々に何かをするのを促す方法」が意味的に近い。

(ウ)　as far as S goes は「S に関するかぎり，S となると」という意味の表現であり，a service to look after a child「子供の世話をするサービス」は child-care service「育児サービス」と同意なので，c の「育児サービスに関しては」が意味的に近い。

(エ)　sent a signal は直訳すると「合図を送った」という意味だが，直接表明したわけではないにせよ，後続の that 節で述べられていることを暗に伝える結果になったという意味だと考えられる。したがって，a の「示唆した」が意味的に近い。deliver a late notice「遅刻の連絡をする」 imply「暗に意味する」

C. (i)　この空所には，主語である Negative incentives「後ろ向き（罰則的）なインセンティブ」の例が入る。第 4 段最終 2 文（A big steel-making …）に，大手製鉄会社が大気中に大量の煙を放出したら，制限を超える汚染物質に対し罰金を科されるという，罰金が悪い行動を抑える動機づけになる例が述べられており，d の fine companies that pollute the environment「環境を汚染する企業に罰金を科す」が正解。

(ii)　small negative incentives「ちょっとした後ろ向きのインセンティブ」が，間違った行動をする人に，どういう方向性を与えることになるかを考える。最終段第 10 文（Furthermore, the small …）は，罰金が少額，つまり，後ろ向き（罰則的）なインセンティブが大したものでない場合，親に自分たちがお迎えに遅れるのは大して問題じゃないと思わせてしまうという内容になっていることから判断して，b の justify their behavior「自分たちの行動を正当化する」が正解。

D.　全体としては主語の That が条件節の働きをする仮定法過去完了の文になっている。That は前文の if the fine had been set at $100 instead of $3 という条件節の内容を受けたもの。この fine「罰金」は保育園のお迎えに遅れた場合の罰金のこと。instead of ～「～の代わりに，～ではなく」 条件節が過去完了時制であることから，would have likely stopped the late arrivals は直訳すると，「多分，遅い到着を止めていただろう」となるが，内容としては「多分，遅れてくることはなくなっていただろう」というような訳が考えられる。

Ⅱ 解答

A. (1)—a   (2)—b   (3)—a   (4)—d   (5)—c

B. (ア)—b   (イ)—c   (ウ)—c   (エ)—a

C. b・f

D. 生まれる前に，外界から聞いたことを記憶できることは，一部の鳥類にも当てはまるようだ。

·········· 全訳 ··········

《鳥の鳴き声に関する研究結果》

1 　科学による鳥の鳴き声の複雑な性質と意味の分析はまさに始まったばかりだ。コマツグミのようなどこにでもいる種でさえ，20種類以上の異なるタイプの鳴き声を出すが，そのほとんどが，目的は謎に包まれたままである。さらに，ペンギンの鳴き声のように，人間には単純で一様に聞こえる鳴き声でさえ，その音質はわずかに異なっており，ペンギンが互いに識別しあったり繁殖相手を選んだりするのに役立っている。

2 　鳴き鳥種のほとんどが持つ鳴き声は場所によって異なり，人間の方言とまったく同じような「方言」を作りあげている。これらの方言はメスをひきつける役割だけでなく，縄張り争いを丸く収める役割も果たす。このおかげで，鳥たちはその地域の個体とよそ者の個体を区別し，戦わずして争いを解決することができる。カリフォルニアにいる一部の鳥のアクセントはあまりにもその地域特有のものなので，太平洋に顔を向けて立てば，左耳である方言のさえずりを聞き，右耳で別の方言のさえずりを聞きとれるほどである。

3 　以前は，鳥の聴覚は人の聴覚より小さな周波数帯域に限られていると考えられていた。最近になってようやく，一部の鳥は私たち人間の耳には「気づけない」音を知覚できる可能性があるということがわかった。鳥は一般的に，私たちが思っていた以上に巧みに音を識別している。例えば，自分と同種の鳥の鳴き声の変化を非常に敏感に感じ取る。このおかげで鳥たちは，騒がしい状況にあっても，仲間の鳥を自分と同種の鳥の仲間としてだけでなく，自分の集団内の個体として識別することができるのだ。

4 　鳥が自身の集団にいる個々の仲間を識別するのに鳴き声を利用している好例が，セキセイインコが持つ連絡用の鳴き声であり，それは個々の鳥によって微妙に異なる。彼らは非常に大きな集団で生活している。1950年代から1960年代にかけて，セキセイインコが「電線上であまりにも密集

したために，その重みで電線が地面すれすれのところまで垂れ下がった」というような記述のあった時期があった。連絡用の鳴き声のおかげで，彼らはつがいの相手や自分の集団を識別することができる。セキセイインコは成鳥になっても，この鳴き声をずっと変え続けることがあるが，社会集団を次々に渡り歩く鳥なので，つがいの相手や集団内の他の仲間に合わせて，鳴き声を少し変えていくのである。

⑤　セキセイインコを始めとする鳥たちは，私たち人間がしゃべれるようになるやり方とよく似たプロセスを経て，さえずりや鳴き声を覚えていく。それは模倣と練習というプロセスであり，動物の世界では極めて珍しい。鳥における学習のプロセスは，人間の場合とまったく同じように，早い時期から始まる。人間の赤ちゃんは，生まれる前から，外の世界から聞こえてくる音を記憶している可能性がある。これは一部の鳥にも当てはまるようだ。

=== 解 説 ===

A. (1)　vary「変化する」の正しい語形を問う問題。空所部分は，この文の主語である calls の述語動詞にあたることから，a の vary が正解。b の varies だと主語が単数でなければならず，不適。

(2)　distinguish「～を区別する」の後には，local and foreign individuals という 2 種類の個体が続いている。2 つのものを区別する場合は distinguish between *A* and *B*「*A* と *B* を区別する」という形になるので，b の between が正解。

(3)　So local で始まっていることから，この文は主語である the accents が修飾語句を伴って長いので倒置形になっているとわかる。この So に注目すると，so ～ that S V「非常に～なので S が V する」という構文であると判断でき，a の that が正解。

(4)　この文の主語の This は鳥たちが鳴き声を識別する能力が高いという前 2 文の内容を受けており，そのおかげで仲間の鳥をどうできるのかを考えると，d の identify「～を識別する」が文脈上適切。associate「関連づける」　rescue「～を救助する」

(5)　空所を含む部分は，セキセイインコが鳴き声を変えているという主文に続く分詞構文であり，自分のつがいの相手や仲間にどうする目的で自分の鳴き声を修正しているのかを考えると，c の match「～に合わせる」

が文脈上適切。scare「～を怖がらせる」　feed「～に食べ物を与える」

B．（ア）　play a role in ～ は「～で役割を果たす」という意味だが，ここではメスをひきつけたり，争いを解決したりするのに役立っているという内容だと判断できるので，b の contribute to ～「～に貢献する，～に役立つ」が意味的に近い。

（イ）　下線部の Only lately have we learned … は直訳すると「最近になってようやく…を学んだ」という意味で，Only が文頭にあるために倒置形となっている。perceive は「～を知覚する，～に気がつく」，invisible to our ears は直訳すると「私たち人間の耳には見えない」だが，「私たちの耳には聞きとれない」という意味だと解釈できるので，c の「私たちは最近ようやく，一部の鳥は人間より多くの音を識別できるということがわかった」が意味的に近い。

（ウ）　この fine は「素晴らしい」という意味で用いられており，fine example は「好例」という意味。c の great にも「素晴らしい」という意味があるので，これが正解。

（エ）　セキセイインコの重みで電線が地上すれすれまで垂れ下がるという状況から判断して，この thick は「密集した」という意味だと判断できる。選択肢の中では a の dense にも「密集して」という意味があり，これが正解。

C．a．「鳥の鳴き声は，人間の言語と同様に，使われる地域に関係なく，均一である」

　第2段第1文（The sounds of …）に，鳥の鳴き声は場所によって異なり，人間の方言と同じような「方言」を作りあげていると述べられており，不一致。

b．「一部の鳥はどの個体が自分の集団の一員かを知るために鳴き声を利用している」

　第3段最終文（This allows them …）に，このおかげ，つまり鳥たちが鳴き声の変化を感じ取ることができるおかげで，自分の集団内の個体を識別できると述べられており，一致する。

c．「鳥は同じ種が出す鳴き声の違いを無視する傾向がある」

　第3段第3文（Birds are generally …）のセミコロンに続く for example 以下に，鳥は自分と同種の鳥の鳴き声の変化を非常に敏感に感

じ取ると述べられており，不一致。

d.「セキセイインコのような鳥は，野生では単独で生活している」

　第4段第2文（They live in …）に，彼ら（セキセイインコ）は非常に大きな集団で生活していると述べられており，不一致。

e.「セキセイインコの鳴き声は，いったん成鳥になると変わることはない」

　第4段最終文（They can continue …）に，セキセイインコは成鳥になっても鳴き声を変え続けることがあると述べられており，不一致。

f.「一部の鳥は人間が母国語を学ぶやり方と同じやり方で鳴き声の出し方を学ぶ」

　最終段第1文（Budgerigars and other …）に，セキセイインコなどの鳥は，私たちがしゃべれるようになるやり方とよく似たプロセスを経て，さえずりや鳴き声を覚えていくと述べられており，一致する。

D. 二重下線部の直前の2文には，鳥の学習プロセスは，人間と同様，早い時期から始まるという点と，さらに具体的に，人間の赤ちゃんは生まれる前から外界から聞こえる音を記憶するとも述べられていることから，This は，この2文をまとめる形で説明するとよい。appear to be ～「～であるように見える，～であるようだ」 be true for ～「～にも当てはまる，～についても言える」

 **解答** **A.** (ア)— b　(イ)— b　(ウ)— a　(エ)— b　(オ)— d
　　　　　　　　B. b・d

⋯⋯⋯⋯⋯⋯⋯⋯⋯⋯⋯⋯⋯⋯⋯⋯⋯ **全 訳** ⋯⋯⋯⋯⋯⋯⋯⋯⋯⋯⋯⋯⋯⋯⋯⋯⋯

《習慣を定着させるのに有効な戦略》

① 2001年，イギリスの研究者たちは，248人を対象に2週間にわたって，よりよい運動習慣を身につけるための研究を始めた。被験者たちは3つのグループに分けられた。最初のグループは，自分が何回運動したかを記録するよう求められただけだった。2番目のグループは「動機づけ」グループだった。彼らは自分たちが運動したことを記録するだけでなく，運動の利点に関する何らかの資料を読むよう求められた。研究者たちはまた，そのグループに，運動がいかに心臓病のリスクを軽減し，心臓の健康を増進しうるかも説明した。最後が3番目のグループだった。この被験者たちは，

２番目のグループと同じ説明を受けたが，それで彼らは確実に同じレベルの動機づけを受けるようになっていた。しかしながら，彼らはまた，次の１週間の間に，いつどこで運動するつもりかという計画を立てることも求められた。具体的には，３番目のグループの各メンバーは以下の文を書き上げた。それが「次の週の間に，私は［日］の［時刻］に［場所］で，少なくとも 20 分間の激しい運動をします」であった。

② 　最初と２番目のグループでは，35〜38 パーセントの人が少なくとも週に一度は運動をした。興味深いことに，２番目のグループに与えられた動機づけとなる説明が，行動に何ら意味のある影響を与えていないように思われた。しかし，３番目のグループの 91 パーセントが，少なくとも週に一度は運動をしており，それは通常の割合の２倍以上だった。彼らが記入した文は，研究者たちが「実行意図」と呼んでいるもので，あなたがいつ，どこで行動すべきかについて前もって立てておく計画のことである。つまり，あなたは特定の習慣をどうやって実行するつもりか，というものだ。

③ 　ある習慣を促すきっかけは，ポケットの中でスマホが振動音を立てているのを感じるとか，チョコチップクッキーの匂いとか，救急車のサイレンの音といった，広範囲な形で表れる。しかしながら，２つの最も一般的なきっかけは，時間と場所である。実行意図にはこのきっかけが２つとも含まれている。大まかに言えば，実行意図を生み出すためのフォーマットは，「状況Ｘが発生すれば，私は対応策Ｙを実行する」である。

④ 　何百もの研究によって，実行意図は，それがインフルエンザの予防接種を受ける正確な日時を書き留めることであれ，通院日の時刻を記録することであれ，自分の目標を堅持するのに有効であることが明らかになっている。実行意図は，人々がリサイクル，勉強，早めの就寝や禁煙といった習慣を続ける可能性を高めるのである。

⑤ 　研究者たちは，人々が以下のような質問に答えることで実行意図を作らざるをえなくなると，有権者の参加が増えるという発見すらしている。それが「あなたは投票所へどの経路で行こうとしていますか？　あなたは何時に行く予定ですか？　あなたはどのバスで行くつもりですか？」である。他にもうまくいった政府のプログラムでは，市民に期限内に税金を納めるための明確な計画を立てるよう促したり，交通違反の罰金をいつどこで払えばよいかという点に関する指示を出したりしている。

⑥　教訓は明らかである。つまり，新しい習慣をいつどこで実行するか，具体的な計画を立てる人は，最後までやり通す可能性がより高くなるということなのだ。

━━━━━━━━━━━━━　解　説　━━━━━━━━━━━━━

A. (ア)　ensure は「～を確かにする，～を請け合う」という意味で，選択肢の中では b の guaranteed「～を保証した，～を請け合った」が意味的に近い。suggested「～を提案した」 protected「～を保護した」 promoted「～を促進した」

(イ)　下線部を含む英文では，91 パーセントという数字をあげて，それが the normal rate「通常の割合」の 2 倍以上だと述べられている。この場合，the normal rate とは，第 2 段第 1 文（In the first …）にある第 1，第 2 グループの結果の 35～38 ％を基準にして 2 倍以上になったという見解だと考えられる。よって， b の 35-38 ％が正解。

(ウ)　implement は「～を実行する，～を履行する」という意味であり，選択肢の中では a の execute「～を実行する」が意味的に近い。

(エ)　probability は「可能性，見込み」という意味であり，選択肢の中では「機会」という意味の他にも「可能性，見込み」という意味がある b の chance が正解。event「出来事」 satisfaction「満足」 circumstance「状況」

(オ)　prompt は prompt *A* to *do* の形で「*A* に～するよう促す」という意味になるが，encourage もこの形で「*A* を励まして～させる，*A* に～するよう仕向ける」という意味になるので， d の encouraged が意味的に近い。forced「～に強制した」 promised「～に約束した」

B. a.「2001 年の研究結果は，『動機づけ』グループのほうが，最初のグループよりはるかにうまくいったが， 3 番目のグループに比べるとうまくいかなかったということを示した」

　　第 2 段第 1 ～ 3 文（In the first … the normal rate.）にはその研究結果が述べられている。「動機づけ」グループとは 2 番目のグループのことだが，最初のグループが 35 パーセントだとしても，それに対して 38 パーセントと，わずか 3 パーセントの差しかなく，第 2 文にも動機づけとなる説明は行動に影響しなかったようだと述べられていることから，不一致。

b.「実行意図は，結果的に個人が望ましい行動をするようになる計画を

立てた場合，役に立つ」

　第4段には，何百もの研究結果として，具体例を挙げた上で，実行意図は自分の目標を堅持するのに有効であり，リサイクルや勉強などの習慣を続ける可能性を高めると述べられている。また，最終段にも，具体的な計画を立てた人はそれを実行する可能性が高いと述べられていることから，一致する。なお，implementation intention「実行意図」については，第2段第4文（The sentence that …）に説明がなされている。

c.「研究によると，新たな習慣を身につける場合，その話題に非常に精通することが不可欠な第一歩である」

　第2段第2文（Interestingly, the motivational …）に，2番目のグループに与えられた動機づけとなる説明は，行動に何ら意味のある影響を与えなかったようだと述べられており，知識があっても行動に変化はないことがわかるので，不一致。

d.「一般的に行動を促すものの中では，場所と時刻が，実行意図の形成のために最も頻繁に用いられている」

　第3段第2文（However, the two …）に，2つの最も一般的なきっかけは，時間と場所であると述べられている。この「きっかけ」とは，同段第1文（The cues that …）に述べられているように，ある習慣を促すきっかけなので，一致する。

e.「選挙管理者たちは，投票所までの広範囲に及ぶ行き方を教えることで，投票率を高めてきている」

　第5段第1文（Researchers have even …）には，様々な質問をすることで人々が実行意図を形成することにつながり，投票率が上昇するということを発見したと述べられており，行き方を教えるというやり方ではないので，不一致。

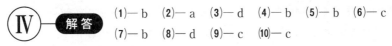

Ⅳ　解答　(1)— b　(2)— a　(3)— d　(4)— b　(5)— b　(6)— c
(7)— b　(8)— d　(9)— c　(10)— c

=========== 解　説 ===========

⑴「若者は，薬物が心の健康に有害な影響を及ぼすことを知っておくべきだ」

　have harmful effects on ～ で「～に有害な影響を与える，～に悪影響

を及ぼす」という意味になり，effect は単数形で用いることもあるが，可算名詞扱いであり，ｂの effects が正解。affect は「〜に影響する」という意味の他動詞。defects「欠陥，欠点」　deficits「赤字」

(2)　「こちらが次回の会合で議論すべき話題です」

　　空所以下は前置詞＋目的格の関係代名詞＋to *do* の形で直前の名詞を修飾する用法。argue は argue about 〜 の形で「〜について議論する」という意味になるので，ａの about が正解。a topic about which to argue は a topic to argue about や a topic about which we should argue などと言い換えることが可能。

(3)　「ネット上でコラムを読んでいたら，興味深い情報を見つけた」

　　information「情報」は不可算名詞で複数形にはならないが，形容詞や数詞を伴う場合は，前に a piece of 〜 や two pieces of 〜 などを置くことで可算名詞のように扱うことができるので，ｄの piece が正解。

(4)　「残念ながら，彼らは私の書いた内容が気に入らなかった」

　　空所に入る語は wrote の目的語であり，また空所から I wrote までが名詞節として like の目的語となっていると判断できる。ｂの what であれば先行詞を含む関係代名詞として「私が書いたこと，私が書いた内容」という意味で，文脈上も like の目的語として適切であり，これが正解。

(5)　「私たちは，スーが地球の裏側の国々を何度も訪れているのに感心した」

　　空所の直前に Sue's という所有格の人名があることから，visits は名詞で用いられていると判断できる。形容詞として visits を修飾でき，「頻繁な訪問」となって文脈上も適切なｂの frequent が正解。

(6)　「私たちは全員が到着するまでは試験を開始しない」

　　主節の時制は未来だが，until 以下は時を表す副詞節なので，単純未来を表す will を用いることはできず現在時制となる。主語の everyone に合わせて３人称単数現在時制の形となっているｃの arrives が正解。

(7)　「彼の名前はその町のほとんどの人によく知られている」

　　be familiar to 〜 は「〜によく知られている」という意味のイディオムであり，ｂの to が正解。be familiar with 〜 は「〜に精通している」という意味であり，混同しないこと。

(8)　「彼は言葉を発したとたん，発言を後悔し始めた」

　　主節が過去完了時制で、この後に when で始まる副詞節が続いている点に注目する。英文全体が S had scarcely〔hardly〕*done* when S' V' の形で「Sが～するやいなや、S' が V' した」という意味の構文となっており、d の scarcely が正解。この構文は、Scarcely had S *done* のように、倒置形となることも多い。

(9)　「学校行事は来週、屋外で行われるだろう」

　　空所を除く部分で文の要素がそろった完全文となっていることから、空所には副詞が入ると判断できる。選択肢の中では c の outdoors であれば「屋外で」という意味の副詞で、文脈上も適切。outdoor は「屋外の」という意味の形容詞。

(10)　「家族の集まりに参加するのはとても楽しい経験だった」

　　不定冠詞の a と experience という名詞に挟まれていることから、空所には形容詞か分詞が入ると判断できる。c の pleasing であれば「楽しい、心地よい」という意味の形容詞にもなるので、これが正解。pleased は「喜んで（いて）」という意味になり、experience を修飾する語としては不適。

 **Ⅴ**　　**A.**　（2番目・6番目の順に）　(1)― c ・ d
　　　　　　　(2)― c ・ e

B.　(I suggested that) he should take the rest of the day off(.)

━━━━━━━━━━ 解説 ━━━━━━━━━━

A. 正しく並べ替えた英文とポイントはそれぞれ次の通り。

(1)　(I) cannot <u>help</u> wondering if AI <u>will</u> take many (of our jobs.)

　「～せずにはいられない」という和文と選択肢の help という動詞から、cannot help *doing* というイディオムを見抜くことがポイント。「～しないかを考える」は wonder の目的語となる if 節の主語の AI の後には未来形の述語動詞 will take と続くので、2番目は c の help、6番目は d の will が正解。「私たちの多くの仕事」は空所の後が of our jobs となっていることから、many of our jobs となる。

(2)　(Since this morning, I) haven't <u>eaten</u> anything except for <u>a</u> few strawberries(.)

　Since で始まる前置詞句があり、述部の時制は現在完了時制となること

から，Iの後に haven't eaten と続ければよい。except for ～ は「～以外は，～を除いて」という意味のイディオムで，この後に「数粒のイチゴ」a few strawberries が続くので，2番目はcの eaten，6番目はeのaが正解。

B. suggest「～を提案する」という動詞は，この後に続く that 節の中では should を用いるか，動詞は原形となる点に注意する。「今日の残りの時間を休む」は「今日の残りの時間は休暇をとる」という意味だと解釈できるので，take a day off で「休みをとる」という表現を利用する。a day の部分に「今日の残りの時間」を入れるとよい。「今日の残りの時間」は「その日の残り」ということなので，the rest of the day とする。

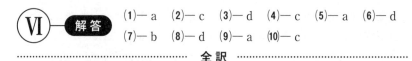

VI　解答

(1)—a　(2)—c　(3)—d　(4)—c　(5)—a　(6)—d

(7)—b　(8)—d　(9)—a　(10)—c

・・・・・・・・・・・・・・・・・・・・・・・・・・・・・・・・・・ 全訳 ・・・・・・・・・・・・・・・・・・・・・・・・・・・・・・・・・・

《父と息子の留学をめぐる会話》

　ケンと父親が自宅の台所にいる。

父親：ケン，これは何についてのパンフレットかな？　オーストラリアへの留学についてふれてるけど。

ケン：ああ，大学が1年間，オーストラリアの大学に留学するプログラムを提供してる。僕も真剣にその検討をしてるところなんだ。

父親：まる1年海外か？　長いな，そう思わないのか？

ケン：わかってるよ，でもほんとに素晴らしい経験ができそうなんだ！　僕の英語がどれほど上達するか，ちょっと考えてもみてよ！

父親：ふーむ，その通りだな。でも，そんなに長い間，家から遠く離れるってこと，考えたことはあるのか？

ケン：それはそう，まる1年家を空けるのはかなり大変なことになるだろうね。でも僕は友人から海外での素晴らしい経験を聞いてるし，僕もどうしても挑戦したいんだ。

父親：ふーむ，でもまあ，それは大きな一歩だな，ケン。それがこっちでの勉強にどう影響することになるか，考えてはいるのかい？

ケン：ああ，もう調べてあるよ。オーストラリアの大学とうちの大学とで契約を交わしていて，僕の専攻科目もあるから，単位を移行すること

２０２４年度　２月６日

解答編

ができる。それで卒業は遅れないんだよ。

父親：まあ，それはいい話だな。で，大学を出てからはどうなんだ？　将
　　　来の仕事に何か利点はあるのか？

ケン：絶対あるよ。知ってると思うけど，僕は英語が使える仕事に就きた
　　　いんだ。それに，異文化体験をすることもできるだろうし。海外での
　　　経験は，就活をするとき僕の強みになりうるのは言うまでもないよね。

父親：わかった，このプログラムについてはお前にやる気があるのは明ら
　　　かだな。さて，大きな質問だが…そのための支払い計画はどうなん
　　　だ？　留学にはお金がかかるぞ。

ケン：わかってるよ。ありがたいことに，いろんな奨学金が利用できるん
　　　だ。僕の成績だと，何らかの支援を受ける資格は得られると思うよ。

父親：生活費はどうなんだ？

ケン：そのことももう考えてあるよ。アルバイトもできるだろうし，キャ
　　　ンパス内の寮はそれほど高くないんだ。

父親：わかった，お前の熱意はわかるし，この件についてはお前もとこと
　　　ん考えているようだな。

ケン：そうだよ！　本当に素晴らしい機会になりそうなんだよ，父さん。

父親：それはわかるが，２人で母さんにも相談する必要はあるだろうな。
　　　お前は母さんを乗り気にさせなきゃいけないだろうし。

ケン：もちろんさ。今夜の食事どきに話を持ち出したらいいかな？

父親：いい考えだ。そのとき，みんなでもっとその話ができるぞ。

ケン：それがいいね。ありがとう，父さん！

=== 解 説 ===

(1)　ケンは大学が提供するオーストラリアの大学への留学のプログラムに
ついての話が載っているパンフレットを見ていることから，留学に興味が
あるのは明らかであり， a の I'm seriously considering it「僕は真剣にそ
の検討をしている」が正解。

(2)　ケンのこの発言に対し，父親は that's true「その通りだ」と答えてい
ることから，ケンは留学で自分の英語がいかに上達するかを父親にわかっ
てほしくて，この発言をしたと判断でき， c の Just think about ～「～
のことをちょっと考えてもみてよ」が正解。

(3)　ケンは，この発言の前半で，友人が留学で素晴らしい体験をしている

と語っており，これがきっかけとなって，自分も留学を考え始めたと判断できる。d の give it a shot は「挑戦してみる」という意味の表現であり，話の流れとして適切。

(4)　ケンは父親から今の大学の勉強がどうなるかについて，もう考えたのかと尋ねられており，Yes という返事で始めていることから，c の I've looked into it「もう調べてあるよ」が正解。look into 〜 は「〜を調べてみる」という意味のイディオム。

(5)　この直前，ケンが留学で大学の卒業が遅れることはないと話しており，それは父親にとっては安心材料だと判断できるので，a の that's good to hear「それはよかった，それは朗報だ」が正解。

(6)　Not to mention that 〜「〜は言うまでもない」という成句になる。

(7)　この後，ケンが奨学金の話をしていることから，父親は留学にお金がかかることを心配したはずであり，b の doesn't come cheap「お金がかかる，とても高くつく」が正解。come cheap は「お金がかからない，安上がりだ」という意味の表現。

(8)　父親は，ケンから留学のための資金計画についても詳しく説明を受けた後なので，d の you've thought this through「あなたはこの件についてはとことん考えている」が正解。think A through は「A についてとことん考える，A について熟慮する」という意味のイディオム。

(9)　父親はこの直前，母親にも相談する必要があると述べていることから，a の You'll need to get her on board.「あなたは母さんを乗り気にさせる必要があるだろう」が正解。get A on board は「A を乗り気にさせる，A に賛成させる」という意味のイディオム。

(10)　ケンが今夜の夕食時に話を持ち出したほうがいいかを尋ねると，父親はそれに賛成する発言をしていることから，ケンの返事としては，c の Sounds good「それがいいね，了解」が適切。

2月7日実施分　　　問　題

(90分)

〔Ⅰ〕 次の英文を読み、下記の設問（A～D）に答えなさい。

One of the fundamental questions of economics is whether self-interest is compatible* with a good society. To understand what this means, let's compare the workings of society with those of a soccer team. A good soccer team needs good players, obviously. Good players do more than simply dribble and shoot well. They know how to play as a team. If you're a defender, you stay back and protect the goal; if you're an attacker, you move forward and try to score, and so (　1　). However, in a bad team players only care about (　2　) glory: they only want to score goals themselves so they all rush after the ball rather than spreading out and helping each other score. The result is chaos on the field and very (　3　) goals.

Society is a team of millions of people who work together and trade together. What does it take to make that team work well? If economics is like soccer, then what society needs is for people to work for the team, that is, in the interest of society as a whole. What it doesn't need is people caring mainly for themselves—for their self-interest—like soccer players who only worry about their own achievement. For example, instead of trying to make as much money as possible, bakers would ensure that their neighbors had enough bread for their dinner. Butchers would (ア)take on new assistants not because they really needed them, but because their friends needed jobs. Everyone would be nice to each other and society would be a place of harmony.

The Scottish philosopher Adam Smith turned this upside down when he published a book called *The Wealth of Nations* in 1776. He argued that society does well when people act in their own self-interest. Instead of trying to be (　4　) all the time, do what's best for you and (イ)eventually more people will benefit. "It is not from the benevolence** of the butcher, or the brewer***, or the baker, that we expect our dinner, but from their regard to their own interest," he said. You get your dinner from the baker not because bakers are generous, kind people. Some are, some aren't. It doesn't matter either way. What matters is that you get bread because bakers pursue their own self-interest by selling it in order to earn money. (　5　), bakers make a living because you pursue your own self-interest by buying bread.　You don't care about the baker and the baker doesn't care about you.　You probably don't even know each other.　People benefit each other not because they want to help strangers but because they're doing what's best for themselves.　Ultimately, self-interest leads to social harmony rather than (　6　).

　There's another important difference between a good soccer team and an economy.　A soccer team needs a manager to organize its players.　Think of the manager as taking the players by the hand, (ウ)as it were, and leading them to different areas of the field, defenders at the back, strikers at the front.　The manager's guiding hand ensures that the team plays well.　But no one does the same in the economy.　No one tells bakers how many loaves to bake, brewers what kind of beer to brew.　They decide for themselves on the basis of what they think will make them money.　Society functions just fine like that.　It seems as if there must be the hand of a manager organizing things, but when you try to find it, it isn't there.　To describe the situation Smith came up with one of the most famous phrases in economics.　He said it's as if society is guided by an "invisible hand."

　Smith emphasized that the invisible hand works when decent people have the freedom to exchange goods with each other—to buy and sell things.　Yet, one result of this exchange is that people specialize in particular jobs: a "division of labor" emerges.　In a small village, everyone started off baking their own bread and brewing their own beer.　Then some people became good at baking bread, had more than they needed and sold (エ)the extra.　In the course of time, they stopped brewing beer for themselves and started buying it instead.　In a society of divided labor, bakers only bake and brewers only brew.

　Smith knew that this condition leads to a problem.　Behind the harmony of decent people pursuing their self-interest, he also sensed conflict.　The division of labor makes each worker's task simple.　Although it increases production, it makes and keeps workers "stupid and ignorant," because they only specialize in their own trade and cannot perform other tasks.

　*compatible：両立可能な

　**benevolence：善意

***brewer：ビール醸造業者

設　問

A. 本文中の空所（1〜6）に入れるのに最も適当なものを、それぞれ下記（a〜d）の中から1つ選び、その記号をマークしなさい。

出典追記：A Little History of Economics by Niall Kishtainy, Yale University Press

(1) a. on   b. called   c. much   d. goes
(2) a. fundamental   b. personal   c. the team's   d. the opponent's
(3) a. little   b. more   c. few   d. less
(4) a. nice   b. greedy   c. careless   d. interesting
(5) a. In doubt   b. In turn   c. In the least   d. In vain
(6) a. team play   b. cooperation   c. many goals   d. chaos

B. 本文中の下線部（ア～エ）の文中での意味に最も近いものを、それぞれ下記（a～d）の中から
１つ選び、その記号をマークしなさい。

(ア) take on
    a. hire   b. challenge   c. judge   d. release

(イ) eventually
    a. in the end   b. endlessly   c. end to end   d. on end

(ウ) as it were
    a. if possible   b. any longer   c. by chance   d. so to speak

(エ) the extra
    a. another invisible hand   b. beer that their neighbors brewed
    c. bread they did not eat   d. money paid to them by a bank

C. 次の問い（ⅰ～ⅲ）の答えとして最も適当なものを、それぞれ下記（a～d）の中から１つ選び、
その記号をマークしなさい。

(ⅰ) According to the text, what is the definition of good soccer players?
    a. Those who know what to do for the good of the team.
    b. Those whose main concern is their own performance.
    c. Those who earn as much money as possible every year.
    d. Those who protect the field during the game.

(ⅱ) Why does the author of this text compare the workings of society with the
    workings of a soccer team?

a．Because a lot of bad soccer players are also engaged in trading business.

b．So that the relationship between self-interest and social harmony can be understood more easily.

c．To show that society secretly tells the players how many goals they should score in a game.

d．The author wants to demonstrate how Adam Smith's philosophy is consistent with the common idea of social harmony.

(ⅲ)　Which of the following is NOT true about Adam Smith's idea described in the text?

a．If everybody keeps focusing on their own self-interest, social harmony will be realized.

b．When left alone, people start to care about the benefit of the other members in the community.

c．In terms of the commercial activities, society doesn't have a human "manager" to tell its members what to do.

d．A disadvantage of letting the "invisible hand" take control of society is that it leads to the division of labor, which creates ignorant workers.

D．本文中の二重下線部 It doesn't matter either way. を、either way が何を指すのかを明確にしながら日本語に訳しなさい。答えは記述式解答用紙の所定欄に記入しなさい。

〔Ⅱ〕 次の英文を読み、下記の設問（A〜C）に答えなさい。

Was there originally a single language? Many ancient traditions supposed so, and for a time scholars attempted to (ア)identify it. European scholars in the 1600s suspected that Ge'ez, the ancient language of Ethiopia, or Chinese might be the parent language. Few historical linguists* these days believe that the original language can be identified, if it ever existed. A story in the Hebrew Bible** captures the fundamental reality that languages have tended to increase in number throughout most of human history. In this story, God created new languages as a punishment to the people of Babel (　1　) trying to build a tower to heaven.

Rather than because of God's punishment, however, these language changes resulted from small populations spreading across the continents and losing touch with each other. Over time, due to the natural changes in pronunciation, vocabulary, and grammar that all languages undergo, originally linked languages became no longer mutually understandable. The process of the increase in the number of languages was sped up by the fact that, until recent times, human communities were small and isolated***. As recently (　2　) five hundred years ago, there were perhaps 80 million humans, 1 percent of the population today. Any distance greater than could be walked in a couple of days was (イ)a huge barrier to the regular contacts that are necessary to sustain a common language. The continuous spread of small communities of humans to the far corners of the planet thus produced an enormous variety of languages.

Even though disasters, migrations, and other circumstances (ウ)caused some languages to become extinct, by a thousand years ago, the number of languages in (　3　) had grown to ten or fifteen thousand. Despite the many changes since then, the linguistic trace of the past is still clearly evident in the geographical distribution of languages. The greatest language diversity exists in regions where communities were traditionally small and isolated. Today, half of all living languages are spoken in Africa and the Pacific islands, which together (エ)contain only about 13 percent of the world's population. The small island communities of the Pacific region developed the largest ratio of languages to population. Within that region, the greatest concentration of languages (over 800 still surviving) is on the single island of Papua (New Guinea), (　4　) traditionally most people lived in small communities isolated in deep, narrow valleys. In contrast, regions that have experienced greater political and economic integration display (オ)the opposite characteristic. Asia has over 60 percent of the world's population but is home to only a third of the Earth's living languages. (　5　), Europe has 12 percent of the globe's population but just 3 percent of its living languages.

出典追記：How English Became the Global Language by David Northrup, Palgrave Macmillan

*historical linguist：歴史言語学者
**the Hebrew Bible：旧約聖書
***isolated：孤立した、隔絶した

設 問

A. 本文中の空所（1～5）に入れるのに最も適当なものを、それぞれ下記（a～d）の中から1つ
選び、その記号をマークしなさい。

（1） a．at   b．by   c．for   d．of

（2） a．as   b．since   c．than   d．until

（3） a．use   b．used   c．users   d．using

（4） a．which   b．whose   c．where   d．how

（5） a．Fortunately b．However   c．Similarly   d．Therefore

B. 本文中の下線部（ア～オ）の文中での意味に最も近いものを、それぞれ下記（a～d）の中から
1つ選び、その記号をマークしなさい。

（ア） identify it
        a．find the original language   b．follow the old tradition
        c．name the best scholar   d．spend more time for the purpose

（イ） a huge barrier to
        a．a big necessity to   b．a good reason for
        c．something that greatly enables   d．something that mostly prevents

（ウ） caused some languages to become extinct
        a．developed most languages
        b．established as many languages as possible
        c．let a number of languages be more popular
        d．made a certain number of languages disappear

（エ） contain
        a．double   b．feed   c．gain   d．have

（オ）　the opposite characteristic

    a．a challenging situation　　　　　　b．a crucial element

    c．a very different feature　　　　　　d．an environmental problem

C．次の英文（a～f）の中から本文の内容と一致するものを2つ選び、その記号を各段に1つずつ
マークしなさい。ただし、その順序は問いません。

    a．Throughout history, European scholars have not believed in the existence of the
original language.

    b．The story of the people of Babel can be read as an explanation for the diversity
of languages.

    c．It is natural that a language's vocabulary, pronunciation, and grammar change with
time.

    d．Human communities tended to be globally connected until recently.

    e．On the single island of Papua (New Guinea), the inhabitants have one language in
common.

    f．Over 60 percent of the world's languages are now spoken in Asia.

〔Ⅲ〕次の英文は、現代社会における professions（専門職）の位置づけについて論じたものである。英文を読み、下記の設問（A〜C）に答えなさい。

Most people would say that the professions (ア)are at the heart of our social and working lives. Various kinds of professional people save our lives and keep us in good health, educate our children, advise us on our legal matters, manage our money, assist us in running our businesses, help us complete our tax returns, design our homes, and much more. When we (イ)are in need of expert guidance on issues that matter to us, we turn naturally to the professions and draw on their members' knowledge and experience.

The professions are of great economic significance. Some are vast. In the United States, for example, almost $3 trillion was spent on healthcare in 2013. This is more than the GDP* of all (ウ)but three other countries in the world. The professions provide employment for hundreds of millions of people. In the United Kingdom, for instance, healthcare and education each employ more people than any other sector, apart from retail. Some professional firms are giants. The 'Big 4' accountancy firms** have combined annual global revenue of more than $120 billion. This means that these four businesses alone have a greater amount of sales than the GDP of the sixtieth-richest country in the world. Certain professions are more important in some countries than others. The legal services market in the United Kingdom, for example, is the largest in Europe, and (エ)is responsible for over one-quarter of the total value of the European market.

Beyond their social and economic significance, being a professional is seen to be a labour of love and not simply labour for a wage. It is considerably more than holding down a job. Many of the most fulfilled professionals refer to their daily activities as a calling or vocation***: not so much a job as a way of life. For the village teacher, the local doctor, and the rural lawyer, for example, the most important aim is commonly thought to be to help fellow citizens. This work is often accompanied by a steady income, even if most professionals have not, traditionally, been the most highly paid in society. The professions promise job security and steady career progression. This has contributed to the sense of stability that continues to encourage people receiving professional help to (オ)feel they have placed themselves in the safest of hands.

*GDP：国内総生産

**The 'Big 4' accountancy firms：4大会計事務所

***vocation：天職

出典追記：The Future of the Professions：How Technology Will Transform the Work of Human Experts by Richard Susskind and Daniel Susskind, Oxford University Press

設　問

A．本文中の下線部（ア〜オ）の文中での意味に最も近いものを、それぞれ下記（a〜d）の中から
１つ選び、その記号をマークしなさい。

（ア）are at the heart of
    a．are correctly remembered in   b．are in a peaceful state of
    c．have little influence on   d．play the most significant part in

（イ）are in need of
    a．imagine   b．develop   c．require   d．trust

（ウ）but
    a．above   b．below   c．except   d．however

（エ）is responsible for
    a．accounts for   b．depends on   c．focuses on   d．looks for

（オ）feel they have placed themselves in the safest of hands
    a．believe they will be adequately ignored
    b．trust they will be well taken care of
    c．think they have been hardly protected
    d．understand they have been left all alone

B．次の問い（ i 、ii ）の答えとして最も適当なものを、それぞれ下記（a〜d）の中から１つ選び、
その記号をマークしなさい。

（ i ）Which of the following is true about the situation in the United Kingdom?
    a．Education is the sector which spends the largest amount of money.
    b．Retail is not an important sector in terms of employment.
    c．The legal services market is bigger than any of its kind in Europe.
    d．The size of the legal services market is one-quarter of that in the United States.

（ ii ）Why is being a professional seen to be a labour of love?

a . Because it is a way of living rather than just a way to earn an income.

b . Because professionals are always the most highly paid in society.

c . Because few professionals care about helping others.

d . Because the professions have legal and economic significance.

C . 本文中の二重下線部 these four businesses alone have a greater amount of sales than the GDP of the sixtieth-richest country in the world を日本語に訳しなさい。答えは記述式解答用紙の所定欄に記入しなさい。

〔Ⅳ〕 次の英文（1～10）の空所に入れるのに最も適当なものを、それぞれ下記（a～d）の中から1つ選び、その記号をマークしなさい。

（1） My grandmother (   ) here. I really love this place.

a . is raised   b . is risen   c . was raised   d . was risen

（2） Emma (   ) essay writing, but now she finds it enjoyable and rewarding.

a . liked   b . used to like

c . used not like   d . didn't use to like

（3） My high school has a strict uniform policy, but it made just one (   ) for the school festival. On that day, we were allowed to wear whatever we liked.

a . exit   b . exception   c . name   d . result

（4） A sudden announcement to close the city library sparked a wide range of protests, and all the residents of the city (   ) the new policy.

a . admitted supporting   b . admitted to support

c . refused supporting   d . refused to support

（5） I joined the student council, even though I (   ).

a . wanted   b . wanted to

c . did not want   d . did not want to

（6） Tom's daughter won the scholarship. He prides (   ) on her achievements and growth.

a．her   b．herself   c．him   d．himself

(7) The interviewer asked him (   ) he had any related experience in the field.
   a．that   b．what   c．whether   d．which

(8) Since the pandemic, it has become a common (   ) to wash hands thoroughly.
   a．practice   b．language   c．well   d．disease

(9) After years of dating, they are finally (   ).
   a．got married   b．become married
   c．getting married   d．becoming married

(10) The growth rate of the city is more than (   ) of the neighboring town.
   a．it   b．one   c．that   d．those

〔Ⅴ〕 次の設問（A、B）に答えなさい。

設　問

A. 次の日本文（1、2）に相当する意味になるように、それぞれ下記（a～h）の語を並べ替えて
　正しい英文を完成させたとき、並べ替えた語の最初から3番目と6番目に来るものの記号をマー
　クしなさい。

(1) ストーブがついたままになっていたことに気づき、彼らはショックを受けた。
   They were shocked (   ).
   a．been   b．find   c．had   d．left
   e．on   f．heater   g．the   h．to

(2) 私が興味があったのは、あの芸術家たちに対する当時のマスコミの態度だった。
   What (   ) treated by the press in those days.
   a．artists   b．interested   c．was   d．me
   e．those   f．the   g．were   h．way

B. 次の日本文に相当する意味になるように英文の空所を埋めなさい。答えは、空所に入れる部分の

みを記述式解答用紙の所定欄に記入しなさい。

来年、その会社は、今年よりも彼女の助けを頼れるようになるだろう。

Next year, the company （　　　　　　　　　　） this year.

〔Ⅵ〕 次の会話文を読み、空所（1～10）に入れるのに最も適当なものを、それぞれ下記（a～d）の
　　　中から1つ選び、その記号をマークしなさい。

*Daisuke and Amy are sitting beside each other on a flight from Tokyo to Toronto. They
met for the first time just a half hour ago.*

Daisuke: As we talked about, this is my first visit to Canada. You are from Canada,
　　　　　 right? So, can I ask you about something about the country?
Amy:　　Sure. What are you （　1　） about?
Daisuke: I'm majoring in culture studies and want to know some differences.
Amy:　　You mean some cultural differences between Japan and Canada?
Daisuke: （　2　）, if you can think of any.
Amy:　　Well, there are various differences, but one of the most interesting ones has to
　　　　　 do with social norms.
Daisuke: Social norms?
Amy:　　Yes. Let's （　3　）, manners in public spaces. When Canadians wait
　　　　　 （　4　） for the bus, having a short chat with the people around them may
　　　　　 be seen as good manners.
Daisuke: I understand what you mean. That's not the case in Japan, is it? We don't
　　　　　 often talk with strangers, and this is generally （　5　）.
Amy:　　Oh, I just had another （　6　）. Escalator etiquette is also different.
Daisuke: What do you mean?
Amy:　　Well, Japanese people stand on the left side when riding, right?
Daisuke: Yes. And we, especially people in Tokyo, walk on the right side.
Amy:　　But Canadians do the opposite.
Daisuke: You mean Canadians keep the left side （　7　）?
Amy:　　That's right, but this （　8　） be true only for my hometown, Toronto.
Daisuke: Very interesting! But did you know the Japanese government has recently
　　　　　 started to advise us not to do that?
Amy:　　What do you mean? Are they trying to make you behave like

Canadians—standing on the right side?

Daisuke: 　(　9　) I mean, they are asking us not to walk at all on an escalator on either side. They think it's safer that way.

Amy: 　Are you (　10　) me? During this visit, I saw so many people walking on escalators. Some of them were even running!

（1） a. appealing　　b. curious　　c. interesting　　d. well-known

（2） a. You mean　　b. I didn't mean it　　c. Yes　　d. No

（3） a. catch up　　b. hang out　　c. hear　　d. say

（4） a. in line　　b. off line　　c. off the top　　d. at the top

（5） a. acceptable　　b. available　　c. reliable　　d. responsible

（6） a. conversation　　b. idea　　c. sense　　d. question

（7） a. busy　　b. distant　　c. open　　d. silent

（8） a. might　　b. had to　　c. shouldn't　　d. won't

（9） a. Exactly.　　b. No, no.　　c. You heard.　　d. It depends.

（10） a. kidding　　b. negotiating　　c. supporting　　d. telling

解　答

I　**解答**　
A. (1)— a　(2)— b　(3)— c　(4)— a　(5)— b
(6)— d
B. (ア)— a　(イ)— a　(ウ)— d　(エ)— c
C. (i)— a　(ii)— b　(iii)— b
D. パン屋にも気前がよくて親切な人もいれば，そうでない人もいるが，どちらにせよそれはどうでもいいことだ。

⋯⋯⋯⋯⋯⋯⋯⋯⋯⋯⋯ 全 訳 ⋯⋯⋯⋯⋯⋯⋯⋯⋯⋯⋯

《経済学と社会の仕組み》

1　経済学が持つ根本的な疑問の一つが，自己の利益はよき社会と両立可能かどうかという点である。これが意味するところを理解するために，社会の仕組みとサッカーチームのそれとを比較してみよう。いいサッカーチームにはいい選手が必要であるのは言うまでもない。いい選手は，単にドリブルやシュートがうまいだけではない。彼らは，チームとしてどうプレーすべきかを知っている。ディフェンダーなら，後ろに下がって，ゴールを守る。アタッカーなら前に出て，得点をねらう，などなど。しかしながら，だめなチームだと，選手は個人的な栄光しか眼中にない。つまり，彼らは自分がゴールを決めたいだけだから，散らばって互いに得点をアシストするよりもむしろ，みんなボールを追って突進する。その結果，フィールド内は大混乱になり，ほとんどゴールにはつながらないのだ。

2　社会とは，共に働き，共に取り引きをする何百万人もの人からなるチームのようなものだ。そのチームをうまく機能させるためには何が必要だろうか？　もし経済学がサッカーのようなものだとすれば，社会に必要なのは，人々がチームのために，つまり，社会全体としての利益のために働くことである。社会に不要なのは，自身の功績だけを気にかけるサッカー選手のように，もっぱら自分のことを——自身の自己利益を——大事にしている人たちだ。例えば，パン屋なら，できるだけ多くのお金を稼ごうとするのではなく，近所の人たちが確実に夕食用のパンを十分に食べられるようにするだろう。肉屋なら，新たに助手を雇うのは，助手が本当に必要

だったからではなく，自分の友人が仕事を必要としていたからだろう。誰もがお互いに親切にしあえば，社会は調和のとれた場所になるだろう。

3 スコットランドの哲学者，アダム＝スミスは，1776 年に『国富論』と呼ばれる本を出版したとき，これを覆したのである。彼は，人々が自身の自己利益のために行動するとき，社会がうまくいくと主張した。いつもいい人でいようとするのではなく，自分にとって最善のことをすれば，最終的には，より多くの人々の利益になるものなのだ。「私たちが夕食を食べられると思えるのは，肉屋やビール醸造業者やパン屋の善意によるものではなく，彼ら自身の利益に対する関心のおかげなのだ」と彼は言った。あなたがパン屋から夕食を得るのは，パン屋が気前がよくて親切だからではない。そんな人もいれば，そうでない人もいる。どちらにせよ，それはどうでもいいことなのだ。重要なのは，あなたがパンを入手できるのは，パン屋がお金を稼ぐためにパンを売ることで自身の自己利益を追求しているからだという点だ。同様に，パン屋が生計を立てているのは，あなたがパンを買うことで自分の自己利益を追求しているからだ。あなたはパン屋のことを気にかけていないし，パン屋もあなたを気にかけてはいない。あなた方はおそらく，知り合い同士ですらない。人々が互いに利益を得るのは，赤の他人を助けたいからではなく，自身にとって最善のことをしているからだ。結局のところ，自己の利益は混乱よりむしろ，社会の調和につながるのである。

4 いいサッカーチームと経済にはもう一つ重要な違いがある。サッカーチームには，選手をまとめ上げる監督が必要だ。監督のことは，言わば，選手たちの手をとり，ディフェンダーは後方，ストライカーは前方というように，彼らをフィールドの様々なエリアに導いている存在だと考えるといい。監督の人を導く手によって，チームは確実によいプレーができる。しかし，経済では，それと同じことをする人などいない。パン屋に何個パンを焼けばいいか，ビール醸造業者にどんな種類のビールを醸造すればいいかを教える人はいないのだ。彼らは，どうすればお金がもうかると思うかを基準に，自分で決めているのだ。社会はそれで十分まともに機能する。まるで，物事を取りまとめている監督の手がきっと存在しているように思えるかもしれないが，それを探そうとしても，そんなものは存在しない。その状況を説明するために，スミスは経済学で最も有名な言い回しの一つ

を思いついた。彼は，それはまるで社会が「見えざる手」によって導かれているかのようだと言ったのである。

⑤　スミスは，その見えざる手が機能するのは，まともな人々が互いに商品を交換する，つまり物を売り買いする自由を持っているときだと強調した。しかし，この交換の一つの結果として，人々は特定の仕事を専門にするようになる，つまり「分業」というものが生まれるのだ。ある小さな村では，はじめは誰もが自分でパンを焼き，自分でビールを醸造していた。すると，パンを焼くのがうまくなった人がいて，自分たちが必要とする以上のパンを焼き，その余った分を売った。やがて，その人たちは自分でビールを醸造することをやめて，代わりにビールを買うようになった。分業社会では，パン屋はパンを焼くだけ，ビール醸造業者はビールを作るだけだ。

⑥　スミスは，この状況が問題につながることは知っていた。自分の自己利益を追求しているまともな人たちが調和する背後に，彼はぶつかる部分も感じ取っていた。分業によって，各労働者の作業は単純になる。それは生産を増大させるが，それによって労働者は「愚かで無知」になり，その状態が続く。なぜなら，彼らは自分の仕事だけに特化してしまい，他の仕事はできなくなるからである。

===== 解説 =====

A.　(1)　空所の前にはサッカー選手の動きの例がいくつか挙がっており，直前の and so に注目すると，〜, and so on で「〜など」という意味のイディオムとなる a の on が正解。

(2)　セミコロンの後は，だめなチームの選手がどんな栄光を気にかけているかを説明する文が続いている。彼らは自分がゴールを決めたいとしか思っていないと述べられていることから判断して，b の personal が正解。care about 〜 は「〜を気にする」という意味。fundamental「基本的な」

(3)　空所を含む文はだめなチームが戦うとどういう結果になるかを述べており，ゴールはほとんど決まらないはずなので，c の few「ほとんど〜ない」が正解。a の little は同様の意味だが，不可算名詞に対して用いるので不適。

(4)　直前の文に，アダム＝スミスの主張として，社会は自分の自己利益のために行動するとき，うまくいくとある。このスミスの考えは，第2段最終文（Everyone would be …）「すべての人がお互いに親切にすれば，社

会は調和の場所になるだろう」という考え方を覆したものである。ここが
ヒントになる。a の nice「親切な，立派な」を入れれば，「いつも親切に
しようとするのではなく，自分にとって一番よいことをすれば最終的に多
くの人の利益になる」となり，スミスの考え方と齟齬がなくなる。
greedy「貪欲な」

(5) 空所を挟む2文では，前文ではパン屋がパンを売ることで自己の利益
を追求しているから客はパンが得られると述べられており，後続文では，
客がパンを買うことで自己の利益を追求するのでパン屋が生計を立てられ
ると述べられている。2文の内容は，立場の違いはあるが，自己の利益の
追求という点では共通するので，b の In turn「同様に」が正解。in
doubt「疑って」 in the least「（否定文中で）少しも～ない」 in vain
「無駄に」

(6) rather than ～「～よりむしろ」の後には，この前にある social
harmony「社会的調和」とは逆の内容の語が続いていると判断でき，d
の chaos「大混乱，混沌」が正解。

B. (ア) take on ～ には「～を雇う，～を請け合う，～を仲間に入れる」
など，多くの意味があるが，ここでは目的語が new assistants「新しい助
手」であることから「～を雇う」という意味だと判断でき，a の hire
「～を雇う」が意味的に近い。

(イ) eventually は「最終的に，結局，いずれは」という意味であり，a の
in the end「最後には，結局」が意味的に近い。endlessly「際限なく」
end to end「端から端まで」 on end「続けて，延々と」

(ウ) as it were は「言わば」という意味のイディオムで，d の so to
speak「言わば，言ってみれば」が意味的に近い。by chance「偶然に」

(エ) the extra は「余分」という意味だが，直前に baking bread, had
more than they needed とあるように，必要以上に作りすぎたパンのこ
とであり，c の bread they did not eat「彼らが食べなかったパン」が正
解。

C. (i)「本文によると，いいサッカー選手の定義はどういうものか？」
第1段第4・5文（Good players do … as a team.）に，いい選手は，
単にドリブルやシュートがうまいだけではなく，チームとしてどうプレー
すべきかを知っていると述べられており，a の「チームに利するためには

2024年度　2月7日　解答編

何をすべきかを知っている人たち」が正解。

(ii)「この本文の著者は，なぜ社会の機能とサッカーチームの機能を比較しているのか？」

　第2段第1～4文（Society is a … their own achievement.）で，社会とは，共に働き取り引きをする何百万人もの人からなるチームのようなもので，そのチームをうまく機能させるために必要なのは，人々がチームのため，つまり，社会全体としての利益のために働くことである。逆に，社会に不要なのは，自分自身の功績だけを気にかけるサッカー選手のように，自己利益だけを大事にしている人たちだと述べている。サッカーチームに置き換えることで社会の機能をわかりやすく説明していることから，bの「自己利益と社会の調和との関係を，より簡単に理解できるようにするため」が正解。

(iii)「本文に述べられているアダム＝スミスの考え方について，正しくないのは以下のどれか？」

　本文には，人が1人ぼっちになった場合についての記述はなく，bの「1人ぼっちになると，人は地域社会の他のメンバーの利益を気にかけるようになる」が正解。

a．「もし誰もが自身の自己利益を重視し続けるなら，社会の調和が実現されるだろう」　第3段第2文（He argued that …）に，人々が自分自身の自己利益のために行動するとき，社会がうまくいくと述べられており，同段最終文（Ultimately, self-interest leads …）にも，自己の利益が社会の調和につながると述べられているので，正しい。

c．「経済活動に関しては，社会にはそのメンバーに何をすべきかを教える『監督』はいない」　第4段第5文（But no one …）に，サッカーの監督に例える形で，経済には同じことをする人はいないと述べられており，正しい。

d．「『見えざる手』に社会を制御させる不利益は，それが分業につながり，無知な労働者を生み出すことだ」　最終段最終文（Although it increases …）に，それ，つまり分業は労働者を愚かで無知にすると述べられており，正しい。

D．either way「どちらにしても，どのみち」の内容は，直接的には直前の Some are, some aren't. を受けたものだが，この文自体がさらにその

直前の bakers are generous, kind people から判断して，Some bakers are generous, kind people, some aren't「パン屋にも気前がよくて親切な人もいれば，そうでない人もいる」という意味だとわかる。It doesn't matter の It は前文の内容を指し，matter は「重要である」という意味なので，doesn't matter は「重要ではない，どうでもいい」という意味になる。

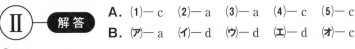

Ⅱ　解答　A. (1)― c　(2)― a　(3)― a　(4)― c　(5)― c
　　　　　B. (ア)― a　(イ)― d　(ウ)― d　(エ)― d　(オ)― c
C. b・c

・・・・・・・・・・・・・・・・・・・・・・・・・・・・・・　全訳　・・・・・・・・・・・・・・・・・・・・・・・・・・・・・・

《言語の起源とその後の変化》

① もともと，単一言語というようなものは存在したのだろうか？　多くの古代の言い伝えではそう考えられていたので，一時期，学者たちはそれを特定しようとした。1600 年代のヨーロッパの学者たちは，エチオピアの古代言語であるゲエズ語か，中国語がひょっとすると祖語かもしれないと考えた。最近では，原語は，たとえかつては存在していたとしても，それを特定できると思っている歴史言語学者などほとんどいない。旧約聖書のある物語には，人間の歴史の大半を通して，言語の数は増加傾向にあるという基本的現実が記録されている。この物語では，神は，天に向かって塔を建てようとしたことに対するバベルの人たちへの罰として，新たな言語を創造したのである。

② しかしながら，神が罰したからというのではなく，こういう言語の変化は，少人数の人たちが大陸中に広がり，互いに接触しなくなったことが原因だった。時が経つにつれて，あらゆる言語が経験する発音や語彙や文法における自然な流れの変化が原因となって，もともとはつながりのあった言語がもはや相互に理解し合えないものとなった。言語の数が増加する流れは，最近まで人間の地域社会は小規模で孤立していたという事実によって加速した。ほんの 500 年前でも，おそらく人間の数は 8000 万人で，現在の人口の 1 パーセントだったのだ。数日では歩いて行けないほどの遠距離だと，共通の言語を維持するために必要な定期的な接触の大きな障害となった。人間の小さな地域社会が地球の隅々まで継続的に広がり続けたこ

とで，極めて多様な言語が生まれたのである。

③　災害や移住を始めとする様々な状況によって，消滅した言語もあったけれども，1000 年前までには，使用されている言語の数は 1 万から 1 万 5000 にまで増加していた。それからも多くの変化はあったが，過去の言語の痕跡は，言語の地理的な分布に今もはっきりと残っている。言語の多様性としては最大のものが，昔から地域社会の規模が小さく孤立した地域に存在する。今日では，現存する言語全体の半数がアフリカと太平洋の島々で話されているが，そこには全部合わせても世界の人口の約 13 パーセントしか人はいない。太平洋地域の小さな島の地域社会で，人口に対する割合で言うと最も多くの言語が発達した。その地域内で最も多くの言語が集中している（800 以上がまだ現存している）のが，パプア（ニューギニア）という 1 つの島においてであり，そこでは昔からほとんどの人が，深く狭い谷間で孤立した小さな社会をなして生活していた。対照的に，大きな政治的かつ経済的な統合を経験してきた地域では，正反対の特徴が見られる。アジアには，世界の人口の 60 パーセント以上の人がいるが，地球に現存する言語の 3 分の 1 しか存在しない。同様に，ヨーロッパには地球の人口の 12 パーセントの人がいるが，現存する言語のたった 3 パーセントがあるだけだ。

═══════════ 解　説 ═══════════

A. (1)　文の前半にある punishment に注目する。動詞の punish は punish A for *doing*「〜したことを理由に A を罰する」という形で用いることから，ここでも trying to 〜 以下は，神がバベルの人を罰した理由となっている。よって c の for が正解。

(2)　空所の前の As recently と，空所の後に時を表す語句が続いている点に注目する。それがごく最近の話である点を強調する表現として，as recently as 〜「つい〜まで，ほんの〜のことだが」が用いられることから，a の as が正解。

(3)　ここでは，当時話されていた言語の数が話題になっており，空所の直前の in に注目すると，a の use であれば，in use で「使用されて」という意味になり，文脈上も適切。

(4)　空所以下は前後関係から，Papua（New Guinea）を先行詞とする関係詞節だと判断できるだろう。空所以降は欠落した要素がない完全文が続

いていることから空所には関係副詞が入るはずで，c の where が正解。

⑸　空所を挟んだ 2 文は，いずれもその土地に住む人の世界人口に占める割合と，そこで話される言語が世界の言語全体に占める割合について述べている。さらに，2 文には，人口割合としては多いのに，言語の割合としてはかなり小さいという共通点があることから，c の Similarly「同様に」が正解。

B. ㋐　identify it「それを特定する」の it は前文の a single language「単一言語」を指しているが，これは人類の言語の起源となる言語のことであり，選択肢の中では，a の find the original language「原語を発見する」が意味的に近い。

㋑　a huge barrier to ～ は「～に対する非常に大きな障害」という意味。ここでは，数日歩いたくらいではたどり着けないほどの距離は，人々の定期的な接触に対する障害となるという文脈であり，接触を妨げるという意味だと判断でき，d の something that mostly prevents「たいてい～を妨げる何か」が意味的に近い。

㋒　caused some languages to become extinct における cause は「～を引き起こす」という意味で，ここでは「一部の言語が絶滅する原因となった」という意味になる。d の made a certain number of languages disappear「一定数の言語を消滅させた」が意味的に近い。make *A do*「*A* に～させる」という使役動詞の用法が使われている。disappear「消える，消滅する」

㋓　contain は「～を含む，～が入っている」という意味だが，ここでは世界の人口の 13 パーセントがアフリカと太平洋の島々にいるという文脈である。選択肢の中では d の have にも「～がいる，～がある」という意味があるので，これが正解。

㋔　the opposite characteristic は「正反対の特徴」という意味であり，反対ということはまったく異なるということなので，c の a very different feature「非常に異なる特徴」が意味的に近い。

C.　a.「歴史を通して，ヨーロッパの学者たちは原語の存在を信じたことがない」

第 1 段第 3 文（European scholars in …）に，1600 年代のヨーロッパの学者たちは，エチオピアの古代言語であるゲエズ語か，中国語が祖語か

もしれないと考えたと述べられており，原語の存在を信じていたことがわかるので，不一致。

b.「バベルの人々の物語は，言語の多様性を説明するものとして読むことができる」

　第1段最終文（In this story, …）には，旧約聖書の中の物語として，神は，天に向かって塔を建てようとしたことに対するバベルの人たちへの罰として新たな言語を創造したと述べられている。これは，人々が互いの言語を理解できなくなって，塔の建設が中断したという有名な物語であり，当時の人々に言語の多様性が生まれた経緯を説明する物語であったと考えられるので，一致する。

c.「言語の語彙，発音，文法が時と共に変化するのは当然である」

　第2段第2文（Over time, due …）に，時が経つにつれ，発音や語彙や文法における自然な流れの変化が原因となって，もとはつながりのあった言語が相互に理解し合えなくなったと述べられている。発音や語彙や文法が時と共に変化するのは自然な流れだとわかるので，一致する。

d.「人間の地域社会は，最近まで世界的につながりを持つ傾向があった」

　第2段第3文（The process of …）に，「最近まで人間の地域社会は小規模で孤立していたという事実」とあり，不一致。

e.「パプア（ニューギニア）という1つの島では，住民は1つの言語を共有している」

　最終段第6文（Within that region, …）に，その地域内で最も多くの言語が集中している（800以上がまだ現存している）のが，パプア（ニューギニア）という1つの島においてだと述べられており，今も800以上の言語が使われているので，不一致。

f.「世界の言語の60パーセント以上が，今ではアジアで話されている」

　最終段の最後から2つ目の文（Asia has over …）に，アジアには，世界の人口の60パーセント以上の人がいるが，地球に現存する言語の3分の1しか存在しないと述べられており，60パーセント以上という数字は世界の人口に占める割合なので，不一致。

A. ㈠— d　㈡— c　㈢— c　㈣— a　㈤— b

B. (i)— c　(ii)— a

C. 全訳二重下線部参照。

·· **全 訳** ··

《専門職が果たす役割》

① ほとんどの人は，専門職は私たちの社会生活と仕事生活の中核をなすものだと言うだろう。多種多様なその道のプロが，私たちの命を救って私たちの健康を守り，子供を教育し，法律問題に関する助言をし，お金を管理し，事業経営を支援し，納税申告書を仕上げるのを助け，自宅の設計をするなど，ほかにもいろいろやってくれる。私たちは自分にとって重要な問題に関して専門的な指導を必要としている場合，当然，専門職に頼り，専門職の人たちの知識と経験を活用する。

② 専門職は経済面でも非常に重要である。一部の専門職は規模も実に大きい。例えばアメリカでは，2013 年に約 3 兆ドルが医療に費やされた。この額は，世界のもう 3 カ国を除くすべての国の国内総生産よりも多い。専門職は何億人もの人々に雇用を提供している。例えばイギリスでは，小売業を別にすると，医療と教育でそれぞれ，他のどの分野より多くの人が雇用されている。一部の専門的な会社は巨大企業である。4 大会計事務所で，世界における連結年間収益は 1200 億ドルを超えている。<u>これは，この 4 社だけで，豊かさが世界で第 60 位の国の国内総生産を上回る売上高があ</u>るということだ。ある種の専門職は，一部の国では他の国より重要度が高い。例えば，イギリスの法律サービス市場はヨーロッパで最大であり，ヨーロッパの市場の総価値の 4 分の 1 以上を占めている。

③ その社会的かつ経済的な重要性以上に，専門職だというと，好きだからできる仕事で，単に給料のための仕事ではないとみなされている。それは（普通に）仕事をする，のかなり上をいくものなのだ。最も充実感を抱いているその道のプロの多くは，自分が日々やっていることを使命とか天職と言う。つまり，職業というよりむしろ生き方なのだ。例えば，村の教師，地元の医者，田舎の弁護士にとっては，最も大切な目的は，一般的に，同郷の市民を助けることだと考えられている。この仕事には安定した収入を伴うものである場合が多いが，それは，たとえ，たいていの専門職は，昔から社会で最も高給取りというわけではなかったにしても の話だ。専門職

は雇用の安定と，着実な昇進を約束する。これが，プロの支援を受けている人たちにずっと，自分は最も安心できる人の手に身を委ねていると思わせる，安定感の一因となってきたのである。

=== 解説 ===

A．（ア）are at the heart of 〜 は「〜の中心である，〜の要である」という意味の表現。専門職は私たちの社会生活，仕事生活では重要な部分なので，d の play the most significant part in 〜「〜で最も重要な役割を果たす」が意味的に近い。have little influence on 〜「〜にほとんど影響しない」

（イ）are in need of 〜 は「〜を必要としている」という意味の表現であり，選択肢の中では c の require「〜を必要とする」が意味的に近い。

（ウ）この but は直前に all，直後に three other countries があることから判断して，「〜以外の，〜を除く」という意味の前置詞であり，意味的に近い c の except が正解。

（エ）is responsible for 〜 は「〜の責任を負う，〜の原因である」という意味で用いられることが多いが，ここではイギリスの法律サービス市場のヨーロッパ市場で占める割合が述べられていることから判断して，a の accounts for 〜「〜の割合を占める，〜の原因となる」が意味的に近い。depend on 〜「〜に依存する，〜次第である」 focus on 〜「〜に焦点を当てる，〜を重視する」

（オ）feel they have placed themselves in the safest of hands における place *oneself* in the hands（of 〜）は「（〜の）手に身を委ねる」という意味の表現で，下線部は「自分が最も安全な人の手に身を委ねていると感じる」という意味になるので，選択肢の中では b の trust they will be well taken care of「自分たちはきちんと面倒を見てもらえると信頼する」が意味的に近い。c は hardly「ほとんど〜ない」という否定の副詞があるため不適。be left all alone「まったく放っておかれている」

B．（i）「イギリスにおける状況について正しいのは以下のどれか？」

　第2段最終文（The legal services …）に，イギリスの法律サービス市場はヨーロッパで最大であり，ヨーロッパの市場の総価値の4分の1以上を占めていると述べられており，c の「法律サービス市場は，ヨーロッパのどこの同種の市場よりも大きい」が正解。

(ii) 「なぜ専門職だということが好きだからできる仕事と考えられているのか？」

最終段第 1 文（Beyond their social …）に，専門職だというと，好きだからできる仕事で，単に給料のための仕事ではないとみなされていると述べられており，さらに同段第 3 文（Many of the …）には，最も充実感を抱いているその道のプロの多くは，自分が日々やっていることを天職と言い，それは職業というよりむしろ生き方だとも述べられていることから，a の「それは，単に収入を得るための方法というよりむしろ生き方だから」が正解。

C. four businesses は前文の Big 4 と呼ばれるイギリスの 4 大会計事務所を指す。business には「会社，企業」という意味もあることから，these four businesses alone は「この 4 社だけで」という意味になる。have a greater amount of sales は「多くの売上高を持つ」という意味だが，「売上高がある」という訳が自然。比較対象として挙がっているのが，the sixtieth-richest country in the world「豊かさが世界で第 60 位の国，世界で 60 番目に豊かな国」の GDP「国内総生産」である。

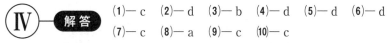

Ⅳ　解答　(1)— c　(2)— d　(3)— b　(4)— d　(5)— d　(6)— d
　　　　　(7)— c　(8)— a　(9)— c　(10)— c

━━━━━━━━━━━━━ 解説 ━━━━━━━━━━━━━

(1) 「私の祖母はここで育った。私は本当にこの場所が大好きだ」

raise「〜を育てる」は他動詞であり，「育つ」の意味では受動態で用いるので，c の was raised「育った」が正解。rise は「上がる」という意味の自動詞。

(2) 「エマは以前は小論文を書くのは好きではなかったが，今は楽しく，やりがいがあると思っている」

前半と後半が but という逆接の接続詞で結ばれていることから，空所から essay writing までは finds it enjoyable and rewarding とは逆の内容のはずであり，d の didn't use to like「以前は好きではなかった」が正解。助動詞の used to *do*「以前は〜したものだ」が否定形となっている。

(3) 「私の高校には厳しい制服規定があるが，学園祭向けには 1 つだけ例外を設けていた。その日は，私たちは何でも好きなものを着用してよかっ

た」

　厳しい規則があるのに，学園祭向けには 1 つだけ何があるかを考えると，b の exception「例外」が文脈上適切。exit「出口」

(4)　「市立図書館を閉鎖するとの突然の発表は，広範囲に及ぶ抗議活動に火をつけ，市の住民はみな，その新しい方針を支持するのを拒んだ」

　spark protests は「抗議活動に火をつける」という意味であり，市立図書館の閉鎖に市民は反対だと判断できるので，d の refused to support「支持するのを拒んだ」が正解。refuse の後に続くのは to 不定詞であり，動名詞を用いることはできない点に注意する。

(5)　「私は，やりたかったわけではないが，生徒会に加わった」

　even though 〜 は「〜だけれども」という逆接の意味を持つ接続詞であることから，自分としては生徒会に加わりたくはなかったはずである。to 不定詞の部分の繰り返しを避けるためには代不定詞の形で，want to となるので，d の did not want to「そうしたくはなかった」が正解。

(6)　「トムの娘は奨学金を得た。彼は彼女の成果と成長を自慢に思っている」

　空所の直前の prides と直後の on に注目すると，pride *oneself* on 〜 で「〜を自慢する」という意味の表現となることから，d の himself が正解。

(7)　「インタビュアーは彼に，何かその分野に関する経験はあるのかと尋ねた」

　ask「〜を尋ねる」の目的語となる名詞節は，whether か if か疑問詞で始まるが，ここでは節中の動詞の had に目的語があることから後続文は完全文であり，c の whether「〜かどうか」が正解。what や which は疑問代名詞なので不適。

(8)　「感染爆発以来，しっかり手を洗うことが慣行となっている」

　主語の it は形式主語であり，to wash 以下が真主語なので，しっかり手を洗うことが何になっているかを考えると，common practice で「一般的な方法，慣行」という意味になる，a の practice が正解。

(9)　「何年もつき合った後，彼らはついに結婚する」

　空所の前の are に注目する。現在進行形には，近い未来，すでにやることが決まっている行為を表す用法がある。marry「〜と結婚する」は他動詞であり，「結婚する」という意味では get married となるので，c の

getting married が正解。

⑽　「その都市の成長率は，隣町の成長率を上回る」

　of 以下の前置詞句で修飾され，定冠詞のついた単数形の名詞である the growth rate「成長率」の繰り返しを避ける代名詞としては that を用いるので，c の that が正解。

 **A.**（3番目・6番目の順に）⑴— g・a
⑵— c・e

B.（Next year, the company）will be able to rely on her help more than it did（this year.）

━━━━━━━━━━━━━━ 解　説 ━━━━━━━━━━━━━━

A. 正しく並べ替えた英文とポイントはそれぞれ次の通り。

⑴　(They were shocked) to find <u>the</u> heater had <u>been</u> left on.

　「～してショックを受けた」という感情の原因は to 不定詞で表すので，to find が続く。find の後には，that が省かれた形の名詞節が続く。ここで，leave A on「A をつけたままにしておく」という表現が受動態で用いられているとわかれば，後続文は the heater had been left on となり，3番目は g の the，6番目は a の been が正解。

⑵　(What) interested me <u>was</u> the way <u>those</u> artists were (treated by the press in those days.)

　「私が興味があったのは」は「私の興味をひいたものは」と考えると，関係代名詞の what が主語で What interested me がこの文の主部となる。「あの芸術家たちに対する当時のマスコミの態度」は，空所に続くtreated by … 以下から判断して，「あの芸術家たちの当時のマスコミによる扱われ方」と考えるとよいとわかり，the way S V の形の動詞の部分を受動態で表現することになる。3番目は c の was，6番目は e の those が正解。

B. 「頼れるようになるだろう」は「頼ることができるようになるだろう」ということなので，will be able to *do* の形で動詞の部分を続ける。「彼女の助けを頼る」は，rely on her help や count on her help とするとよい。「今年よりも」は〈解答〉では「今年頼ったよりももっと」と考えて，代動詞の did を使って more than it did this year としたが，「今年頼ってい

2
0
2
4
年
度

2
月
7
日

解
答
編

るよりももっと」と考えて現在形の does にしてもよい。

Ⅵ　解答　(1)— b　(2)— c　(3)— d　(4)— a　(5)— a　(6)— b
　　　　　　(7)— c　(8)— a　(9)— b　(10)— a

‥‥‥‥‥‥‥‥‥‥‥‥‥‥‥‥　全 訳　‥‥‥‥‥‥‥‥‥‥‥‥‥‥

《日本とカナダの違いをめぐる会話》

　ダイスケとエイミーは東京からトロントに向かう便で隣同士で座っている。2人はほんの半時間前に初めて出会ったばかりである。

ダイスケ：もう話したことだけど，僕がカナダを訪れるのは今回が初めてなんだ。君はカナダ出身だよね？　で，カナダについて何か質問してもいいかな？

エイミー：もちろんよ。何に興味があるの？

ダイスケ：僕は文化学を専攻していて，いくつかの違いについて知りたいんだ。

エイミー：日本とカナダの文化の違いってこと？

ダイスケ：そう。君が何か思い浮かぶなら。

エイミー：そうねえ，様々な違いはあるけど，一番興味深いものの一つは，社会規範と関係があるわ。

ダイスケ：社会規範？

エイミー：ええ，言ってみれば，公共の場でのマナーね。カナダ人は並んでバスを待つときは，周りにいる人たちとおしゃべりするのはいいマナーだって考えられているかもね。

ダイスケ：君の言わんとすることはわかるよ。日本ではそうじゃないよね？　僕たちはあまり見ず知らずの人とは話をしないし，これが普通は無難だし。

エイミー：あら，もう1つ思いついたわ。エスカレーターでのエチケットも違うわね。

ダイスケ：どういうこと？

エイミー：えっと，日本の人たちは乗るときは左側に立つでしょ？

ダイスケ：ああ。それに，僕たち，特に東京の人たちは右側を歩くけどね。

エイミー：でも，カナダ人は逆なの。

ダイスケ：カナダ人は左側を空けておくってこと？

エイミー：そうなんだけど，これはひょっとしたら，私の故郷のトロント
　　　　だけに当てはまることかもしれないわ。

ダイスケ：おもしろいね！　でも，君は日本政府が最近，僕たちにそれを
　　　　しないほうがいいって言い始めてることを知ってた？

エイミー：どういうこと？　政府は，あなた方に，カナダ人のような右側
　　　　に立つ振る舞いをさせようとしているの？

ダイスケ：いや，いや。つまり，政府の連中は僕たちに，どちらの側であ
　　　　れ，エスカレーターでは絶対歩かないことを求めようとしてるってわ
　　　　け。そうすれば安全だって思ってる。

エイミー：冗談でしょ？　今回の訪問中，エスカレーターで歩いている人
　　　　をいっぱい見かけたわよ。中には走っている人さえいたわ！

=============================== 解説 ===============================

⑴　ダイスケに質問をしてよいかと尋ねられて，了承した後の発言。空所
の後の about に注目すると，b の curious であれば，be curious about ～
「～に興味がある，～について聞きたがる」という表現で，会話の流れと
して適切。

⑵　エイミーに，質問の中身は日本とカナダの文化の違いなのかと確認を
求められていることや，このテーマで会話が進んでいることから判断して，
c の Yes が正解。You mean ～? は「～ということですか？」というよう
に，相手の発言の中身について確認する場合に用いる表現。I didn't
mean it. は「そんなつもり（で言ったの）ではなかった」という意味。

⑶　ダイスケは social norms「社会規範」とは何かがよくわかっていない
様子なので，この後言い換えて説明していることから，d の say であれ
ば，Let's say, ～ で「まあ，言ってみれば」「例えば，まあ」という意味
の表現で，会話の流れとして適切。catch up「追いつく」　hang out「遊
ぶ，うろつく」

⑷　エイミーはバスの到着を待つとき，カナダの人々がどういう行動をす
るかについて説明をしており，空所の前が wait であることから判断して，
a の in line「列を作って，並んで」が正解。off line「（他のコンピュータ
などと）接続されていなくて」

⑸　ダイスケはこの直前，日本人は面識のない人とはあまりおしゃべりを
しないと説明しており，こういう行為について，さらにどう説明したかを

考えると，ａの acceptable「許容できる，無難な」が会話の流れとして適切。available「利用できる」 reliable「信頼できる」 responsible「責任のある」

(6)　エイミーはこの後話題を変えて，エスカレーターに乗る際のエチケットが違うと述べている。空所の前の another から，別のカナダと日本の違いを見つけたとわかる。ｂの idea「思いつき，ひらめき」が正解。

(7)　エイミーは，自身の第6発言（Well, Japanese people …）で，日本人はエスカレーターに乗るときは左側に立つと述べ，第7発言（But Canadians do …）では，カナダ人はその逆だと述べていることから，カナダ人は右側に立つとわかる。そうなると，左側は空いていると判断でき，keep the left side の後は，ｃの open「空いて」が正解。

(8)　エイミーにしても当然，カナダの全都市での慣行について知識があるわけではなく，これ（カナダ人は右側に立つ）は，自分の故郷のトロントだけに当てはまる可能性があることを述べていると判断でき，ａの might「ひょっとすると～かもしれない」が正解。have to ～「～しなければならない，～に違いない」 shouldn't「～のはずがない」

(9)　エイミーが，日本の政府が右側に立つのを強制しようとしているのかと尋ねたのに対し，ダイスケは空所の後，それとはまったく違う内容の応答をしていることから，エイミーの発言内容を強く否定したと判断でき，ｂの No, no. が正解。It depends.「それは時と場合による」

(10)　ダイスケから日本の政府がエスカレーターでは歩かないことを求めようとしていると聞いた後の反応。空所の後の発言から，エイミーは自分が実際に目にした光景とはまったく違っていたため，驚き，あるいはあきれる気持ちを表していると考えられる。よって，Are you kidding (me)?「冗談でしょ？」となる，ａの kidding が正解。negotiate「交渉する」

//////////////// · **memo** · ////////////////

////////////////// · **memo** · //////////////////

//////////////// · **memo** · ////////////////

//////////////// · **memo** · ////////////////

2023
年度

問題と解答

2月2日実施分　　問　題

（90分）

〔Ⅰ〕 次の英文を読み、下記の設問（A〜D）に答えなさい。

Greenwich Mean Time is the time on the line that runs north and south through a building at the Royal Observatory* that was founded in the town of Greenwich in 1675. It is the time local at Greenwich. (ⅰ)What it is *not* is the time at Bristol, 110 miles west of the Greenwich observatory. The local time at Bristol according to the Sun is ten minutes behind Greenwich. In 1675, each town kept to its local time. But today, Bristol, along with the rest of the UK, keeps Greenwich time, because in the nineteenth century people around the world decided to standardize time.

Standard time is the system where everybody in a city, region, country or continent agrees to set their clock to the time in (　1　), such as Greenwich, which becomes the standard. For anywhere east or west of that place, the real time according to the Sun—the local time—differs from the standard time, but in the nineteenth century people (ⅱ)decided that did not matter.

When people tell the story of how time became standardized in the UK, they almost always talk about the building of railways. The first passenger railways were constructed in the 1830s and 1840s and they quickly showed the need for a standard time for the whole network. (　2　), how do you run an east-west railway like the Great Western Railway (GWR), running between Bristol and London? You would have to change your watch at every station. When passengers needed useful train schedules, and when the safety of the system depended on leaving enough time between trains sharing the same tracks, a commonly agreed single time was not just convenient but (　3　). So the local time at each station along the GWR gave way in 1840 to the railway's own time, which was chosen to be the time in London, and the only way to get the right time in London was to get it from Greenwich. This, in turn, was possible thanks to another new network being built alongside the railways: the electric telegraph**, which, as well as sending messages in the dots and dashes of Morse code***, could also send time signals (ア)in an instant.

A single clock in Greenwich could announce the moment of 10 a.m. hundreds of miles away using an electrical signal sent automatically along the telegraph wires. The same electrical time signal could be received in every major station along the line, and local arrangements could carry the time deeper into the branch-line network, too. At each station the clocks could be set to Greenwich. (　4　) that single central standard clock, a whole rail network could be kept running on one time, and by the 1850s every railway in Britain had adopted the same practice.

(ⅲ)This account is all well and good, so far. But most histories of technology at this point go one step further. They commonly claim that, by 1855, it was not just railway time but the UK's own *civil* time—the time in everyday life across the entire nation—that had standardized to Greenwich, and we (　5　) most of our local civil times. That is how the story of standard time is usually told. The assumption is that everyday life quickly falls in line with the practice of the early (　6　), in this case the railway companies. But the assumption is wrong.

It would have been possible for us to have two times in our lives, railway time and local time, and to (イ)convert between the two. It seems as if it would be a pain, but we manage to operate today with two time systems (twelve-hour and twenty-four-hour). We use two length and weight systems (mile/kilometer and pound/kilogram) at the same time, and we have two temperature systems (Celsius and Fahrenheit). It is true that some people think all this should be done away with, but (ⅳ)that is an argument for another day. The point is that we manage to live our lives with multiple measurement systems (ウ)running in parallel. It could have been the same with local time versus standard time, and what the railway storytellers (　7　) is that this is exactly what happened. Local time *did* hang around, and it did so until the 1880s, half a century after the railways started to run. The railways played a role in time standardization, but there is a much bigger story of how standard time in everyday life came about.

*Royal Observatory：王立天文台
**telegraph：電信
***Morse code：モールス信号

設　問

A. 本文中の空所（1～7）に入れるのに最も適当なものを、それぞれ下記（a～d）の中から1つ
　　選び、その記号をマークしなさい。

（1）　a．a building　　　　　　　　　b．different areas

　　　　c．one place　　　　　　　　　　d．an unfamiliar town

（2）a．On the contrary　　　　　　　b．Otherwise

　　　c．In addition　　　　　　　　d．Therefore

（3）a．energy-efficient　　　　　　b．life-saving

　　　c．money-making　　　　　　　d．time-consuming

（4）a．With　　　　b．Despite　　　c．In place of　　d．In comparison to

（5）a．concentrated　　b．concerned　　c．arranged　　d．abandoned

（6）a．historians　　　b．managers　　c．instructors　　d．adopters

（7）a．achieve　　　　b．contradict　　c．miss　　　　d．recall

B．本文中の下線部（ア～ウ）の文中での意味に最も近いものを、それぞれ下記（a～d）の中から
　　1つ選び、その記号をマークしなさい。

（ア）<u>in an instant</u>

　　　a．ideally　　　　b．increasingly　　c．immediately　　d．inevitably

（イ）<u>convert</u>

　　　a．change trains　　　　　　　b．modify the signal

　　　c．choose our lives　　　　　　d．calculate the difference

（ウ）<u>running in parallel</u>

　　　a．occupying both of the two rails　　b．occurring one after another

　　　c．rushing in the same direction　　　d．being used in society at the same time

C．本文中の二重下線部（ⅰ～ⅳ）が文中で表している内容に最も近いものを、それぞれ下記（a～
　　d）の中から1つ選び、その記号をマークしなさい。

（ⅰ）<u>What it is *not* is the time at Bristol</u>

　　　a．It is the time not at Bristol but at Greenwich that is the standard time in
　　　　Britain.

　　　b．The local time used at Bristol is not equivalent to the actual local time
　　　　according to the Sun.

　　　c．The local time at Bristol differs from that at Greenwich.

　　　d．Bristol does not use Greenwich Mean Time now.

（ⅱ）<u>decided that did not matter</u>

　　　a．reached a conclusion that they did not care if their clocks were not accurate

　　　b．agreed that a difference between the standard time and the local time was
　　　　not important

　　　c．made up their mind that they would acknowledge the difference between the
　　　　local time and the time according to the Sun

　　　d．came to a conclusion that they would not adopt the standard time

（ⅲ）　<u>This account is all well and good, so far.</u>

　　　a．The explanation up to here is entirely appropriate.

　　　b．The description goes so far as to reach the next level.

　　　c．This is an excellent, well-written piece of work on all accounts.

　　　d．This is a far-reaching standard that everybody appreciates.

（ⅳ）　<u>that is an argument for another day</u>

　　　a．the two measurement systems will most likely remain forever

　　　b．no one knows when the local time will disappear in the UK

　　　c．the problem of multiple measurement systems should be discussed at a
　　　　future point

　　　d．disputes over maintaining two time systems should be avoided once and for
　　　　all

D．次の英文（a ～ h）の中から本文の内容と一致するものを 3 つ選び、その記号を各段に 1 つずつ
　　マークしなさい。ただし、その順序は問いません。

　　a．As Greenwich is to the west of Bristol, the local time at the former is 10 minutes
　　　earlier than that at the latter.

　　b．After Greenwich Mean Time was established in 1675, it was used along with the
　　　local time in every city in Britain.

　　c．The time in London was adopted as the railway time instead of the local time
　　　toward the end of the nineteenth century at every train station in Britain.

　　d．The electric telegraph system played a part in the standardization of time in the
　　　UK.

　　e．Major stations changed to the standard time, but local stations continued to use
　　　the local time.

　　f．Maintaining two measurement systems was so painful that British railway
　　　companies decided to give up one of them in the 1880s.

　　g．Two time systems remained for about 50 years after the railways first started
　　　operating in Britain.

h. The railway system is one among many factors that contributed to the adoption of standard time in everyday life in the UK.

〔Ⅱ〕 次の英文を読み、下記の設問（A～C）に答えなさい。

Becoming a strong leader requires becoming a powerful storyteller. Stories capture the imagination, explain complicated issues in simple ways and (ア)engage an audience with your vision. However, it's easy to assume that communication is just what we say to each other, in either spoken or written form. Under this premise, becoming an effective communicator requires only a mastery of words. But communication always has a purpose. Every time we speak there's an intention to create a reaction. We want our audience to do something, gain an understanding, or feel some form of emotion, such as laughter, happiness, excitement, or sadness. Communication without a reaction is like (イ)speaking to an empty hall—you're sending a message but nobody is listening. Truly effective communication happens only when our message is heard, interpreted as we intended, understood, remembered, and put into action as we want it to be. As George Bernard Shaw* once said, 'The greatest problem in communication is the illusion that it has been accomplished.'

Communication is not about the words you say; it is about the message that is received and the reaction it causes in the listener, both of which rely on interpretation. (ウ)Too often we think we've delivered a message without actually checking if it was understood as we intended. These misunderstandings are a very common cause of confusion, frustration, and wasted effort.

Misunderstandings often arise through tone. Tone is *how* you say something. It is the quality in your voice that expresses your inner feelings or thoughts, such as sympathy, anger, interest, modesty, shock, or urgency. Very often it is not the words that cause a message to be misinterpreted but rather the tone of voice in which it is delivered. Can you think of a time when someone made a comment to you that sounded rude? Did they intend to insult you? Probably not, but their inappropriate tone may have (エ)left you with that impression. The reason you know someone is in a bad mood is because their tone frames your entire conversation with them.

What are the other ways a message (オ)might fail to be interpreted as we expected? To understand this requires exploration of all the ways in which we communicate beyond the words we speak.

*George Bernard Shaw：ジョージ・バーナード・ショー（アイルランド生まれの英国の劇作家・批評家）

出典追記：Managing People by Simon Birkenhead, Penguin Books Ltd.

設　問

A．本文中の下線部（ア〜オ）が文中で表している内容に最も近いものを、それぞれ下記（a〜d）
　　の中から 1 つ選び、その記号をマークしなさい。

（ア）　engage an audience with your vision

　　　　a．surprise an audience with your vision

　　　　b．attract an audience to your vision

　　　　c．exclude an audience from your vision

　　　　d．confuse an audience with your vision

（イ）　speaking to an empty hall

　　　　a．chatting in an empty hallway　　　　b．speaking outwardly

　　　　c．talking to nobody　　　　　　　　　d．saying nothing to the public

（ウ）　Too often we think we've delivered a message

　　　　a．We frequently assume we've gotten a message across.

　　　　b．We sometimes feel we've sent a message too many times.

　　　　c．We often believe we've realized what the listener wants to say.

　　　　d．We are too quick to admit we've received a secret message.

（エ）　left you with that impression

　　　　a．renewed your impression

　　　　b．ignored your impression

　　　　c．given you that impression

　　　　d．taken you away from that impression

（オ）　might fail to be interpreted as we expected

　　　　a．might fall within the expected scope

　　　　b．might no longer be considered as a failure

　　　　c．might have a meaning similar to what we predicted

　　　　d．might be understood by others differently from our intention

B．次の問い（ i 〜ⅲ）の答えとして最も適当なものを、それぞれ下記（a〜d）の中から 1 つ選び、
　　その記号をマークしなさい。

（i）According to the passage, what is the purpose of communication?

　　a．Its purpose is to control the communicator's emotional state.

　　b．Its purpose is to ensure that both sides take different positions.

　　c．Its purpose is to maintain a healthy relationship with others.

　　d．Its purpose is to encourage a certain response from the audience.

（ii）What did George Bernard Shaw say about communication?

　　a．Its major issue is the mistaken belief that it has been successful.

　　b．It resolves the biggest challenge of mutual understanding.

　　c．Its primary concern is the fact that we cannot stop talking.

　　d．It is problematic because it invents imaginary conversations.

（iii）Which of the following is NOT true about tone?

　　a．It causes misunderstanding.　　b．It is the way you talk about something.

　　c．It disguises your inner feelings.　　d．It can make you sound rude.

C．次の英文（a〜f）の中から本文の内容と一致するものを2つ選び、その記号を各段に1つずつ
　マークしなさい。ただし、その順序は問いません。

　　a．We tend to think lightly of the words we speak or write when communicating, and
　　　　we tend not to improve our communication skills.

　　b．What is expected of the audience is to pause for a moment, empty their minds,
　　　　and pay attention to the speaker's reaction.

　　c．Perfect communication hardly ever takes place because the audience receives the
　　　　communicator's message as intended.

　　d．The essence of communication does not lie in the choice of words but in the
　　　　message as it is interpreted.

　　e．In a conversation, we are much more likely to misinterpret a message by the tone
　　　　of voice than by the words.

　　f．You can tell when a person is not in a good mood because the entire conversation
　　　　is filled with rude comments.

〔Ⅲ〕 次の英文を読み、下記の設問（A〜C）に答えなさい。

In the summer of 1944, I was eight years old. I was an active kid and enjoyed exploring the forest that surrounded our house in northern New Jersey. During one of these adventures, I (ア)happened upon an old house. It was collapsed and decayed, but there was evidence of someone having lived there scattered on the ground. I gathered up some of these bits and pieces and discovered that I had most of the parts of a small rocking chair, made of valuable wood. It looked as though it had (　1　) many winters in the forest.

I took these pieces home to my mother (my father was overseas with the navy in the Pacific). My mother loved antiques* and was especially fond of American colonial furniture. She took the pieces to a restorer she knew down near Trenton. He rebuilt the chair, replacing a few missing parts.

The chair turned out to be a lovely example of a child's rocker from the colonial era. I kept it in my room all through my childhood. At one point I got some small bird stickers from a breakfast-cereal box and put them on the backrest**. The restored chair was the first piece of furniture that was truly my own. (イ)It eventually came to the West Coast after I graduated from college. It went through numerous moves, from apartments to rented houses to houses I eventually built for my family. In 1977 the chair was lost during a move from a rental to my current residence on an island in Puget Sound, Washington. (　2　), the chair had fallen off the truck that was moving my furniture from another part of the island. The loss left me with a heavy heart. Regularly, I (　3　) remember the chair and blame myself for not being more careful during the move.

Ten years later I was driving down the main highway on the island (the island is nearly twenty miles long) and I saw a similar child's rocking chair at the front of the local antique shop. It wasn't my chair, but it reminded me of the one I had lost. I stopped and asked the owner, who was a friend of mine, (　4　) she wanted for the chair at the front of the shop. In the course of the conversation, I told her the story of my lost chair, describing it in detail. She began looking at me very strangely and then said, "That sounds like a chair I recently sold to a California dealer. In fact, it's upstairs in my storage room. It's to be shipped to the dealer tomorrow." I told her my chair had a sticker of a duck on the backrest. The store owner then went upstairs to inspect the chair. The sticker was just where I said it would be, and (ウ)that was all the proof she needed. Needless to say, I got the chair back. (エ)It now sits in a special room filled with other objects from my childhood.

出典追記：True Tales of American Life by Paul Auster, Faber & Faber *antique：骨董品

**backrest：背もたれ

設　問

A. 本文中の空所（1〜4）に入れるのに最も適当なものを、それぞれ下記（a〜d）の中から1つ
選び、その記号をマークしなさい。

（1）　a．continued　　　b．received　　　c．survived　　　d．occupied

（2）　a．Apparently　　b．Moreover　　　c．However　　　d．Luckily

（3）　a．should　　　　b．would　　　　c．could　　　　d．must

（4）　a．whether　　　b．how strongly　c．why　　　　　d．how much

B. 本文中の下線部（ア〜エ）の文中での意味に最も近いものを、それぞれ下記（a〜d）の中から
1つ選び、その記号をマークしなさい。

（ア）　happened upon
　　　　a．accidentally came across　　　b．sometimes walked into
　　　　c．often passed by　　　　　　　d．occasionally occurred to

（イ）　It eventually came to
　　　　a．One day, I moved to
　　　　b．In the end, I brought it along with me to
　　　　c．I finally sent it to a shop on
　　　　d．At last, I got it on

（ウ）　that was all the proof she needed
　　　　a．she got all the money for the chair
　　　　b．she proved it was my chair
　　　　c．she was fully trusted
　　　　d．she was convinced

（エ）　It now sits
　　　　a．I set it off　　　　　　　　　b．I put it
　　　　c．I enjoy sitting on it　　　　　d．I closed it

C. 次の英文（a 〜 f）の中から本文の内容と一致するものを 2 つ選び、その記号を各段に 1 つずつ
マークしなさい。ただし、その順序は問いません。

a. The author describes how he found all of the pieces of a rocking chair in a ruined house.

b. It is reasonable to assume that the author's mother liked the rocking chair as well.

c. The author lost the rocking chair in his childhood during a move to his current house.

d. The author found the rocking chair again a decade after losing it.

e. The author realized at first sight that the rocking chair sold at the antique shop was his own.

f. The antique shop owner noticed the sticker of the duck when she first acquired the rocking chair.

〔Ⅳ〕 次の英文（1〜10）の空所に入れるのに最も適当なものを、それぞれ下記（a 〜 d）の中から 1
つ選び、その記号をマークしなさい。

（1） The plan to construct a new road (　　　　) by local residents.
　　　 a. has objected　　　b. objected　　　　c. was objected　　　d. was objected to

（2） I found it (　　　) that the report had few details about the cause of the accident.
　　　 a. disappoint　　　b. disappointed　　　c. disappointing　　　d. disappointment

（3） The photographers were introduced to the guard (　　　　) permission they needed in order to enter the protected area.
　　　 a. whose　　　　b. which　　　　　c. what　　　　　d. that

（4） This art gallery, small (　　　　) it is, has a large collection of paintings by world-famous artists.
　　　 a. even　　　　b. but　　　　　c. yet　　　　　d. though

（5） More often than (　　　　), young adults live away from home for the first time when they start university.
　　　 a. what　　　　b. none　　　　c. not　　　　　d. seldom

（6） (　　　　) be kept informed about our activities, please join our mailing list.
　　　 a. As you wish　　　　　　　　　b. If you had wished to
　　　 c. Wishing you to　　　　　　　　d. Should you wish to

（7）　I must apologize（　　　　　）so slow in replying to your letter.

　　　a．for you to be　　　b．to you for being　　　c．you to be　　　d．you for being

（8）　On（　　　　）of my family, may I wish all of you a merry Christmas and a
　　　peaceful and prosperous New Year.

　　　a．behalf　　　　　b．condition　　　　　c．matters　　　　d．top

（9）　In spite of their protest, the instructor（　　　　　）their practicing for the contest for
　　　six hours a day.

　　　a．ordered　　　　b．insisted on　　　　c．suggested to　　d．listened

（10）　The philosopher was known for getting so lost（　　　　）thought that he would
　　　sometimes forget where he was.

　　　a．from　　　　　　b．to　　　　　　c．of　　　　　　d．in

〔Ⅴ〕　次の日本文（1～5）に相当する意味になるように、それぞれ下記（a～h）の語句を並べ替え
　　　て正しい英文を完成させたとき、並べ替えた語句の最初から3番目と6番目に来るものの記号をマー
　　　クしなさい。

（1）　1月にしてはあまりに暖かすぎるので何を着たらよいか分からない。

　　　I don't know（　　　　　　　　　）January.

　　　a．what　　　　　b．too　　　　　c．because　　　　d．much

　　　e．for　　　　　　f．it's　　　　　g．to wear　　　　h．warm

（2）　その報道記事によると、保護施設から猫を迎えて里親になる人が増えている。

　　　According to the news article,（　　　　　　　　　）.

　　　a．from shelters　　b．growing　　　c．people　　　　d．number

　　　e．is　　　　　　f．the　　　　　　g．adopting cats　　h．of

（3）　彼女のおかしな話でクラスの誰もが笑顔になった。

　　　Her（　　　　　　　　　）everyone in the class.

　　　a．brought　　　　b．of　　　　　　c．humorous　　　d．to

　　　e．story　　　　　f．the face　　　g．a　　　　　　h．smile

（4）　これが私たちの目標であるが、そのいくつかは達成するのに多大の努力を要することを私は
　　　知っている。

　　　These are our goals, some（　　　　　　　　　）to achieve.

| a. which | b. I know | c. of | d. require |
| e. great | f. a | g. effort | h. will |

（5）　私たちの訪れた城はとても大きく、庭園ははるばる川岸まで広がっていた。

The castle we visited was huge and (　　　　　　　　) of the river.

| a. all | b. the bank | c. to | d. garden |
| e. the | f. its | g. extended | h. way |

〔Ⅵ〕次の会話文を読み、空所（1〜10）に入れるのに最も適当なものを、それぞれ下記（a〜d）の中から 1 つ選び、その記号をマークしなさい。

　　Satomi, a college student, is shopping at a clothing store. She happens to meet her classmate, Yuki, who works part-time there.

Satomi:　Hey Yuki! What a surprise! I don't think I saw you the last time I came to the store. (　1　)

Yuki:　Good to see you! Thanks for coming to the store. I've been working here on weekends for about a year now, so I've a pretty good idea of what sort of stuff the store has. Are you looking for something (　2　)?

Satomi:　Yeah. I wanted to get my mom a scarf for her birthday. I usually take salespeople's recommendations (　3　), but it's a different story if it's your advice. Any suggestions?

Yuki:　Well, let me see…I know what! How about that yellow scarf? Wouldn't that cheer up your mom? Apparently, it's really good quality, and so it will last a long time.

Satomi:　And reasonably priced. Sounds good but (　4　). I'm also interested in the blue scarf over there. Isn't that pretty, too? There are so many beautiful scarves in this store—it's hard to choose just one!

Yuki:　I know what you mean—this store has a really good selection of scarves. Although yellow is not such a fashionable color this year, this scarf is a very popular choice because the fabric is of high quality and the design is elegant, don't you think? You can't find it at other stores because we source it through our own channels.

Satomi:　Hmmm. Listening to you, I kind of want to choose the yellow scarf. In fact, (　5　). Thanks for all your advice.

Yuki: (6   ) I'm sure your mother will love this scarf. It's also best to buy what you think looks best on your mom.

Satomi: I'm so happy to buy such a nice gift for my mom. Oh no! (7   ) Do you accept credit cards?

Yuki: We sure do. Let me take your credit card. I'll just wait for the card to process.... (8   ) Here's your card back, and here's your scarf and receipt. Do you want your receipt in the bag?

Satomi: Yes please, thanks! Nowadays, you can buy all sorts of stuff online. But for an important gift like this, I would prefer to buy it (9   ).

Yuki: I know exactly what you mean not only because I learn a lot about fashion trends but also because I realize the advantages of face-to-face customer service. (10   ) your mom!

Satomi: Sure! Have a nice day!

（1）   a. What made you start working here?
        b. How long have you been working here?
        c. Who are you working with here?
        d. How much do you enjoy your work here?

（2）   a. on this day   b. to an extent   c. besides   d. in particular

（3）   a. with a grain of salt   b. as a piece of cake
        c. out of the blue   d. up in the air

（4）   a. it's above my head   b. that'll be the day
        c. give me a break   d. I'm still not sure

（5）   a. it's out of the question   b. this is on me
        c. I'll take it   d. so much for that

（6）   a. Not at all!   b. Pretty much!
        c. You asked for it!   d. Keep it up!

（7）   a. It's on the tip of my tongue!   b. I'm low on cash!
        c. It's selling like crazy!   d. I wouldn't bet on it!

（8）   a. Now is the end.   b. We're ready.
        c. Keep the change.   d. There we go.

（9）   a. case by case   b. in person   c. all right   d. on purpose

(10)　a. I look forward to　　　　　　b. I sincerely appreciate

　　　c. Give my best to　　　　　　d. Take my word for

解　答

I 　解答　　A. (1)— c　(2)— b　(3)— b　(4)— a　(5)— d　(6)— d
　　　　　　(7)— c

B. (ア)— c　(イ)— d　(ウ)— d

C. (i)— c　(ii)— b　(iii)— a　(iv)— c

D— d・g・h（順不同）

◆全　訳◆

≪イギリスの標準時誕生をめぐって≫

　グリニッジ標準時は，1675 年にグリニッジの町に創立された王立天文台の建物を南北に走る線上の時刻である。それはグリニッジ地域に限られた時刻である。そうではないのが，グリニッジ天文台から 110 マイル西にあるブリストルでの時刻である。太陽に従ったブリストル地域の時刻はグリニッジより 10 分遅れている。1675 年には，それぞれの町はそれぞれの地域時刻を固守していた。しかし今日では，ブリストルは，イギリスの残り全ての町とともに，グリニッジ時刻を守っている，それは 19 世紀に，世界中の人たちが時刻を標準化することに決めたからであった。

　標準時刻というのは，同じ町，地域，国，あるいは大陸の全ての人たちが，グリニッジのような，基準となる一つの場所の時刻に時計を合わせることに同意するシステムである。その場所の西や東といったあらゆる場所では，太陽に従った本当の時刻——地方時——は標準時刻とは異なっている。しかし，19 世紀には，人々はそんなことは重要ではないことだとしたのだった。

　イギリスでどのようにして時刻が標準化されたかについての話をする際には，人々はほとんどいつも鉄道の建設について話をする。最初の旅客鉄道は 1830 年代と 1840 年代に建設され，その後すぐ，鉄道は路線網全体のための標準時刻の必要性があることを示すこととなった。標準時刻が設定されなければ，ブリストルとロンドンの間を走るグレートウェスタン鉄道（GWR）のような東西に走る鉄道をどうやって走らせるのだろうか？駅ごとに時計の時刻を変えなければならないだろう。乗客が有用な列車時

刻表を必要とする際には，そして，システムの安全性が同じ線路を共有する列車間で十分に時間をあけて出発することに頼る際には，共通に取り決められた単一の時刻は，便利であるだけでなく，命を救うものだった。そのため，GWR 沿いの各駅の地域時刻は 1840 年に鉄道の時刻に取って代わられることとなり，その鉄道の時刻には，ロンドンの時刻が選ばれたのだった。そして，ロンドンで正しい時刻を得る唯一の方法はグリニッジから時刻を得ることだった。このことは，今度は，鉄道に並行して建設されている別の新しいネットワーク，電信のおかげで可能となったのである。電信は，モールス信号の点と線でメッセージを送るだけでなく，瞬時にして時刻の信号を送ることもできたのだった。

　グリニッジのたった一つの時計が，午前 10 時の瞬間を何百マイルも離れたところに電線に沿って自動的に送られる電気信号を使って連絡することができた。同じ電気時刻信号が，線上の全ての主要駅で受信されることができたし，それぞれの地域での手配で，その時刻を，支線となる路線の先々にも送り込むことができた。各駅では，時計はグリニッジに合わせられた。その中心となるたった一つの標準時計があると，鉄道の全ネットワークは，一つの時刻に基づいて動き続けることができたのだった。そして 1850 年代までにイギリスの全ての鉄道が同じやり方を採用した。

　この話は，ここまではまあ結構なことである。しかし，この時点で科学技術の歴史の多くは，もう一歩先に進むものである。1855 年までにグリニッジに標準化されたのは，鉄道の時刻だけでなく，イギリスの国民の時刻，つまり国全体の毎日の生活時刻でもあり，自分たちは地域の市民時刻のほとんどを見捨てたのだ，通例人々は主張する。標準時刻の話はたいていそんなふうに語られている。その主張の前提は，日常生活は，早く採用した人たち，この場合は鉄道会社，のやり方にあっという間に合わせる羽目になっているということである。しかし，その前提は間違っているのである。

　私たちは生活の中で，鉄道時刻と地域時刻という二つの時刻を持ち，その二つの間で時刻を変えていくことは可能であったのである。それは，苦痛であるように思えるが，私たちは今日，二つの時刻（12 時間制と 24 時間制）を巧みに扱っている。私たちは長さや重さの二つのシステム（マイルとキロメーター，ポンドとキログラム）を同時に使っているし，二つの

温度システム（摂氏と華氏）も持っている。これは全て廃止されるべきだと考えている人がいるのも事実だが，それはまたいつか別の日の議論である。重要なのは，私たちは，複数の測定システムを並行して作動させながら，なんとか生活を送っていることである。地域時刻対標準時刻についても同じだったかもしれない。鉄道に関する語り手が見落としているのは，実際に次のようなことが起こっていたということである。地域時刻は，実際にどこかに残っていて，鉄道が走り始めて半世紀後の 1880 年代まで残っていたのだ。鉄道は，時刻の標準化において役割は果たしたが，日常生活における標準時刻がどのようにしてできたのかについては，もっともっと大きな話があるのである。

━━━━━━━ ◀解　説▶ ━━━━━━━

A.⑴　Standard time「標準時刻」の定義づけ・説明をしている箇所である。（　　　）の時刻に時計を合わせるとあり，空所の直後に such as Greenwich とあることから，場所を表していることと推測できる。a の a building「ある建物」や d の an unfamiliar town「よく知らない町」では，Greenwich とはつながらず，不適。また，b の different areas「さまざまな地域」では，標準時刻という文脈に合わず，不適である。正解は，c の one place「一つの場所」。

⑵　空所の前文には，鉄道はすぐに標準時刻を必要とするようになったことが書かれ，さらに空所直後には，東西に走る鉄道をどうやって走らせるのかということが書かれている。それらをつなぐものを探すと，a の On the contrary「それどころか」，c の In addition「それに加えて」，d の Therefore「それゆえに」では，内容がつながらず，不適である。正解は，b の Otherwise「そうでなければ」。ここでは，標準時刻がなければという意味を表している。

⑶　空所を含む文（When passengers needed …）は，2 つの場合の提示から始まっている。1 つ目は，乗客が有用な列車時刻表を必要とする場合，2 つ目は，システムの安全性が列車間で十分に時間を空けて出発することに頼るという場合である。その内容を反映しているのが not just convenient but（　　　）であると考えられる。convenient は 1 つ目の内容で，2 つ目の内容が空所部分だと考えると，「安全」に関する語句が入ると推測できる。正解は，b の life-saving「命を救うような」。a の

energy-efficient「エネルギー効率のよい」, c の money-making「お金を
稼げるような」, d の time-consuming「時間を食うような」では, 文脈に
合わない。

⑷ 空所を含む文は,「一つの標準時計が（　　　）鉄道が一つの時刻で
動き続けられる」といった内容のものであるため,「〜を使って」や「〜
があれば」といった意味の語句が入るものと推測できる。b の Despite
「〜があるにもかかわらず」や, c の In place of「〜の代わりに」, d の
In comparison to「〜と比べると」では, 意味がつながらない。正解は,
a の With「〜があると」。

⑸ 時刻が標準化されたことに対する人々の不満の内容が書かれている箇
所である。空所より前の部分では, 鉄道の時刻だけでなく国民の生活時刻
も標準化されたと書かれているが, 等位接続詞の and で続く空所のとこ
ろでは, その内容に近いものが書かれているものと推測できる。自分たち
の地域の市民の時刻をどうしたことが不満なのかと考えると, a の
concentrated「〜を集中させた」や b の concerned「〜に関係していた」,
c の arranged「〜の手配をした」では, 不満の内容につながらず, 不適
である。正解は, d の abandoned「〜を見捨てた」。

⑹ 標準時刻について不満を語る人たちの主張の前提について述べられて
いる部分である。「日常生活は, 早い（　　　）のやり方にすばやく合わ
せている」という内容で, しかも空所の直後には, 具体例として, 今回の
場合は鉄道会社であると書かれている。鉄道会社が何をしたのかを考える
と, a の historians「歴 史 家」や b の managers「経 営 者」, c の
instructors「教師」では, 内容に合わない。正解は, d の adopters「採
用者」。この場合は, 早くに標準時刻を採用した者という意味である。空
所の少し前にある fall in line with 〜 は「〜（方針など）に合わせる」と
いう意味である。

⑺ これは高度な読解力が必要とされる問題である。まず, the railway
storytellers とは, 第 5 段第 4 文（That is how …）で描かれるような,
標準時刻誕生の話を不平を織り交ぜながら話す人たちのことである。さら
に, 空所の後の this is exactly what happened が何を示すのかが重要な
のである。this は基本的に, その直前に書かれていることも, その直後に
書かれていることもどちらも指すことができる。exactly what happened

ということは実際に起こったことであるが，直前の内容は It could have
been the same … と推測の話で，事実ではない。ということは，this が
指すのは，後ろの Local time *did* hang around, …「地域時刻はどこかに
残っていて，実際 1880 年代まで残っていた」ということである。ここで
やっと（　　　）の内容を考えることができ，空所を含む文は，「鉄道に
関する語り手が（　　　）するのは，このこと（＝地域時刻が 1880 年代
まで残っていたこと）が実際に起こったことだ」という内容になる。ここ
で忘れてはいけないのは，その語り手たちは，自分たちは地域時刻を捨て
させられたと主張していることである。そう考えていくと，a の achieve
「成し遂げる」や，d の recall「思い出す」では，その語り手たちは地域
時刻が残っていたことを知っていたり，擁護したりしていることになるた
め，不適である。また，b の contradict「否定する」については，実際に
起こっているのであるから否定はできず，これも不適である。正解は，c
の miss「〜を見落とす」。

B．(ア)　in an instant「即座に」

a．「理想的には」，b．「ますます増えて」，c．「すぐに」，d．「必然的
に」で，c の immediately が最も近い。

(イ)　convert「転換する」

a．「列車を乗り換える」，b．「信号を変える」，c．「生活を選ぶ」，d.
「差を計算する」で，この convert は，文脈的に鉄道時刻と地域時刻の差
を考えて切り替えることであるので，d の calculate the difference が最
も近い。単語的には b の modify が convert に近いが，文脈的には信号を
変えるわけではないので，単語で引っかからないように。

(ウ)　running in parallel「並行して作動している」

a．「2 つの線路の両方を占めている」，b．「次から次へと起こっている」，
c．「同じ方向に突進している」，d．「同時に社会で使われている」の意。
当該部分は，付帯状況の with を伴った with multiple measurement
systems running in parallel「複数の測定システムを並行して作動させな
がら」の意味であるため，d の being used in society at the same time
が最も近い。

C．(i)　What it is *not* is the time in Bristol「そうではないのは，ブリ
ストルの時刻である」

ａ．「イギリスの標準時刻は，ブリストルでの時刻ではなく，グリニッジでの時刻である」　that＝the local time

ｂ．「ブリストルで使われている地域時刻は，太陽に従った実際の地域時刻と同じではなかった」　equivalent「同等の」

ｃ．「ブリストルの地域時刻は，グリニッジの地域時刻とは異なっていた」

ｄ．「ブリストルは現在，グリニッジ標準時を使っていない」

　本問は，英文の意味だけでなく，文脈をも考えなければならない，高度な読解力を要求する問題である。what it is は，例えば Practice has made her what she is.「練習が彼女を今の姿にしてくれた」のように，what S is「Sの現在の姿（様子）」を示す。問題文の what it is の it は，漠然とした状況で，文脈的に「標準時である状況」を表していると考えられる。つまり，what it is *not* となると「標準時である状況とは異なっているのは」という意味となり，そうなると，その内容に近いのは，ａとｃである。二重下線部を含む文の次文（The local time …）では，太陽の位置に従うとブリストルの時刻はグリニッジとは 10 分異なると示されているように，第 1 段の主旨は，標準時刻がブリストルの時刻ではないことを伝えるのが目的ではなく，各地域の町の時刻の差異に焦点が当てられているものと考えられる。そうすると，正解は，ｃの The local time at Bristol differs from that at Greenwich. である。

(ii)　decided that did not matter「そんなことは重要ではないと決めた」matter（動詞）「重要である，意味がある」

ａ．「彼らの時計が正確であるかどうかは気にしない，という結論に達した」　accurate「正確な」

ｂ．「標準時刻と地域時刻の間の差は重要ではないと意見がまとまった」

ｃ．「地域時刻と太陽に従った時刻の間の差を承認しようと決めた」make up *one's* mind「決心する」　acknowledge「～を承認する」

ｄ．「標準時刻を採用しないという結論に到達した」　adopt「～を採用する」

　that did not matter の that は二重下線部の前文にある「太陽に従った本当の時刻は標準時刻とは異なっている」ということであり，太陽に従った本当の時刻＝地方時なので，正解は，ｂの agreed that a difference between the standard time and the local time was not important.

(iii)　This account is all well and good, so far. 「この話は，ここまではまあ結構なことである」 account「記述，話」 well and good「まあ結構なことだ」 so far「これまでのところ」

a．「ここまでのこの説明は，全く適切なものだ」 up to ～「～まで」 entirely「すっかり」 appropriate「適切な」

b．「その説明は，次のレベルにまで達しさえしている」 description「描写，説明」 go so far as to *do*「～しさえする」

c．「これは，全ての点において優れていてうまく書けている作品だ」 on all accounts「全ての点で，どう考えても」

d．「これは，全ての人が価値を認めるような広範囲に及ぶ標準だ」 far-reaching「広範囲に及ぶ」 appreciate「～の価値を認める」

　　内容を考えれば，正解は，a の The explanation up to here is entirely appropriate. である。これまでのところは首尾よくまとまった話だが，この先はそうではない，という含意があることにも留意。

(iv)　that is an argument for another day「それはまたいつか別の日にする議論である（ここでは議論しない）」 argument「議論」

a．「2つの測定システムは，永久に残る可能性が高い」 measurement「測定」 likely「ありそうな」

b．「イギリスで地域時刻がいつ姿を消すかは誰も知らない」 disappear「姿を消す」

c．「複数の測定システムの問題は，どこかの将来の時点で議論されるべきだ」

d．「2つの時間システムを維持することに関する論争は，これを最後にきっぱりと避けるべきである」 dispute「論争」 once and for all「これを最後にきっぱりと」

　　that is an argument の that は，直前に書かれている「2つのシステムの存在は全て廃止されるべきか」ということである。それを考えると，正解は，c の the problem of multiple measurement systems should be discussed at a future point である。

D　a．「グリニッジはブリストルの西の方にあるので，前者の地域時刻は後者の時刻より 10 分早い」 former「前者」（この場合はグリニッジのこと） latter「後者」（ブリストルのこと）

b．「1675 年にグリニッジ標準時が設定された後，それはイギリスの全ての町で，地域時刻とともに使用された」 establish「～を創立する」

c．「19 世紀の終わりごろ，地域時刻に替わってロンドンの時間が，イギリスの全ての駅で採用された」

d．「電信のシステムは，イギリスでの時刻の標準化において役割を果たした」 play a part「役割を果たす」 standardization「標準化」

e．「主要な駅は標準時に変更したが，地域の駅はその地域時刻を使い続けた」

f．「2 つの測定システムを維持することは非常に苦痛だったので，イギリスの鉄道会社は 1880 年代にそのうちの 1 つをやめることにした」maintain「～を維持する」 painful「苦痛な，つらい」

g．「2 つの時刻システムは，イギリスで初めて鉄道が運行し始めた後約50 年間続いた」 remain「そのまま残る」

h．「鉄道のシステムは，イギリスの日常生活における標準時刻の採用に貢献した多くの要素のうちの 1 つである」 factor「要素」 contribute「貢献する」

　まず，d については，第 3 段最終文（This, in turn,…）に，電信のおかげでグリニッジからロンドンに瞬時に時刻の信号を送ることが可能になったとあり，本文の内容に合っている。また，g については，最終段の最後から 2 文目（Local time *did*…）に，地域時刻は鉄道が走り始めてから約 50 年後の 1880 年代まで残っていたと書かれており，本文内容に一致している。さらに，h は，最終段最終文（The railways played…）に，鉄道が時刻の標準化に役割を果たしたが，日常生活での時刻の標準化にはもっともっと大きな話があると書かれており，鉄道の役割が全てでなく，本文の内容に一致している。正解は，d，g，h。

　a については，第 1 段第 3 文（What it is *not*…）にブリストルはグリニッジの 110 マイル西にあると書かれており，グリニッジがブリストルの西にあるのではないため，不一致である。また，b は，第 1 段第 1 文（Greenwich Mean Time…）で，1675 年に作られたのは，グリニッジ標準時ではなく，グリニッジの王立天文台であり，さらに第 1 段第 5 文（In 1675, each…）に，1675 年時点では，それぞれの町が自分のところの地域時刻を使っていたことが書かれていることからも，不一致であるこ

とがわかる。さらに，c は，第3段第6文（So the local time …）に，1840年にGWR沿いの全ての駅でロンドンの時刻を使うようになったと書かれ，さらに第4段最終文（（　4　）that single …）に1850年代までにイギリスの全ての駅で1つの時刻で列車を運行したことが書かれており，19世紀の終わりではないことから，不一致である。また，e については，第4段第2文（The same electrical …）に，電信を使って主要駅だけでなく，地域の駅にも同じ時刻が送られたと書かれ，さらに続いて第3文（At each station …）に，各駅では，時計がグリニッジに合わせられたと書かれていることから，不一致である。さらに，f については，第3段第5文（When passengers needed …）に，単一の時刻が必要だったのは便利であるだけでなく，安全面からでもあったことが書かれており，2つの時刻を維持するのが苦痛だったからではないため，不一致である。

II　解答

A. (ア)— b　(イ)— c　(ウ)— a　(エ)— c　(オ)— d
B. (i)— d　(ii)— a　(iii)— c

C— d・e

◆全　訳◆

≪真のコミュニケーションとは≫

　強力なリーダーになるには，力強い語り手になることが必要だ。ストーリーが，想像力を捕らえ，複雑な問題を簡単な方法で説明し，そしてあなたの見解を使って聴衆を話に巻き込むのである。しかし，コミュニケーションとは話したり書いたりする形でお互いに何かを伝えることに過ぎない，とつい考えてしまう。この前提の下では，効果的な伝達者になることは，言葉に熟達することが必要とされるだけである。しかし，コミュニケーションには常に目的がある。私たちが話すときはいつも，何らかの反応を生み出したいという意図がある。私たちは聴衆に，何かをしたり，理解に到達したり，笑いや喜び，興奮，悲しみといった何らかの形の感情を感じたりしてほしいと思っている。反応のないコミュニケーションは，誰もいないホールに向かって話をしている，つまりメッセージを送っているのに聞いている人は誰もいないようなものである。真に効果的なコミュニケーションは，私たちのメッセージが聞き取られ，私たちの意図どおりに解釈され，理解され，記憶され，私たちの望むように行動に移されるときにのみ

起こるのである。ジョージ=バーナード=ショーはかつて「コミュニケーションにおける最大の問題は，それが成し遂げられたという錯覚である」と言っていた。

　コミュニケーションとは，あなたが発する言葉に関するものではない。それは，受け止められるメッセージや聞き手の中に引き起こす反応に関するもので，そのどちらも，解釈に依存するのである。私たちは，メッセージが私たちの意図どおりに理解されたかどうか実際に確認もせずにメッセージが届いたものと考えることが非常によくある。こういった誤解が，混乱やイライラ，無駄な努力の原因であることがたいへんよくある。

　誤解は，声のトーンのせいで起こることがしばしばある。トーンとは，何かをどのようにして言うかということである。それは，共感や，怒り，興味，謙遜，ショック，切迫といったような，あなたの心の中の感情や考えを表現する声の質のことである。メッセージが誤って解釈される原因は，言葉ではなく，むしろメッセージが伝えられる声のトーンであることが，非常によくあるのである。誰かがあなたに，無礼に聞こえるようなコメントを一つしたときのことを思いつかないだろうか？　彼らはあなたを侮辱するつもりだったのだろうか？　恐らくそうではないだろうが，彼らの不適切なトーンがあなたにそういう印象を残したのかもしれない。誰かが機嫌がよくないとわかるのは，その人のトーンがそれらとともにあなた方の会話全体を形づくるからである。

　メッセージが私たちの期待どおりに解釈されない可能性があるのは，他のどんなやり方だろうか？　このことを理解するには，話す言葉を超えて私たちが伝える方法のすべてのものを調査することが必要となる。

━━━━━ ◀解　説▶ ━━━━━

A. ㈠ engage an audience with your vision「あなたの見解で聴衆を話に巻き込む」 engage「～を巻き込む」 with「～を使って（道具や手段を表す）」

a.「聴衆をあなたの見解で驚かせる」

b.「聴衆をあなたの見解に引き付ける」 attract「～（の心）を引き付ける」

c.「聴衆をあなたの見解から締め出す」 exclude「～を除外する」

d.「聴衆をあなたの見解で困惑させる」 confuse「～を困惑させる」

内容が最も近いのは，ｂの attract an audience to your vision。

㈡　speaking to an empty hall「誰もいないホールに向かって話をしている」

ａ．「誰もいない廊下で雑談をしている」　hallway「廊下」

ｂ．「外に向かって話をしている」　outwardly「外に向けて」

ｃ．「誰に対しても話しかけていない」

ｄ．「公衆の人々に対して何も言っていない」

当該部分の直後に，「メッセージを送っているのに聞いている人は誰もいないようなもの」と言い換えをしている。正解は，ｃの talking to nobody。ｃとｄで迷ったかもしれないが，ｃは talk という動作はしている（nobody に対して話しかけている，と直訳できる）が，ｄは say という動作をしていない。「メッセージは送っているのに」であるから，動作はしていることから，動作をしていないｄは正解ではない。

㈢　Too often we think we've delivered a message「私たちは，メッセージが届いたと考えることが非常によくある」

ａ．「私たちはよく，メッセージを理解してもらったと思い込む」assume「～だと思い込む」　get *A* across「*A* を理解させる」

ｂ．「私たちは時々，あまりにも何回もメッセージを送りすぎたと感じることがある」

ｃ．「私たちはよく，聞き手の言いたいことがはっきりとわかっていると信じる」　realize「～がはっきりとわかる」

ｄ．「私たちは急ぎすぎていて，秘密のメッセージを受け取ったことを認めることができない」　admit「～を（事実であると）認める」

当該箇所の直後は，「メッセージが私たちの意図どおりに理解されたかどうか確認せずに」とつながっている。ということは，相手にきちんと内容が理解されていないかもしれないのに，理解されたと思ってしまう，ということなので，正解は，ａの We frequently assume we've gotten a message across. である。get across の意味がわからなくても，内容的に消去法で正解にたどり着けるであろう。

㈣　left you with that impression「あなたにその印象を残した」　leave *A* with *B*「*A* に *B* を残す」

ａ．「あなたの印象を新しくした」　renew「～を更新する」

ｂ.「あなたの印象を無視した」 ignore「～を無視する」

ｃ.「その印象をあなたに与えた」

ｄ.「あなたをその印象から引き離した」 take *A* away from *B*「*A* を *B* から連れ去る」

　当該部分は，話相手が不機嫌でなくてもそういう印象を持つのは，相手の不適切なトーンのせいだと言っている箇所である。内容的に，正解は c の given you that impression。ちなみに that impression とは「（相手が）不機嫌だという印象」のこと。

(オ) might fail to be interpreted as we expected「私たちが期待しているとおりに解釈されないかもしれない」 fail to *do*「～できない」

ａ.「期待されている範囲内に落ちるかもしれない」 scope「範囲，視野」

ｂ.「失敗だとはもうそれ以上みなされないかもしれない」 no longer「もうこれ以上～ない」

ｃ.「私たちが予測したものに近い意味を持つかもしれない」 predict「予言する，予測する」

ｄ.「他人には私たちの意図とは異なって理解されているかもしれない」 intention「意図」

　正解は，ｄの might be understood by others differently from our intention である。

Ｂ.(ⅰ)「本文によると，コミュニケーションの目的とは何か」

ａ.「その目的とは，伝達者の感情の状態をコントロールすることである」 state「状態」

ｂ.「その目的とは，両方が異なった位置を取るということを確保することである」 ensure「～を確実にする」

ｃ.「その目的とは，他人との健康的な関係を維持することである」 maintain「～を維持する」

ｄ.「その目的とは，聴衆からある反応を促すことである」 encourage「～を促進する」 certain「ある，例の」

　第 1 段第 5・6 文（But communication always …, excitement, or sadness.）に，「コミュニケーションには目的があって，話すたびに，何らかの反応を生み出したいと思う」といった内容が書かれている。正解は，ｄの Its purpose is to encourage a certain response from the audience.

である。

(ii)「ジョージ=バーナード=ショーは，コミュニケーションについてどんなことを言ったか」

a.「その主要問題は，コミュニケーションがうまくいったという誤った信念である」

b.「それは，相互理解という最大の課題を解決する」 resolve「～を解決する」

c.「その最も重要な関心事は，私たちが話すのを止められないという事実である」 primary「最も重要な」 concern「関心事」

d.「それは，想像上の会話を生み出すため，問題なのである」 problematic「問題のある」 imaginary「想像上の」

　第1段最終文（As George Bernard …），に「コミュニケーションにおける最大の問題は，コミュニケーションは成し遂げられたという錯覚だ」とジョージ=バーナード=ショーは言ったと書かれており，正解は，aの Its major issue is the mistaken belief that it has been successful. である。

(iii)「次のうち，トーンに関して真実でないのはどれか」

a.「それは，誤解の原因となる」

b.「それは，何かについて話す方法である」

c.「それは，あなたの心の中の感情を隠すものである」 disguise「～を隠す，偽装する」

d.「それは，あなたの話を無礼に聞こえるようにすることがある」 sound「～のように聞こえる」

　正しくないものを選ぶ問題であるので要注意。まず，aについては，第3段第4文（Very often it …）に，「メッセージが誤って解釈される原因が，メッセージが伝えられる声のトーンであることが非常によくある」といったことが書かれており，内容に一致している。また，bは第3段第2文（Tone is *how* …）に「トーンとは，何かをどのようにして言うかということである」と書かれており，内容に一致している。さらに，dは第3段第7文（Probably not, but …）に，「実際には不機嫌ではないのに，話し手の不適切なトーンがそういう印象を残したのかもしれない」とあり，これも内容に一致している。トーンのことを正しく伝えていないのは，c

の It disguises your inner feelings. である。第 3 段第 3 文（It is the quality …）に，「それは，あなたの心の中の感情や考えを表現する声の質のことである」といったことが書かれていて，c は内容に一致していない。

C. a.「私たちは，コミュニケーションをとる際，話したり書いたりする言葉を軽視しがちであり，コミュニケーションの技術をよりよくしようとはしない傾向にある」 think lightly of ～「～を軽視する」

b.「聴衆に期待されることは，少しの間動きを止め，心を空っぽにし，話し手の反応に注意を払うことである」 pay attention to ～「～に注意を払う」

c.「完璧なコミュニケーションは，聴衆が話し手のメッセージを意図どおりに受け取るため，めったに起こらない」 hardly ever「めったに～しない」 take place「発生する」

d.「コミュニケーションの重要点は，言葉の選択にあるのではなく，解釈されるままのメッセージにある」 essence「重要な特質」 lie in ～「～にある」

e.「会話においては，私たちは，言葉によってよりも，声のトーンによる方が，メッセージを誤解する可能性が高い」 misinterpret「～を誤って解釈する」

f.「私たちは，その人がいつ機嫌がよくないのかは，会話全体が無礼なコメントばかりであるのでわかる」

　まず，第 2 段第 1 文（Communication is not …）に，「コミュニケーションとは，発する言葉ではなく，受け止められるメッセージや聞き手の中に引き起こす反応に関係するもの」と書かれており，d が内容に一致していることがわかる。さらに，第 3 段第 4 文（Very often it …）に「メッセージが誤って解釈される原因は，言葉ではなく，むしろ声のトーンであることがよくある」といったことが書かれており，e が内容に一致していることがわかる。正解は d と e。

　a については，第 1 段第 3・4 文（However, it's easy … mastry of words.）に，「私たちは，コミュニケーションとは話したり書いたりする形でお互いに何かを伝えることだと考え，効果的な伝達者になるためには，言葉に熟達することが必要となる」という内容のことが書かれているが，話したり書いたりすることを軽視したり，コミュニケーション力を上げる

努力はしないとは書かれておらず，内容不一致である。bについては，第
1段第7文（We want our …）に，「聴衆に，理解したり何かの感情を感
じたり，何らかの反応をしてほしい」といったことが書かれているが，話
し手の反応に注目してほしいとは書かれておらず，むしろ話し手が聞き手
の反応に注目するのであるため，不一致である。またcについては，第1
段最終2文（Truly effective communication … has been accomplished.）
に，「真に効果的なコミュニケーションは，私たちの意図どおりに解釈・
理解・記憶され，私たちの望むように実行されるときに起こるが，そのよ
うなことは起こらない」といった内容が書かれている。つまり，メッセー
ジは，話し手の意図どおりには伝わらないということであり，不一致であ
ることがわかる。さらに，fについては，第3段最終文（The reason
you …）に，「誰かが機嫌がよくないとわかるのは，その人のトーンが会
話全体をそういう枠にはめるから」ということが書かれており，会話全体
が無礼なコメントだらけであるからとは書かれておらず，不一致である。

Ⅲ　解答

A．(1)— c　　(2)— a　　(3)— b　　(4)— d
B．(ア)— a　　(イ)— b　　(ウ)— d　　(エ)— b
C— b・d　（順不同）

━━━━━━━◆全　訳◆━━━━━━━

≪奇跡のロッキングチェア≫

　1944年の夏，私は8歳だった。私は活動的な子供で，ニュージージ
ー北部にある私たちの家の周りにある森を探検するのを楽しんでいた。そ
れらの冒険の一つの間に，私は一軒の古い家を偶然見つけた。それは崩れ，
腐っていたが，誰かが住んでいた証拠が地面のあちこちに散らばっていた。
それらのかけらのいくつかを集めると，貴重な木材で作られた小さなロッ
キングチェアの大部分が集められたことがわかった。それは，まるで森の
中で何回もの冬を耐えてきたかのように見えた。

　私は，それらのかけらを母のところに持って帰った（父は，海軍ととも
に海外の太平洋にいた）。母は，骨董品が大好きで，特に，アメリカの植
民地時代の家具がお気に入りだった。彼女は，それらのかけらをトレント
ン近くにある彼女の知っている修復業者に持って行った。彼は，二，三の
なくなっている部品を付け替えて，その椅子を組み立てなおした。

　その椅子は，植民地時代の子供用のロッキングチェアの，すばらしい見本であることがわかった。私は子供の間ずっとその椅子を私の部屋に置いておいた。あるとき，朝食用のシリアルの箱から何枚かの小さな鳥のステッカーを手に入れ，それらを背もたれの上に貼った。その復元された椅子は，真に私のものである最初の家具だった。それは，私が大学を卒業したのちに，最終的に西海岸までやってきた。それは，アパートから賃貸住宅，私が最終的に自分の家族用に建てた家に至るまで，多くの引っ越しを経験した。1977 年，その椅子は，賃貸住宅からワシントン州のピュージェット湾の島にある現在の住宅までの引っ越しの間になくなってしまった。どうやらその椅子は，家具を島の別の場所から移動させていたトラックから落ちてしまったようだった。椅子がなくなったことで，私は気持ちが沈んでしまった。私は，決まったようにいつもその椅子のことを思い出し，引っ越しの際に，もっと注意を払わなかったことで自分を責めていた。

　10 年後，その島（その島は長さが約 20 マイルある）の主要幹線道路を車で走っていて，地域の骨董品店の正面によく似た子供用のロッキングチェアを見つけた。それは私の椅子ではなかったが，私になくしたあの椅子のことを思い出させた。私は車を止め，友人であるその店の店主に，店の正面にある椅子に対していくらほしいのか尋ねた。会話の最中に，私は彼女に私のなくしてしまった椅子のことを話し，細部にわたって説明した。彼女は，非常に不思議そうに私を見始めてこう言った。「それは，私が最近カリフォルニアの業者に売った椅子のように思えるわ。実のところ，それは今 2 階の倉庫にあるの。明日その業者に向けて船で送られる予定のものなのよ」　私は彼女に，私の椅子は背もたれのところにアヒルのステッカーが貼ってあると言った。するとその店主は，その椅子を調べるために 2 階に上がったのだった。ステッカーは私が伝えたまさにその場所にあり，それが，彼女に必要な証拠の全てであった。言うまでもなく，私はその椅子を取り戻したのだった。それは，今，私の子供時代の他のものがいっぱい入っている特別室に鎮座している。

■■■■■■■■■■ ◀解　説▶ ■■■■■■■■■■

A. ⑴　a．「～を続けた」　b．「～を受けた」　c．「～を切り抜けて生き残った」　d．「～を占めた」

　当該部分は，「その椅子は，まるで何回もの冬を（　　　）したかのよ

うに見えた」という意味である。家と同様，その椅子の部品もボロボロになっていたと推測でき，文脈的に適切なのは，cのsurvived。椅子が何回もの冬を，a.「続けた」，b.「受けた」，d.「占めた」では，意味が通じない。

(2) a.「見たところ～らしい」 b.「さらにもっと」 c.「しかしながら」 d.「幸運なことに」

空所の直前には，その椅子は，引っ越しの間になくなったこと，直後には荷物を移動させていたトラックから落ちてしまったことがそれぞれ書かれているが，それをつなぐのに適切なものを考えることになる。bやc，dでは話がつながらず，正解はaのApparently。

(3) a.「～すべき」 b.「よく～したものだった」 c.「～できた」 d.「～しなければならない」

ポイントは，空所の前にあるRegularly「決まったように～する」という副詞である。そこから，規則的な過去の習慣を示すbのwouldが最適だとわかるであろう。正解はbのwould。後悔して何度も自分を責めたという主旨が完成し，文脈に適う。aのshouldやdのmustでは，なぜremember the chairすべきなのか，あるいはしなければならないのかについての理由が不明なため，不適である。またcのcouldでは，blame myselfとのつながりを見ると，「自分を責めることができた」となり，なぜそうなのかが不明なため，不適である。

(4) a.「～かどうか」 b.「どのくらい強く」 c.「なぜ」 d.「いくら」

空所の直前には挿入句のwho was a friend of mineがあり，それを省いて考えると，空所以下の内容は，askedの目的語であることがわかるだろう。彼女は骨董品店の店主で，椅子を売っているのであるから，彼女がほしがっているのは椅子ではないことは推測できる。それを考えると，aやb，cでは，彼女は椅子をほしがっているという文脈になってしまい，不適である。正解はdのhow much。正面に置いてある椅子にいくらの値段をつけているのかを尋ねたことになる。

B. (ア) happened upon「～を偶然見つけた」

a.「偶然出くわした」，b.「ときおり歩み入った」，c.「しばしば通り過ぎた」，d.「ときどき～に発生する」で，aのaccidentally came across が最も近い。

(イ)　It eventually came to「最終的に～にきた」

 a.「ある日私は～に引っ越した」

 b.「最後は，私はそれを私（の移動）とともに持ってきた」

 c.「私はついに～にある店にそれを送った」

 d.「ついに私は，それを～の上で手に入れた」

　下線部の It はその椅子のことで，それが私の引っ越しによって東海岸のニュージャージーから西海岸へとやってきたことを伝えている。文脈から考えると，私がその椅子を c.「店に送った」のでもなく，d.「西海岸で手に入れた」のでもないため，c，dは不適である。また，aについては，私が引っ越したという主旨のため，椅子が西海岸にやってきたという情報が欠落してしまうため不適。one day には eventually の意味もない。bの In the end, I brought it along with me to が最も近い。

(ウ)　that was all the proof she needed「それが，彼女が必要とした証拠のすべてであった」 proof「証拠」

 a.「彼女はその椅子のためにすべてのお金を手に入れた」

 b.「彼女は，それが私の椅子であることを証明した」 prove「～ということを証明する」

 c.「彼女は十分に信頼されていた」

 d.「彼女は納得した」 be convinced「納得して」

bとdで迷ったかもしれないが，椅子が筆者のものであることを証明したのは彼女ではなく，ステッカーである。よって，最も近いのは，dの she was convinced。彼女は，その椅子が筆者のものであったということを納得したということである。

(エ)　It now sits「それは今や鎮座している」

 a.「私は～を次々と作動させる」

 b.「私はそれを置いている」

 c.「私はそれの上に座るのを楽しんでいる」

 d.「私はそれを閉じた」

　It はその椅子のことであり，最も近いのは，bの I put it である。

C.　a.「筆者は，朽ちた家の中でロッキングチェアの全てのかけらをどのようにして見つけたのかを述べている」 describe「～を述べる」

ruined「破壊された」

ｂ．「筆者の母親も同様にロッキングチェアが気に入ったと考えるのは，無理のないことである」 reasonable「道理にかなった，筋のとおった」 as well「同様に」

ｃ．「筆者は子供時代に現在の家に引っ越している間にロッキングチェアをなくした」 current「現在の」

ｄ．「筆者はそのロッキングチェアをなくしてから10年後に再び見つけた」 decade「10年間」

ｅ．「筆者はその骨董品店で売られているロッキングチェアが自分のものであると一目見てわかった」 at first sight「一目で」

ｆ．「骨董品店の店主は，初めてロッキングチェアを手に入れたときにアヒルのステッカーに気づいた」 acquire「〜を手に入れる」

　まず，第2段第2・3文（My mother loved … down near Trenton.）に，筆者の母親が骨董品が大好きで，筆者が拾ってきた椅子のかけらを修復業者に持って行っていることから，母親もそのロッキングチェアが好きであると考えられ，ｂが本文の内容に一致している。また，最終段第1文（Ten years later …）や最終段全体から，筆者がなくしてしまった椅子に10年後にまた会えたことが書かれており，ｄも本文の内容に一致している。正解はｂとｄである。

　ａについては，第1段第5文（I gathered up …）には，筆者が集めたのはかけらの全てではなく，一部であることが書かれており，内容に一致していない。さらに，ｃについては，第3段第7文（In 1977 the chair …）に，椅子を失ったのは1977年で，1944年に8歳であった筆者はそのときもう40歳台で，子供時代ではないため，内容に合っていない。また，ｅについては，最終段第2文（It wasn't my chair, but …）に，骨董品店で売られていたロッキングチェアは自分のものではないことがわかったが，その後に，自分の椅子が倉庫にあることがわかったことが書かれていて，初めてみたときに自分のものだとわかったのではないため，一致していない。さらに，ｆについては，最終段の最後から4文目（The store owner …）に椅子を調べるために2階に上がっていったと書かれており，初めて手に入れたときにステッカーがあるのに気づいたとは書かれていないので，不一致である。

IV 解答

(1)— d　(2)— c　(3)— a　(4)— d　(5)— c　(6)— d
(7)— b　(8)— a　(9)— b　⑽— d

◀解　説▶

⑴「新しい道路を建設するという計画は，地域住民たちに反対された」
construct「～を建設する」 resident「居住者」 be objected to ～「～に
反対される」 ポイントは，object（自動詞）の語法。object to で「～に
反対する」の意味で，Local residents objected to the plan to construct
a new road. の受動態だと考えるとわかりやすい。 a の has objected や b
の objected では，the plan が反対することになるため，不適。また，
object to を受け身にした場合，to が必要であるので， c も不適。正解は，
d の was objected to。

⑵「その報告書は，その事故の原因についての詳細をほとんど含んでいな
かったのががっかりさせるようなことだとわかった」→「その報告書は，そ
の事故の原因についての詳細をほとんど含んでいなかったことにがっかり
した」 ポイントは2つ。1つ目は，it が形式目的語であること。もう1
つは，find Ｏ Ｃ「ＯがＣであるとわかる」のＣにくるものの形である。1
つ目について，it は that 以下の節の内容「その報告書は，その事故の原
因についての詳細をほとんど含んでいないこと」を指していて，find の目
的語になっている。さらに，2つ目については，Ｃ（補語）にあたるもの
は，名詞か形容詞となるため，まず a の disappoint「～をがっかりさせる
（動詞）」は，不適である。さらに，find Ｏ Ｃ は find that O is C と言い
換えることもでき，it is disappointed か it is disappointing か it is
disappointment かを考えることになる。d については，disappointment
「落胆」は抽象的な内容を表す名詞であるが，He is kindness.「彼は親切
さである」とは言わないのと同じように，〈it（＝that 以下という具体的な
内容）is 抽象名詞〉とは言わないため，不適である。さらに，it は，〈人〉
ではないため， b の disappointed「がっかりさせられて」は意味上入らな
い。正解は， c の disappointing「がっかりさせるような」。

⑶「その写真家たちは，保護エリアに入るためにはその許可が必要である
監視員に紹介をされた」 permission「許可」 ポイントは，空所の直後に
ある無冠詞の名詞。選択肢はどれも関係詞だと考えられるが，まず， b の
which については，which の後ろに無冠詞の名詞が付くのは，関係詞の継

続用法（前に「, 」が付く用法）で，しかもその名詞に関して前の文でふれている場合である（例：He spoke to me in Germany, <u>which language</u> I have never studied.「彼は私にドイツ語で話しかけたが，その言語は私は学習したことがない」）。ここでは，継続用法でもなく，前で permission についてふれていないため，b は不適である。また，c の what については，後ろに無冠詞の名詞が付くことが可能な場合があるが，それは，「～する全ての[名詞]」という意味で使われるもので，ここでは，意味的にも文法的にも前の文とつながらず，不適である。さらに，d の that については，関係代名詞としての that には後ろに無冠詞の名詞が付く用法はなく，また，「あの」という意味の指示語だとしても，前の文と文法的につながらず，不適である。正解は a の whose。whose は後ろに無冠詞の名詞が付くことが可能な関係代名詞である。

⑷「この画廊は，小さいけれども，世界的に有名な芸術家による絵をたくさん集めている」 small (　　　) it is はコンマで囲まれた挿入句で，この部分だけを考えればよい問題である。まず，a の even は，副詞の用法しかなく，修飾しているものが見当たらないため，不適である。また，b の but「けれども」も c の yet「だがしかし」も，内容的に後ろには small と対応するもの（例：small but strong「小さいけれども強い」）がくるもので，it is では意味が通じない。正解は d の though。though は，though it is small が普通の形。C（補語）though S V で「S は V であるけれども」の意味を表す少し文学的な表現である。

⑸「たいていの場合，若年成人たちは，大学生活を始める際に初めて家から離れて暮らす」 more often than not「たいていの場合」 これは，イディオム問題であり，c の not が正解。

⑹「もし，私たちの活動について情報を伝え続けてほしいのなら，私たちのメーリングリストに入ってください」 informed「情報を伝えられている」 まず，a の As you wish については，wish to とならないと後ろの be にはつながらないため，不適。また，b の If you had wished to については，仮定法過去完了の形で，「あのとき～していたら」という意味になり，後ろの please join … の文とは意味がつながらないため，不適である。さらに，c の Wishing you to については，wish *A* to *do* で「*A* が～するのを望む」の意味であるが，you が情報をもらい続けるのを誰が望ん

でいるのかと考えると，意味がつながらず不適である。正解は d の Should you wish to。If が省略された仮定法の文で，＝If you should wish to *do*「もし万が一〜したいと思うなら」である。

⑺「あなたの手紙に返事するのがとても遅いことをあなたに謝らなくてはなりません」 reply「返事する」 apologize の語法の問題である。apologize は自動詞で，謝罪する対象には to が必要である。また，その謝罪の理由・内容については for を付けて表現する。apologize to *A* for *B* で「*B* のことで *A* に謝罪する」となり，正解は b の to you for being である。

⑻「私の家族のために，全ての人に楽しいクリスマスと穏やかで豊かな新年が訪れることを望みます」 may I wish「〜であるように望む」（疑問文ではなく祈願文） prosperous「繁栄した，順調な」 1 つずつ入れて意味を考えるとよい。a の behalf では，on behalf of 〜 で「〜のために，〜を代表して」の意味。b では，on (the) condition that 〜「〜という条件で」という意味にはなるため，on condition of 〜 も「〜の条件で」という意味になると推測できる。また c の matters は「問題」という意味なので，on matters of 〜 は「〜の問題に関して」という意味になると推測できる。さらに，d の top では，on top of 〜「〜の上に」の意味になる。これらを文脈の中で考えていくと，最も適当なのは，a の behalf であるとわかる。

⑼「彼らの抗議があるにもかかわらず，その教官はコンテストのために 1 日 6 時間練習することを要求した」 In spite of 〜「〜（がある）にもかかわらず」 選択肢の動詞の語法の問題である。a の order は「命令する」の意味で，order *A* to *do*「*A* に〜するよう命じる」や order that 節「〜するよう命じる」の形となり，不適である。また，c の suggested to は，suggest が他動詞で，「〜を提案する」の意味である。他動詞であるため，to は不要で，suggested to は不適である。さらに，d の listened「聴く」は，listen to 〜 で「〜を聴く」となる自動詞である。問題文では，空所の後ろにすぐ目的語があるため，自動詞 listened は不適である。正解は b の insisted on「〜を主張する，要求する」。

⑽「その哲学者は，考えにどっぷり浸ってしまうため，時々自分がどこにいるのかわからなくなることがあることで知られていた」 philosopher

「哲学者」 get lost「夢中になって，わからなくなって」 thought「思考」（動詞ではないことに注意！） これは，get lost in thought で「思考にふける，考えることに夢中になる」という意味であり，正解はdの in である。lost は「失って，迷って」で，get lost in thought で「思考の中にどっぷりつかって自分を見失ってしまう」といった意味と考えればよいだろう。

Ⅴ　解答

（3番目・6番目の順に）(1)— c・b　(2)— h・a
(3)— a・d　(4)— b・f　(5)— g・h

◀解　説▶

(1) (I don't know) what to wear because it's much too warm for (January.) ポイントは，「あまりに暖かすぎるので」の表現をどうするかである。「暖かすぎる」は普通 too warm を思いつくだろうが，そうすると much が余ってしまう。much は形容詞の比較級や最上級は修飾できるが，原級は修飾できないため，too much warm や warm too much とは言えない。しかし，much は too を修飾できるため，much too warm は可能である。また，「1月にしては」は「～にしては，～の割には」を表す for を使う。

(2) (According to the new article,) the number of people adopting cats from shelters is growing(.) adopt「～を養子にする」 ポイントは，「～の人が増えている」のところをどんな表現にするかということである。まず，述語動詞になりそうなのは選択肢の中には is しか見当たらないため，主語は people ではないことがわかる。それ以外で主語になりそうなのは number があり，「～する人の数が増えている」と考えれば，the number of people is growing とつながる。あとは，adopting cats from shelters を people を後置修飾する位置に置けばよい。

(3) (Her) humorous story brought a smile to the face of (everyone in the class.) ポイントは，主語と動詞を何にするかである。問題文は過去の文であるため，述語動詞になるのは brought「～をもたらした」しかない。「彼女のおかしな話で笑顔になった」→「彼女のおかしな話が笑顔をもたらした」と考えると，Her humorous story brought a smile と，まずつながる。名詞の smile は数えられる名詞なので，a を付けるのを忘れな

いように。あとは，残っている of, the face, to を，to the face of「～の顔に」とつなぐことになる。

(4) (These are our goals, some) of which I know will require a great effort (to achieve.)　ポイントは，「私は知っている」をどこに置くかである。まず，「そのいくつか」を表すのに，問題文には接続詞が見当たらないため，接続詞の意味を含む継続用法の関係代名詞 which がきて，some of which となる。そして「多大の努力を要する」は，そのまま will require a great effort とつながる。次が最大のポイントで I know をどこに置くかである。基本的に，I know や I think などの挿入句は，関係詞や疑問詞の直後で動詞の前に置く（例：The lady who I thought was my teacher was a stranger.「私の先生だと思った女性は，見知らぬ人だった」）。I know は which と will の間に置くことが適切。

(5) (The castle was visited was huge and) its garden extended all the way to the bank (of the river.)　extend「（道などが）伸びる」　まず，述語動詞になり得るのは，extended。「その庭園は川岸まで広がっていた」は，extend to ～で「～まで伸びる」を知っていれば，あまり悩むことなく it's garden extended to the bank of the river とつなぐことができるであろう。残っている all the way で「はるばる」の意味にはなるが，どこに置くかがポイントとなる。the bank of the river は離すことができないため，extended to the bank all the way of the river とはできないが，all the way from London「はるばるロンドンから」などのように，all the way は前から前置詞句（from London）を修飾できることから，all the way to the bank とつなぐことができる。

VI　解答

(1)— b　(2)— d　(3)— a　(4)— d　(5)— c　(6)— a
(7)— b　(8)— d　(9)— b　(10)— c

◆全　訳◆

≪お母さんの誕生日プレゼント選び≫

　サトミは大学生で，洋服店で買い物をしている。彼女はたまたまそこでアルバイトをしているクラスメートのユキに出会う。

サトミ：あら，ユキ！　びっくりしたわ！　この前この店に来たときには，あなたに会わなかったと思うけど。どのくらいここで働いている

　　　　　の？

ユキ　　：会えてうれしいわ！　この店に来てくれてありがとう。この店で
　　　　　週末に働いて今で 1 年ぐらいになるわ。だから，この店にどんな
　　　　　商品があるかについてしっかり知っているわよ。何か特に探して
　　　　　いるものがあるの？

サトミ：そうなのよ。お母さんの誕生日にスカーフを買いたいなと思って
　　　　　いるの。お店の人のお勧めはたいてい話半分に聞くんだけど，あ
　　　　　なたのアドバイスなら話は違うわ。何か提案はある？

ユキ　　：そうねえ…。そうだわ！　あの黄色いスカーフはどう？　あなた
　　　　　のお母様を元気にするんじゃない？　明らかに，それはとてもよ
　　　　　い品質で，だから長くもつのよ。

サトミ：それに，価格もお手ごろだし。よさそうだけど，まだ決められな
　　　　　いわ。あそこの青いスカーフにも興味があるの。あれもきれいだ
　　　　　と思わない？　この店にはきれいなスカーフがとてもたくさんあ
　　　　　って，1 つだけを選ぶのは難しいわ！

ユキ　　：わかるわ──この店は，スカーフの品ぞろえが本当にいいもの。
　　　　　黄色はあまり今年の流行色じゃないけれど，このスカーフは布地
　　　　　が高品質でデザインも優雅だから，とても人気があるの。そう思
　　　　　わない？　独自のルートで品を調達しているので他のお店では見
　　　　　つけられないわよ。

サトミ：うーん。あなたの話を聞いていて，黄色のスカーフを選びたいよ
　　　　　うな気分だわ。つまりね，それを買うわ。アドバイスありがとう。

ユキ　　：どういたしまして！　あなたのお母様はきっとこのスカーフを気
　　　　　に入ってくださるわよ。あなたがお母様にぴったりだと思うもの
　　　　　を買うのが一番よ。

サトミ：お母さんにこんな素敵なプレゼントを買えて，とてもうれしいわ。
　　　　　あ，いけない！　手持ちの現金が少ないわ！　クレジットカード
　　　　　での支払いでもいいかしら？

ユキ　　：もちろんよ。カードを預からせてね。カードの処理を待つだけよ。
　　　　　ほら，手続きが終わったわ。カードを返しますね。はい，スカー
　　　　　フとレシート。レシートは袋の中に入れておく？

サトミ：そうね，お願いするわ，ありがとう！　今やあらゆる品物がオン

ラインで買えるわよね。でも，これみたいな大切なプレゼントは，
直接人に会って買う方がいいわ。

ユキ　：私が流行の傾向を知っているからだけじゃなくて，対面での顧客
　　　　サービスのよさがわかってもいるから，あなたの言うことがとて
　　　　もよくわかるわ。お母様によろしく伝えてね！

サトミ：もちろんよ！　じゃあ，ごきげんよう！

━━━━━━━━◀解　説▶━━━━━━━━

(1)　a.「あなたはなぜここで働き始めたの？」
b.「どのくらいここで働いているの？」
c.「ここで誰と一緒に働いているの？」
d.「ここでどのくらい働くのを楽しんでいるの？」

　直前でサトミは「この前私がこの店に来たときはいなかったよね」と言
い，直後のユキの話の中で，「1 年ぐらい働いている」と言っているので，
いつ頃からここで働いているのか尋ねていると推測できる。正解は，bの
How long have you been working here? である。他のものでは，文脈に
合わない。

(2)　a.「この日に」　b.「ある程度まで」　c.「それ以外に」　d.「特
に」

　正解は，dの in particular。他のものでは，意味が通じない。直後のサ
トミの第 2 発言（I wanted to …）で，母の誕生日プレゼントにスカーフ
を探している旨が述べられているので，探し物が限定されていることがわ
かる。

(3)　a.「話半分に（聞く）」　b.「朝飯前のこととして」　c.「青天のへ
きれきで」　d.「漠然として」

　空所の前後で，「いつもなら店員さんのお勧めは（　　　）だけど，あ
なたのアドバイスなら話は違うわ」という流れになり，その後，ユキのお
勧めのものを買っていることから，空所には，「重視しない」とか「無視
する」といった意味が入るものと考えられる。正解は，aの with a grain
of salt。直訳は「塩の一粒で」。他の b，c，dでは，話がつながらない。

(4)　a.「難しすぎて理解できない」　b.「それは驚きだ」　c.「もうた
くさんだ」　d.「まだはっきりとはわからない」

　空所の前までは，ユキの勧める黄色いスカーフが価格も手ごろだし，気

に入っているようだが，空所の後ろでは，別の青いスカーフにも関心を持っている様子である。それをつなぐのに適切なものを探すと，bの that'll be the day やcの give me a break では，全く話がつながらないし，また，難しい話もしていないのでaの it's above my head も入らない。正解は，まだ黄色のスカーフには決められないという意味を伝えるdの I'm still not sure。

⑸　a.「それは話にならない，不可能だ」　b.「これは私がおごるよ」　c.「それを買うわ」　d.「それでおしまい」

　空所の直前の In fact は，「要するに」など，前の内容を要約するときに使う表現である。前の内容とは，「黄色のスカーフを選びたいような気分だわ」で，kind of を使って曖昧にぼかして伝えているが，In fact の後でそれをはっきりと言い換えていると考えられる。その後の2人の会話から，サトミが黄色のスカーフを買ったことがわかるので，正解はcの I'll take it。a，b，dでは話がつながらない。

⑹　a.「どういたしまして」　b.「かなりのものよ」　c.「自業自得よ」　d.「その調子よ」

　直前にサトミがユキのアドバイスに対してお礼を言っていて，それに対する反応だと思われる。b，c，dでは話がつながらず，正解はaの Not at all! である。not at all は直訳すると「全く～ない」だが，謝礼に対しては，「謝礼に値するほどのことでは全くない」といった謙遜の意味になる。

⑺　a.「のどまで出かかってるけど思い出せない」
b.「現金を十分に持っていない」
c.「ものすごい勢いで売れている」
d.「そうはならないと思う」

　買う品が決まった段階で，「あ，いけない！」「クレジットカードでの支払いでもいい？」と言っていることから，クレジットカード以外での支払いをしようと思っていたのに，それがないような状況であると推測できる。正解は，bの I'm low on cash! である。他のものでは，話がつながらない。

⑻　a.「これが最後」　b.「準備完了」　c.「お釣りはいらない」　d.「ほら，手続きが進んだ」

クレジットカードで支払いをしている場面を思い浮かべると，ｃの Keep the change. では，話が通じない。また，ａやｂでは，話がつながらない。正解は，ｄの There we go. である。ここではないどこかで物事が進んでいるという意味である。発話者を含む複数人がある出来事が生じるのを待っていて，最終的にそれが生じた場合に使う表現。

⑼　ａ．「場合に応じて」　ｂ．「直接人に会って」　ｃ．「間違いなく」　ｄ．「意図的に」

空所の前後の部分で，「いろんなものがオンラインで買えるけれど，大切なものは（　　　）で買う方がいい」と言っているので，オンラインに対応するものが空所に入ると考えられる。ｃやｄでは，話がつながらない。また，ａとｂで迷ったかもしれないが，ａでは，次のユキの話で，「対面での顧客サービス」とあり，対面での販売に話が限定されると考えられるため，不適である。正解はｂの in person。

⑽　ａ．「～を楽しみに待っている」　ｂ．「～に心から感謝している」　ｃ．「～によろしく」　ｄ．「～に私の言葉を信じて」

ユキはサトミのお母さんにこれから会うわけでもないので，ａは入らない。また，ｂやｄも内容がつながらない。正解はｃの Give my best to。Give my best regards to ～「～によろしく」の regards「敬意，尊重」が省略された形だと考えられる。

❖講　評

例年通り，全問マーク式で，試験時間 90 分である。問題の構成も，読解問題 3 題，文法・語彙問題 2 題，会話文問題 1 題の計 6 題で，2022 年度までと変わらない。

読解問題については，Ⅰは，2022 年度より若干短く，グリニッジ標準時の設定に関わる 700 語を超えた長文である。さまざまなエピソードが組み込まれているため，読みづらく感じるかもしれないが，基本的には時系列で書かれているため，いつ・どこで・何があったのかを整理しながら読んでいくと，理解はそれほど難しくはない英文である。また，設問は，特に難しいものはないが，文中で表している内容を読み取る問題は，英文の意味を取るというより，文脈を捕らえる問題としての出題が増えている。Ⅱは，例年より少し短くなった 2022 年度とほぼ同じ

400語弱の英文である。コミュニケーションにおいて重要な点を題材にした文章で，パラグラフが4つしかなく，しかも語彙は基本的なものが多いため，トピックセンテンスを読み取りながら，パラグラフごとの流れをとらえることができれば，十分に読み取ることができる。設問は特に難しいものはないが，内容を読み取る力が必要な問題が増えている。また，get acrossなど略式表現と言われるものの知識も必要である。Ⅲは，思い出深いロッキングチェアとのエピソードを題材にした文章である。具体的な内容が時の経過とともに書かれ，しかも比較的平易な語彙が使われているため，理解しやすい英文であろう。また，難しい設問もほぼなく，基本的なことをしっかり押さえていれば，解答できるものがほとんどである。

　文法・語彙問題は，Ⅳは空所補充で，例年と同様，学校での授業をよく理解していれば十分に解答できる標準的なものがほとんどである。また，Ⅴは語句整序で，複雑な問題もなく，英語でよく使われる表現を日々学習しておけばほとんど答えられる，おおむね標準レベルの問題である。

　Ⅵの会話文問題は空所補充で，例年並みの長さの文章で，流れをしっかり把握することが必要な設問がほとんどである。内容としては標準レベルであるが，会話でよく使われるイディオムをしっかり学習しておくとよいだろう。

　全体としては，90分の試験時間の割には，依然として分量が多めである。解答するには，例年同様，基本的な語彙・文法・語法などの知識をしっかりと身につけておくのに加え，英文を素早くしかも内容を整理しながら正確に読み進める力が必要となるだろう。

問　題

(90分)

〔Ⅰ〕 次の英文を読み、下記の設問（A～D）に答えなさい。

　　Farming is often viewed as an old-fashioned way of life, but from an evolutionary perspective, it is both a recent and a unique way to live. (　1　), farming originated independently in several different locations, from Asia to the Andes, within a few thousand years of the end of the Ice Age. An interesting question to ask is why farming developed in so many places and in such a short span of time after millions of years of hunting and gathering.

　　There is no single answer to this question, but one factor might have been global climate change. The Ice Age ended 11,700 years ago, and then the Holocene epoch* started, which has not only been warmer than the Ice Age, but also more stable, with fewer changes in temperature and rainfall. During the Ice Age, hunter-gatherers sometimes attempted to cultivate plants through trial and error, but (ア)their experiments didn't take root, perhaps because they were brought to an end by extreme and rapid climate change. Experiments with cultivation had a greater chance of being successful during the Holocene, when regional rainfall and temperature patterns persisted reliably with little change from year to year and from decade to decade. Predictable, consistent weather may be helpful for hunter-gatherers, but it is essential for farmers.

　　A far more important factor that worked in the origin of farming in different parts of the globe was population stress. Research shows that campsites—places people lived— became more numerous and larger once the Ice Age started to end around 18,000 years ago. As the polar ice caps began to melt and the Earth began to warm, hunter-gatherers experienced (イ)a population boom. Having more children may seem like an advantage, but it can also be a source of great stress to hunter-gatherer communities who struggle to survive in high population densities. Even when climatic conditions were relatively favorable, feeding additional (　2　) would have put those looking for food under considerable pressure to supplement their typical gathering efforts by cultivating plants that they could eat. This incentive to cultivate became stronger when larger families needed to be fed.

It is not hard to imagine farming developing over many decades or centuries in much the same way that a hobby can turn into a profession.　At first, growing food through casual cultivation was a supplemental activity to help feed big families, but the combination of more children to feed plus favorable environmental conditions increased the benefits of growing plants relative to the costs.　Over generations, cultivated plants evolved into domesticated** crops, and these casual gardens turned into farms.　Food became more (　3　).

Whatever factors turned hunter-gatherers into full-time farmers, the origin of farming (ウ)set in motion several major transformations wherever and whenever it occurred. Hunter-gatherers tended to migrate frequently, but early farmers benefited from settling down into permanent villages to take care of their crops, fields, and farm animals year-round.　Pioneer farmers also domesticated certain plant species by selecting—either consciously or unconsciously—plants that were larger and more nutritious as well as easier to grow, harvest, and process.　Within generations, such selection transformed the plants, making them dependent on humans to reproduce.　For example, the wild ancestor of corn had just a few, loosely held yellow seeds that easily peeled off from the plant (エ)when ripe.　As humans selected corn plants with bigger, more numerous, and less removable seeds, these plants became dependent on humans to remove and to plant the seeds by hand.

These processes happened somewhat differently at least seven times in diverse places such as southwestern Asia, China, the Andes, the southeastern United States, sub-Saharan Africa, and the highlands of New Guinea.　The best-studied center of agricultural innovation is Southwest Asia, where nearly a century of intensive research has revealed a detailed picture of how hunter-gatherers invented farming, promoted by a combination of climatic and ecological pressures.

Just as cultivated crops took the place of gathered plants, domesticated animals took the place of the hunted ones.　Farmers also started to domesticate certain animals, such as sheep, pigs, cattle, and chickens, primarily by selecting for qualities that made these creatures more easily controllable.　Less aggressive animals were more likely to be chosen for breeding since they were more controllable.　Farmers also selected for other useful qualities such as rapid growth, more milk, and better tolerance to drought.　In most cases, these animals became as dependent on humans as we have come to (　4　) them.

*the Holocene epoch：完新世（約 1 万年前から現在まで）
**domesticate：栽培する、家畜化する

出典追記：The Story of the Human Body：Evolution, Health, and Disease by Daniel E. Lieberman, Knopf Doubleday Publishing Group

設　問

A. 本文中の空所（１〜４）に入れるのに最も適当なものを、それぞれ下記（ a 〜 d ）の中から１つ
　選び、その記号をマークしなさい。

- （１）　a．What's more　　　　　　　　　b．In conclusion
　　　　　c．Unfortunately　　　　　　　　d．Frankly speaking
- （２）　a．ears　　　　b．lips　　　　c．mouths　　　　d．arms
- （３）　a．sensitive　　　b．reluctant　　　c．suggestive　　　d．predictable
- （４）　a．put up with　　　b．depend on　　　c．put off　　　d．get rid of

B. 本文中の下線部（ア〜エ）の文中での意味に最も近いものを、それぞれ下記（ a 〜 d ）の中から
　１つ選び、その記号をマークしなさい。

- （ア）　their experiments didn't take root
　　　　a．the hunter-gatherers tried to pull out plant roots
　　　　b．the hunter-gatherers tried but failed to grow crops stably
　　　　c．the hunter-gatherers' experiments using animals were temporarily successful
　　　　d．the plants that hunter-gatherers grew did not produce a lot of roots

- （イ）　a population boom
　　　　a．a sharp increase in the number of people
　　　　b．a large peak in popularity
　　　　c．a great extension of their life
　　　　d．an enormous increase in the number of animals

- （ウ）　set in motion several major transformations
　　　　a．moved hunter-gatherers to the places where they could hunt big animals
　　　　b．did not start until a majority of people learned to cook food with fire
　　　　c．brought about big changes in how people lived and how they grew food
　　　　d．dramatically changed the way people hunted animals and cooked food

- （エ）　when ripe
　　　　a．whenever humans were mature
　　　　b．wherever the corn was harvested

c．when human ancestors gave birth

d．when the seeds were fully grown

C．次の英文（a ～ f）の中から本文の内容と一致するものを 2 つ選び、その記号を各段に 1 つずつマークしなさい。ただし、その順序は問いません。

a．Farming had already started in several different places at the same time before hunter-gatherers discovered it during the Ice Age.

b．Stable weather after the Ice Age played an important role in people cultivating plants successfully.

c．Hunter-gatherers lived in campsites with their families because they felt stressed when growing plants.

d．After sufficient food became available to humans, farming evolved into gardening as a casual form of cultivation.

e．Researchers took pictures of farming in Southwest Asia to investigate how it influenced the climate and environment there.

f．Animals chosen for domestication had qualities that were useful in helping people to have better lives.

D．本文中の二重下線部 Just as cultivated crops took the place of gathered plants, domesticated animals took the place of the hunted ones. を日本語に訳しなさい。答えは記述式解答用紙の所定欄に記入しなさい。

〔Ⅱ〕 次の英文を読み、下記の設問（A～D）に答えなさい。

Alcoholism is a disease in which the drinking of alcoholic beverages interferes with some aspect of life. A person who drinks alcohol, in spite of the fact that it results in the loss of health, a job, or good relationships with family, friends, and colleagues, is said to be suffering from alcoholism.

There is a great difference between social drinkers and compulsive drinkers. The social drinkers drink because they choose to. The compulsive drinkers drink because (ア)they must, in spite of knowing that drinking is affecting their lives in a (　1　) way.

Alcohol is one of a large group of drugs which help the user to relax and can cause sleep when used in large enough quantities. In fact, alcohol was one of the earliest of these drugs to be used.

Doctors are not sure why people become alcoholics—people who cannot stop drinking. There does not seem to be a particular type of personality likely to become an alcoholic. Alcoholism may affect people of all ethnicities and religions. It may affect both men and women, the old and the young, the rich and the poor.

Health authorities are disturbed by the great increase in the use of alcohol among young people in recent years. Alcohol is (　2　) the most common substance causing drug dependency among the teenage population.

The idea that the alcoholic is a person of bad character with poor morals is no longer widely held. Through the efforts of some research groups and organizations, alcoholism is now generally recognized (　3　) a disease. The alcoholic is an ill person who needs help and treatment.

People drink alcohol only for (イ)the effect it has on the way they feel. Social drinkers may get a feeling of relaxation and freedom from tension, whereas alcoholics often show a great change in personality. They may become angry and talkative, or quiet and depressed. Often a small amount of alcohol causes persons with alcoholism to feel even more anxious, sad, tense, and confused. They then seek relief by drinking more. This is how the alcoholic gets caught up in a web of ever-increasing need for and dependency on alcohol.

Many medical problems affect alcoholics. Serious damage to the liver, heart, stomach, and other organs can result from the overuse of alcohol. Many alcoholics do not eat properly, and some of their diseases are caused by poor nutrition (　4　) by the direct effects of alcohol on the body.

The most tragic effect of alcohol, (　5　), is the damage it causes to the brain. Patients find it difficult to concentrate, their memories are affected, and a few suffer even more serious brain damage.

Alcoholism has become (ウ)a leading cause of death in the young adult population of the United States. This is based on accidental deaths while under the influence of alcohol, resulting from, for example, drunken driving and fires started by carelessly dropped cigarettes.

Even though the exact cause of alcoholism is not known, the problems associated with this illness can be treated. For the alcoholic, the use of alcohol in any form must be forever avoided.

To achieve this aim, those organizations that try to solve people's drinking problem give patients guidance, support, and hope. Doctors, psychologists, and trained counselors can help motivate the patient to enter into a plan for recovery. Private rehabilitation centers have been established to help the alcoholic recovery. Many large businesses have also set up programs to help their employees who are alcoholics.

It is essential that research into better treatment methods, and, what is more important, into methods of prevention, be continued. (エ)Only in this way can progress be made in dealing with this major health problem.

設　問

A．本文中の空所（1〜5）に入れるのに最も適当なものを、それぞれ下記（a〜d）の中から1つ選び、その記号をマークしなさい。

（1）　a．keen　　　　　b．harmful　　　　c．positive　　　　d．proper
（2）　a．by far　　　　b．much less　　　c．all the better　　d．at best
（3）　a．as in　　　　b．as of　　　　　c．as to　　　　　　d．as
（4）　a．such as　　　b．regarding　　　c．as well as　　　d．considering
（5）　a．whichever　b．however　　　c．whoever　　　　d．whenever

B．本文中の下線部（ア〜エ）の文中での意味に最も近いものを、それぞれ下記（a〜d）の中から1つ選び、その記号をマークしなさい。

（ア）　they must
　　　a．they are forbidden to drink any alcohol
　　　b．they are always certain that they get drunk
　　　c．they have to follow their doctors' advice
　　　d．they cannot resist the temptation to drink

出典追記：The New Book of Knowledge, Grolier, Inc

（イ）the effect it has on the way they feel
　　　a．the damage that alcohol causes after they get drunk
　　　b．a change in emotions brought by alcohol
　　　c．the period of the influence of alcohol that continues while drinking
　　　d．the taste of the alcohol they enjoy when it is drunk with food

（ウ）a leading cause of
　　　a．an important means of preventing
　　　b．a factor to be excluded when coping with
　　　c．something that results in many cases of
　　　d．one of the often-mentioned aims to investigate

（エ）Only in this way can progress be made in dealing with this major health problem.
　　　a．Research on how to treat and prevent alcoholism is essential to solving alcohol-related problems.
　　　b．We haven't yet established any ways to deal with the health problems facing excessive drinkers.
　　　c．Of all approaches available to treat alcoholics, this method seems to be the most effective.
　　　d．Even if this method is adopted, little progress can be expected in dealing with the problem of alcoholism.

C．次の英文（a～f）の中から本文の内容と一致するものを2つ選び、その記号を各段に1つずつマークしなさい。ただし、その順序は問いません。

　　a．Social drinkers have no choice but to drink when they want to socialize with their coworkers after work.
　　b．Research has made clear why some people drink excessively, and now researchers have successfully developed effective treatments for alcoholism.
　　c．People can be addicted to alcohol, regardless of their personality, gender, ethnicity, age, or economic situation.
　　d．Alcoholics sometimes want to drink more because their disease can be cured with a large amount of alcohol.
　　e．People with alcoholism may have problems focusing due to the effects of alcohol

on the brain.

　　f . Doctors and trained counselors are criticized for not doing anything other than expecting large companies to help alcoholics to recover from their disease.

D. 本 文 中 の 二 重 下 線 部 This is how the alcoholic gets caught up in a web of ever-increasing need for and dependency on alcohol. を日本語に訳しなさい。答えは記述式解答用紙の所定欄に記入しなさい。

〔Ⅲ〕 次の英文を読み、下記の設問（A、B）に答えなさい。

　　The challenge of freshwater shortages and the gradual decrease in natural resources is rapidly emerging as one of the (ア)defining points of world politics and human civilization. A century of extraordinary freshwater abundance is being threatened by a new age characterized by inequalities in water wealth, lasting insufficiencies, and declining environmental sustainability across many of the most heavily populated parts of the planet. Oil conflicts played a central role in defining the history of the twentieth century, and the struggle to (イ)command increasingly scarce, usable water resources is set to shape the destinies of societies and the world order of the twenty-first century. Water is overtaking oil as the world's scarcest critical natural resource. But water is more than the new oil. Oil, in the end, is (ウ)substitutable, although painfully, by other fuel sources, or in extreme cases, it can be done without. On the other hand, water's uses are universal, irreplaceable by any other substance, and necessary for all kinds of life.

　　Over the past two centuries, freshwater usage has grown two times faster than population. About half the renewable global fresh water accessible to the most populated parts of the planet is being used. Simple math shows that past trends cannot be sustained. Throughout history human's capacity to obtain greater water supply from nature had been restricted only by their own technological limitations. Now, however, an additional, external obstacle has arisen to (エ)impose the critical constraint—the decrease of the renewable, accessible freshwater ecological systems upon which all human civilization ultimately depends.

　　What is the most prominent is that water shortage is creating a serious gap between freshwater Haves and Have-Nots across the political, economic, and social global landscapes of the twenty-first century. This first gap is international, among relatively well-watered industrial world citizens and those of water-starved, developing countries. Another gap is among those upriver who control river flows and their neighbors downstream whose survival depends upon receiving a sufficient amount of water. A third gap is among those nations with enough agricultural water to be self-sufficient in food and those dependent upon foreign imports to feed their large populations.

Water sharing is increasingly common in Water Have-Not societies. Internal conflicts and violent protests are likely to occur over scarce supplies and high prices. Inadequate water supply commonly (オ)manifests itself in the form of insufficient food output, or harmed industrial development as critical water inputs are sacrificed to the priority of agriculture. It also causes shortages in energy, whose modern production infrastructure is closely linked to having plentiful volumes of water used for cooling, power generation, and other purposes. A water shortage, if it lasts long, weakens the political confidence of people in their governments.

設　問

A．本文中の下線部（ア～オ）の文中での意味に最も近いものを、それぞれ下記（a～d）の中から
１つ選び、その記号をマークしなさい。

（ア）　defining
　　　　a．exclusive　　　　b．characterizing　　　c．vague　　　　d．defensive

（イ）　command
　　　　a．instruct　　　　b．reduce　　　　c．decide　　　　d．control

（ウ）　substitutable
　　　　a．available　　　　b．sustainable　　　　c．replaceable　　　　d．usable

（エ）　impose
　　　　a．place　　　　b．strike　　　　c．abandon　　　　d．scratch

（オ）　manifests
　　　　a．attracts　　　　b．neglects　　　　c．prohibits　　　　d．shows

B．次の英文（a～f）の中から本文の内容と一致するものを２つ選び、その記号を各段に１つずつ
マークしなさい。ただし、その順序は問いません。

　a．Fresh water is easy to obtain these days because every part of the world sustains their environment.
　b．Water is called the new oil because it exists on Earth in much larger quantities than oil.
　c．Freshwater consumption has increased so fast in the past two centuries that we now find it difficult to supply enough water to meet demand.
　d．Water is different from oil in that the former has no alternative resource, whereas

出典追記：Water by Steven Solomon, HarperCollins Publishers

the latter does.

e．Have–Nots include those countries which can control the flow of rivers for agriculture.

f．An insufficient water supply contributes to the political stability of a nation.

〔Ⅳ〕 次の英文（1～10）の空所に入れるのに最も適当なものを、それぞれ下記（a～d）の中から 1つ選び、その記号をマークしなさい。

（1） Scientists have to collect a lot of （　　　　） to prove their theories.

    a．evidence　　　　b．view　　　　　　c．idea　　　　　　d．figure

（2） I was （　　　　） that all I could do was lie on my bed and not move.

    a．as bored　　　　b．very boring　　　c．too tiring　　　　d．so exhausted

（3） （　　　　） you help others, the more they will help you.

    a．The more　　　　b．No more than　　c．Rather than　　　d．More and more

（4） She led her guests into the kitchen, （　　　　） they found her husband making coffee using a fancy new coffee maker.

    a．which　　　　　b．how　　　　　　c．where　　　　　d．who

（5） The actor wished the press （　　　　） taking pictures until the interview was over.

    a．would hope　　　b．had put off　　　c．had decided　　　d．will take off

（6） I assume she will not visit me （　　　　） she has something important to tell me.

    a．unless　　　　　b．as much as　　　c．as far as　　　　d．instead of

（7） The captain of our flight announced, "We're （　　　　） to land in about thirty minutes, about an hour behind schedule."

    a．planned　　　　b．possible　　　　c．probable　　　　d．due

（8） They told their children to try （　　　　）, as that was more important than success or failure.

    a．hard　　　　　b．rarely　　　　　c．hardly　　　　　d．rare

（9） John knew his clothes weren't right for the party but nobody paid （　　　　） to him.

    a．any care　　　　b．advantage　　　c．any attention　　d．fun

（10） "You came too late! You just missed it! You （　　　　） the goal your son scored one minute before the end of the first half."

a．must've seen　　　　　　　　b．should've seen

c．ought not to see　　　　　　d．used to see

〔V〕 次の設問（A、B）に答えなさい。

設　問

A．次の日本文（1、2）に相当する意味になるように、それぞれ下記（a〜h）の語を並べ替えて
正しい英文を完成させたとき、並べ替えた語の最初から 3 番目と 6 番目に来る語の記号をマーク
しなさい。

（1）　新入生用ハンドブックは、履修登録の方法に関する情報を提供している。

The handbook for incoming students （　　　　　　　　　） for courses.

a．how　　　　　b．information　　c．on　　　　　　d．provides

e．register　　　f．them　　　　　g．to　　　　　　h．with

（2）　あなたを幸せにするために必要なことは何でもするよ。

I'll （　　　　　　　　）.

a．happy　　　　b．whatever　　　c．you　　　　　d．make

e．do　　　　　　f．takes　　　　　g．it　　　　　　h．to

B．次の日本文に相当する意味になるように英文の空所を埋めなさい。答えは、空所に入れる部分の
みを記述式解答用紙の所定欄に記入しなさい。

オンラインでのコミュニケーションが効果的な時代に、なぜ聴く能力を伸ばすべきなのだろうか
と思うかもしれません。しかし、人の話に耳を傾けることは、あなたが話し手のことと同じくら
い自分自身のことを理解する助けとなります。

You may wonder why you should improve your listening skills in the era when online
communication is efficient. But listening （　　　　　　　　　　　　　） as those
speaking to you.

〔Ⅵ〕 次の会話文を読み、空所（1～10）に入れるのに最も適当なものを、それぞれ下記（a～d）の中から1つ選び、その記号をマークしなさい。

Ben needs to get his bicycle repaired, so he is calling Blue Line Bike Lab, a sports equipment shop.

Beth: Thank you for calling *Blue Line Bike Lab*. （   1   ）

Ben: Hello. I bought a road bike from your store, and （   2   ）.

Beth: OK, let me connect you to the Service department. One moment, please.

Kate: Hello. Service department, this is Kate. How can I help you?

Ben: Hi, my name is Ben Austingham. My customer ID is 111-222-333. I bought a road bike from your shop and it's not really working any more.

Kate: （   3   ）

Ben: The gears aren't shifting.

Kate: （   4   ）

Ben: Well, it happened yesterday when I was riding up a steep hill. The gears suddenly stopped shifting. I don't know why.

Kate: Can I ask you what your bike model is?

Ben: It's a Blue Line CAAD 13.

Kate: I can send a technician out to take a look at your bike. It will cost $100 for labor. Also, if we have to replace any parts, （   5   ）.

Ben: Uhm… Well, that's a little bit more money than I was hoping to spend. Isn't the repair covered by the guarantee?

Kate: Let's have a look. When exactly did you purchase your bike?

Ben: Well, let me think… I suppose it would have been about two years ago.

Kate: （   6   ）

Ben: Yes, yes. I remember now, it was sometime in the middle of July two years ago.

Kate: Oh. I'm sorry. The standard guarantee only covers two years. I don't suppose you purchased an extended guarantee.

Ben: No, I didn't. Isn't there anything you can do? I'm just over a few months.

Kate: I'm sorry sir. The system is computerized.

Ben: Right. Well… Are there any other choices? I really would rather not pay $100 for labor.

Kate: （   7   ）

Ben: Oh, well, uhm. I guess there's no way round it then. OK, then, so… When can you send a technician?

Kate: I have next Friday, October the second, at 5 PM available. Otherwise, the next date has to be October the fifth at 11 AM.

Ben: I'll take Friday. (　8　)

Kate: Yes. Somebody will give you a call on Thursday evening to confirm the appointment. Your phone number is registered in our system.

Ben: Right. Great. Do you take credit cards?

Kate: Yes. (　9　) We'll take your details on Thursday evening when we call to confirm. Is there anything else I can help you with today?

Ben: No. (　10　) Cheers.

Kate: My pleasure. Have a nice day!

（1）   a．What's wrong with my bike?   b．Sorry, we're closed today.

       c．How may I help you?   d．Do you have a reservation?

（2）   a．I'm having some problems with it   b．I have to make a claim

       c．I'm tired of using it   d．it's time to get a new one

（3）   a．Why are you calling us today?   b．What is the problem?

       c．Actually, I am working today.   d．Which problem can you solve?

（4）   a．How many times did you try?   b．When did it happen?

       c．This will never happen again.   d．Shall we try together?

（5）   a．it's where you place the parts   b．tax was included in the price

       c．you'll have to pay extra   d．it pays you well

（6）   a．Do you remember the name of the clerk then?

       b．Do you remember exactly when you bought it?

       c．I still have the receipt.

       d．Unfortunately, the guarantee is not effective now.

（7）   a．Yes, you definitely do.   b．Yes, let's.

       c．No, you don't have to.   d．No, I am afraid not.

（8）   a．Will you send out a reminder?

       b．I want to cancel it immediately.

    c．I'm available on Monday.

    d．How can you see I'll take Friday?

（9） a．Why don't you pay us a visit once?

      b．Some credit cards are better than others.

      c．We accept either credit card or cash payments.

      d．You would rather pay online with a credit card.

(10) a．I would like it, if you please.   b．Let's see what we can do about this.

      c．Thank you for calling.   d．I appreciate all your help.

2月6日実施分　　　解　答

I　解答　A. (1)— a　(2)— c　(3)— d　(4)— b
　　　　　B. (ア)— b　(イ)— a　(ウ)— c　(エ)— d

C.　b・f

D.　全訳下線部参照。

━━━━━━━◆全　訳◆━━━━━━━━━━━━━━

≪世界の様々な地域で同時に農業が始まった理由≫

　農業は昔ながらの生活様式だと見なされることが多いが，進化の観点から見ると，最近の生活様式であり，独特な生活様式でもある。さらに，農業は，氷河期が終わってから数千年以内に，アジアからアンデスまで，いくつかの異なる場所で独立して始まった。興味深い問題は，何百万年もの狩猟採集の後，なぜ農業がそれほど多くの場所で，そのような短い期間で発展したのかということだ。

　この問題に対するたった1つの答えがあるわけではないが，要因の1つは地球規模の気候変動であったのかもしれない。11,700年前に氷河期が終わり，完新世が始まった。氷河期よりも温暖であっただけでなく，気温と降雨量の変化が少なく，より安定していた。氷河期に狩猟採集民が試行錯誤を通じて植物の栽培を試みることもあったが，非常に激しく急激な気候変動によってその試みが頓挫したためか，彼らの試みは定着しなかった。地域の降雨量と気温のパターンが年ごとにでも，10年ごとにでもほとんど変化せずに確実に持続していた完新世の時代に，栽培の実験が成功する可能性が高くなった。予測可能で安定した気候は，狩猟採集民にとって助けになるかもしれないが，農家にとっては不可欠だ。

　世界のさまざまな地域での農業の起源において機能する，はるかに重要な要因は人口圧力であった。調査が示すところでは，およそ18,000年前に氷河期が終わりに差しかかると，野営地（人が住んでいた場所）がより多くなり，より大きくなった。極地の氷冠が溶け始めて，地球が温暖化し始めると，狩猟採集民は人口の急増を経験した。より多くの子どもがいるということは利点であるように思われるかもしれないが，人口密度が高い

中で生き残るのに苦労する狩猟採集社会にとっては大きな負担の原因にもなりうる。気候条件が比較的良好な時であっても，養うべき人口が増えることによって，食用の植物を栽培することで通常の採集努力を補うよう，食料採集者は強く迫られたことであろう。より多くの家族に食事を与えることが必要となり，こうした栽培意欲が強くなったのだ。

　趣味が職業に変わりうるのとまさしく同様に，農業が数十年，数世紀にわたって発展したことを想像するのは難しくない。当初は，一時的な耕作によって食料を栽培することは，大家族を養うための補助的な活動であったが，養うべき子どもの数が増えたことと好ましい気候条件が合わさって，植物を栽培する費用対効果が高まった。数世代を経て，栽培植物が農作物に，一時的な菜園が農場に変化した。食料はより予測可能なものになった。

　狩猟採集民が専業農家になった要因が何であれ，農業の起源は，それが起きたのがどこであれ，いつであれ，いくつかの大きな変化を引き起こした。狩猟採集民は頻繁に移住する傾向にあったが，初期の農民は年間を通じて農作物，畑，家畜の世話をするために村に定住することから恩恵を被ることになった。また，農業の先駆者たちは，栽培と収穫と加工がしやすいだけでなく，より大きくて栄養価が高い植物を，意識的または無意識に選別することによって，特定の種を作物化した。数世代のうちに，そのような選別によって植物は変化して，その繁殖は人に依存するようになった。たとえば，トウモロコシの野生原種は，実ったときに簡単に剝がれる黄色いわずかな種子が緩くついているものであった。種子がより大きく，数が多く，剝がれにくいものを人が選ぶにつれて，トウモロコシは人が手作業で種子を取り除いて植えることに依存するようになった。

　こうした過程が，南西アジア，中国，アンデス，米国南東部，サハラ以南のアフリカ，ニューギニアの高地といったさまざまな場所で，少なくとも 7 回，多少異なる形で発生した。農業革新の中で最も研究された中心地は南西アジアである。1 世紀近くにわたる集中的な研究によって，狩猟採集民が，気候と生態環境の圧力の組み合わせに促進されて農業を発明した様子に関して詳細な全体像が明らかになっている。

　<u>栽培された作物が採集された植物に取って代わったように，家畜化された動物が狩猟された動物に取って代わった。</u>農家はまた，羊，豚，牛，鶏などの特定の動物を，より制御しやすい性質を持つものをまず選択するこ

とによって家畜化し始めた。攻撃的ではない動物の方がより制御しやすいため，繁殖に選ばれやすくなった。農家はまた，生育の早さ，多くの牛乳，干ばつへの耐性といった他の有用な性質を求めて選択した。ほとんどの場合，人間がこうした動物に依存するようになるにつれて，動物も人間に依存するようになった。

━━━━━━━━━ ◀解　説▶ ━━━━━━━━━

A．(1)直前文と空所の後ろでともに農業の特徴が述べられているので，追加情報を述べるときに用いる What's more「そのうえ」が入る。a．「そのうえ」　b．「結論は」　c．「不運にも」　d．「率直に言えば」

(2)直後の文に larger families needed to be fed「より多くの家族に食事を与えることが必要となった」とあり，この言い換えとなる additional mouths「追加の口」が正解。「追加の口」とは「食べる人が増える」という意味。このように mouth は「（食べる口をもつ）人」と解釈することもある。（例：I have five mouths to feed.「私には養うべき家族が 5 人いる」）　a．「耳」　b．「唇」　c．「口」　d．「腕」

(3)第 4 段（It is not …）では第 1 文からもわかるように「農業の発展」について書かれている。農業が発展すると食料供給が予測しやすくなるので，「食料はより（　　）になった」の空所に入るものとして d の「予測可能な」が正解。a．「敏感な」　b．「気が進まない」　c．「示唆的な」　d．「予測可能な」

(4)空所の直後の them は動物を指しており，動物を目的語とするものとして b と d が考えられる。b を入れると，「人間が動物に依存する」という内容になり，最終段（Just as cultivated …）の大意である「動物の家畜化」に合うのでこれが正解。動物を家畜化すると，人の生活が家畜化した動物に依存するようになるからである。a．「～を我慢する」　b．「～に依存する」　c．「～を延期する」　d．「～を取り除く」

B．(ア)「彼らの試みは定着しなかった」

a．「狩猟採集民は植物の根を引き抜こうとした」

b．「狩猟採集民は作物を安定して栽培しようとしたが失敗した」

c．「動物を使った狩猟採集民の実験は一時的に成功した」

d．「狩猟採集民が栽培した植物は多くの根を生やさなかった」

　主部の their experiments は「狩猟採集民による植物を栽培しようとす

る試み」を指す。述部の didn't take root は文字通りの「（植物が）根付かなかった」では主部と合わないので「（考え，制度などが）定着しなかった」の意。これと合う b が正解。本文の主語は experiments だが d の選択肢の主語は plants なので合わない。

㈤「人口の急増」

a．「人の数の急激な増加」

b．「人気の大きなピーク」

c．「彼らの寿命の大幅な延長」

d．「動物の数の大幅な増加」

　boom には「流行」という意味もあるが，ここでは「（人口などの）急増」の意。これと合う a が正解。直後の文の Having more children「より多くの子どもがいる」や high population densities「人口密度が高い」といった言い換え表現も手がかりとなる。

㈦「いくつかの大きな変化を引き起こした」

a．「狩猟採集民を，大きな動物を仕留められる場所に移動させた」

b．「大多数の人が火を使って料理をすることを学ぶまでは始まらなかった」

c．「人々の暮らし方や食物の栽培法に大きな変化をもたらした」

d．「人々の動物の狩りの仕方，食べ物の調理方法を劇的に変えた」

　下線部の several major transformations「いくつかの大きな変化」の具体例として同段で「定住，植物の選択」などが書かれており，これと c の「人々の暮らし方や食物の栽培法」が合うのでこれが正解。set A in motion は「A を動き出させる，推進する」の意。

㈓「熟すと」

a．「人間が成熟するといつでも」

b．「トウモロコシが収穫された場所のどこでも」

c．「人類の祖先が出産したとき」

d．「種子が完全に成長したとき」

　副詞節から主語と be 動詞が省略されることがあるが，その節が修飾している節の主語を補って元の文を考えるとよい。本問の省略を補うと when seeds were ripe「種子が実ったときに」となる。同意の d が正解。

C．a．「農業は，氷河期に狩猟採集民に知られる前に，すでにいくつか

の異なる場所で同時に始まっていた」

　第1段第2文（（　1　）, farming originated …）の「農業は，氷河期が終わってから数千年以内に…始まった」という内容に合わない。

b.「氷河期後の安定した気候は，人々が植物をうまく栽培する上で重要な役割を果たした」

　第2段最終文（Predictable, consistent weather …）のbut以下の内容に合う。butの直後のitはPredictable, consistent weatherを指す。

c.「狩猟採集民は，植物を栽培するときにストレスを感じたので，家族とともに野営地に住んだ」

　本文には「狩猟採集民がストレスを感じていた」という記述はないので不正解。第3段第1文（A far more …）のpopulation stress「人口圧力」は「生活を支える経済活動に対し，人口が相対的に過剰傾向にあること」という意味。

d.「人間が十分な食料を手に入れることができるようになった後で，農業は一時的な栽培形態としてガーデニングに発展した」

　後半が，第4段第3文（Over generations, cultivated …）の内容に合わない。本文は「ガーデニングが発展して農業になった」という内容。

e.「研究者たちは，南西アジアの農業が気候と環境にどのように影響したかを調査するために，農業の写真を撮った」

　第6段第2文（The best-studied center …）の内容に合わない。同文のpictureは「（全体）像」という意味で，「写真」という意味ではない。

f.「家畜化のために選ばれた動物は，人々がより良い生活を送るのに役立つ性質を持っていた」

　最終段第4文（Farmers also selected …）の内容に合う。「人々がより良い生活を送るのに役立つ性質」の具体例として「生育の早さ」や「多くの牛乳（を与える）」などと書かれている。

D.　just as ～で「まさに～と同様に」という意味。このasは「～と同様に」の意でjustがasを修飾している形。take the place of ～で「～に取って代わる」の意。cultivated「栽培された」，gathered「採集された」，domesticated「家畜化された」，hunted「狩猟された」はいずれも過去分詞で直後の名詞を修飾する。

II 解答

A. (1)— b　(2)— a　(3)— d　(4)— c　(5)— b
B. (ア)— d　(イ)— b　(ウ)— c　(エ)— a

C. c・e

D. 全訳下線部参照。

〜〜〜〜〜〜〜〜〜◆全　訳◆〜〜〜〜〜〜〜〜〜〜〜

≪アルコール依存症の特徴と対策≫

アルコール依存症は，アルコール飲料の摂取により生活の一部に支障をきたす病気である。健康を失ったり，失業したり，家族，友人，同僚との良好な人間関係を崩したりするにもかかわらずアルコールを飲む人は，アルコール依存症にかかっていると言われる。

社交的飲酒者と強迫性飲酒者の間には大きな違いがある。社交的飲酒者は自ら選択して飲酒する。強迫性飲酒者は，飲酒が自らの生活に有害な影響を与えているとわかっていても，飲まずにはいられなくて飲酒する。

アルコールは，十分な量を使用すれば，利用者がリラックスするのに役立ち，睡眠を引き起こす可能性がある薬物の大きなグループに含まれる。実際，アルコールはこれらの薬物の中で最も早く使用されたものの1つだ。

人がアルコール依存症になる理由，つまり飲酒をやめられなくなる理由は，医師たちにもわかっていない。アルコール依存症になりやすい特定の性格はないようだ。アルコール依存症は，あらゆる民族や宗教の人々に影響を与える可能性がある。男性にも女性にも，お年寄りにも若い人にも，裕福な人にも貧しい人にも影響を与える可能性がある。

保健医療当局は，近年の若者の間でのアルコール摂取の大幅な増加に困惑している。アルコールは10代の人々の間で薬物依存を引き起こすダントツで一般的な物質だ。

アルコール依存症患者は，道徳性が低く，性格の悪い人であるという考えは，もはや一般的に受け入れられていない。一部の研究グループや研究組織の努力によって，アルコール依存症は病気として現在一般的に認識されている。アルコール依存症患者は，助けと治療を必要とする病人である。

人々は，アルコールが気分に与える影響のためだけにアルコールを飲む。社交的飲酒者はリラックスし，緊張から解放された気分を味わうかもしれない一方で，アルコール依存症患者は性格に大きな変化を示すことが多い。彼らは怒っておしゃべりになったり，静かで落ち込んだりするかもしれな

い。アルコール依存症患者は少量のアルコールでさらなる不安，悲しみ，緊張，混乱を感じることが多い。そして彼らは，さらに飲酒することによって安心を求める。このようにして，アルコール依存症患者は，ますますアルコールを求め，アルコールに依存するという罠に巻き込まれるのだ。

　多くの医学的問題がアルコール依存症患者に影響を与える。アルコールの過剰摂取は，肝臓，心臓，胃，その他の臓器に深刻な被害を与える可能性がある。多くのアルコール依存症患者は適切な食事をとらず，アルコールが体に直接与える影響だけでなく，栄養不良によって引き起こされる病気もある。

　しかし，アルコールがもたらす最も痛ましい影響は，脳への被害だ。患者は集中するのが難しくなり，記憶にも影響が出る。さらに深刻な脳の被害に苦しむ患者もいる。

　アルコール依存症は，米国の若年成人の主な死因になっている。これは，例えば飲酒運転や不注意に落とした吸い殻による火災から生じる，アルコールの影響下における事故死に基づくものだ。

　アルコール依存症の正確な原因はわかっていないが，この病気に関連する問題は対処可能である。アルコール依存症患者は，いかなる形であれアルコール摂取を永遠に避けなければならない。

　この目的を達成するために，人々の飲酒問題を解決しようとする組織は，患者に指導，支援，希望を与える。医師，心理学者，訓練を受けたカウンセラーは，患者が回復計画を始める意欲を起こさせる手助けをすることができる。アルコール依存症からの回復を助けるために，民間の更生施設が設立されている。多くの大企業も，アルコール依存症の従業員を支援するプログラムを立ち上げている。

　より良い治療法，そしてもっと大切なことである予防法の研究を継続することが不可欠である。こうしてはじめて，この大きな健康問題に対処する上で前進することが可能となる。

■■■■◀解　説▶■■■■

A．(1) compulsive は「何かにとりつかれたような」の意で，compulsive drinker は「強迫性飲酒者」の意。その説明をする文なので，否定的な内容になるはず。「飲酒が（　　）方法で生活に影響を与える」の空所に当てはまる語として，選択肢の中で唯一否定的な意味を持つ b が正解。a．

「熱心な」　b．「有害な」　c．「肯定的な」　d．「きちんとした，適した」

(2)後続に最上級の語句が使われている点に着眼しよう。by far は最上級を強めて「はるかに，ダントツで」の意があり，文意も通るので a が正解。a．「はるかに～」　b．「はるかに～でない」　c．「それだけより～」　d．「せいぜい」

(3)語法の問題。ここでは recognize A as B「A を B と認める」が受動態で使われており，A be recognized as B という形。recognized の直後に空所があり as が入るので，d が正解。

(4)空所の直後に前置詞句があることに着眼しよう。a，b，d は前置詞句を目的語に取らないことから c が正解。A as well as B「B だけでなく A も」の A と B には通例，品詞が同じものが使われる。ここではともに前置詞句が用いられている。a．「～のような」　b．「～に関して」　c．「～だけでなく」　d．「～を考えると」

(5)通例，本問のようにコンマ間で挿入的に用いられるのは選択肢の中で however のみなので，b が正解。内容面でも，アルコールが被害をもたらす対象として前段落で「内臓器官」，空所の段落では「脳」と，対照的な内容が述べられており，b が適切。a．「～のどちらでも」　b．「しかし」　c．「～する人は誰でも」　d．「～するときはいつでも」

B．(ア)「彼らはそうせずにはいられない」

a．「彼らはアルコールを飲むことを禁じられている」

b．「彼らは自分が酔っ払っていることを常に確信している」

c．「彼らは医師の助言に従わなければならない」

d．「彼らはお酒を飲みたいという誘惑に抵抗できない」

　　they は直前の主語である the compulsive drinkers を指す。must はここでは「～せずにはいられない」の意。must の後ろに直前の動詞である drink を補うと the compulsive drinkers must drink「強迫性飲酒者は飲まずにはいられない」という内容になり，同意の d が正解。直前文の they（＝the social drinkers）choose to「彼ら（社交的飲酒者）は自ら選択して飲酒する」との対比関係も解答の手がかりとなる。

(イ)「アルコールが気分に与える影響」

a．「酔った後にアルコールが引き起こす被害」

ｂ．「アルコールによってもたらされる感情の変化」

ｃ．「お酒を飲む間に継続する，アルコールが影響する期間」

ｄ．「食べ物と一緒に摂取されたときに彼らが楽しむアルコールの味」

　下線部は *A* have an effect on *B*「*A* は *B* に影響を与える」の an effect を先行詞として関係代名詞節に変形させたもの。it は alcohol，they は people を指し，直訳は「アルコールが人々の感じ方に与える影響」の意。同意のｂが正解。

(ウ)「～の主な原因」

ａ．「～を防ぐ重要な手段」

ｂ．「～に対処する際に排除すべき要因」

ｃ．「～の多くの実例を生じさせるもの」

ｄ．「よく言及される～の調査目的の一つ」

　下線部の leading「主要な」の意を含んだ選択肢であるｃが正解。ｄの「調査目的」の意味は下線部にはない。

(エ)「こうしてはじめて，この大きな健康問題に対処する上で前進することが可能となる」

ａ．「アルコール関連の問題を解決するには，アルコール依存症の治療法と予防法に関する研究が不可欠である」

ｂ．「お酒を飲み過ぎる人々が直面する健康上の問題に対処するいかなる方法もまだ確立されていない」

ｃ．「アルコール依存症の治療に利用できるあらゆる取り組みの中で，この方法が最も効果的であると思われる」

ｄ．「この方法を採用したとしても，アルコール依存症の問題の取り組みに関して，改善はほとんど期待できない」

　only は in this way を修飾し，「この方法によってのみ」という意味。「この方法」は直前文の「より良い治療法，さらに重要な予防法の研究を継続すること」を指す。文頭に否定の副詞（ここでは only）が使われているので倒置の形になっている。元の語順では progress can be made … となる。下線部は「この方法によってのみ，…進歩を遂げることが可能となる」という意味で，これと同意のａが正解。

Ｃ．ａ．「社交的飲酒者は，仕事の後に同僚と交流したいときには，お酒を飲まざるをえない」

「社交的飲酒者は自ら選択して飲む」という第 2 段第 2 文（The social drinkers …）の内容に合わない。

b．「研究により，一部の人々が過度に飲酒する理由が明らかになっており，今では，研究者は，アルコール依存症の効果的な治療法の開発に成功している」

「アルコール依存症になる理由は確信できない」という第 4 段第 1 文（Doctors are not …）の内容に合わない。

c．「人は，性格，性別，民族，年齢，経済状況に関係なく，アルコール依存症になる可能性がある」

第 4 段第 2 ～ 4 文（There does not … and the poor.）の内容に合う。選択肢の regardless of ～ は「～とは関係なく」の意。

d．「大量のアルコールで病気が治る可能性があるので，アルコール依存症の人はさらに飲みたいと思うことがある」

第 7 段第 4 ～ 6 文（Often a small … dependency on alcohol.）の内容，特に第 5 文（They then seek …）の内容に合わない。アルコール依存症の人がさらに飲酒する理由は，「安らぎを求めるから」であって，「病気が治る可能性があるから」ではない。

e．「アルコールが脳に及ぼす影響が原因で，アルコール依存症患者は集中力に問題が生じる可能性がある」

アルコールが脳に及ぼす影響に関しては第 9 段（The most tragic …）に述べられている。同段第 2 文（Patients find it …）に「患者は集中するのが難しくなる」とあり，この内容に合う。

f．「医師や訓練を受けたカウンセラーは，アルコール依存症患者が病気から回復するのを大企業が助けることを期待する以外に何もしていないことで批判されている」

第 12 段第 2 ～ 4 文（Doctors, psychologists, and … who are alcoholics.）の内容に合わない。本文では医師，訓練を受けたカウンセラー，大企業はいずれもアルコール依存症患者を助ける立場として述べられている。

D．This is how … は前文の内容を受けて「このようにして，…」の意。get caught up in ～ は「～に巻き込まれる」の意。web は「クモの巣」や「罠」の意。ever-increasing は need と dependency を修飾する形容詞

で「ますます増加する」の意。need for と dependency on はともに
alcohol を目的語とする。

Ⅲ　解答

A. ㈠— b　㈡— d　㈢— c　㈣— a　㈤— d
B. c・d

◆━━━━━━━◆全　訳◆━━━━━━━━━━━━━━━━━━━━

≪世界の水不足の現状≫

　淡水の不足と天然資源の漸進的減少という課題は，世界の政治と人間の
文明を決定づけるポイントの1つとして急速に浮上している。地球上で最
も人口密度が高い多くの地域で，水資源の不平等，持続的水不足，環境の
持続可能性の低下によって特徴づけられる新しい時代によって，驚くほど
に豊富に存在した淡水の世紀が脅かされている。石油紛争は 20 世紀の歴
史を定義する上で中心的な役割を果たし，ますます不足している使用可能
な水資源を支配するための争いが，諸社会の運命と 21 世紀の世界秩序を
確実に形成することになる。水は，世界で最も希少な重要天然資源として
石油に取って代わりつつある。しかし，水は新しい油以上のものである。
結局のところ，石油は，苦労はするものの，他の燃料資源で代替可能であ
り，極端な場合には，石油なしでやっていくこともできる。一方，水の用
途は普遍的であり，他のいかなる物質でも代替のきかないものであり，あ
らゆる生命にとってなくてはならないものである。

　過去2世紀にわたり，淡水の利用は人口と比べて2倍の速さで増加した。
地球上で最も人口が多い地域が利用できる，再生可能な地球上の淡水の約
半分が使用されている。単純な計算によって，これまでの傾向を維持でき
ないことがわかる。歴史を通して，人間が自然からより多くの水の供給を
得る能力は，人間自身の技術的限界によってのみ制限されてきた。しかし，
現在，重大な制約を課すさらなる外的障害が生じている。それは，すべて
の人類文明が最終的に頼りとする，再生可能で入手可能な淡水生態系の減
少である。

　最も顕著なのは，水不足が，21 世紀の政治的，経済的，社会的な世界
情勢を通して，淡水をもつ者ともたない者との間に深刻な格差を生み出し
ているということだ。この第1の格差は国際的なもので，比較的十分に水
が供給される産業世界の人々と，水に飢えている発展途上国の人々の間に

見られる。もう一つの格差は，川の流れを制御する上流の人々と，自らの生存が十分な量の水を受け取ることに依存している下流の人々の間のものだ。第 3 の格差は，食糧を自給自足するのに十分な農業用水をもつ国と，多くの人口を養うために外国からの輸入に依存している国との間のものだ。

　水の共有は，水をもたない社会でますます一般的になっている。供給の不足と価格の高騰をめぐって，内部紛争と暴力的な抗議が発生する可能性がある。農業を優先するために重大な水利用が犠牲にされると，食料生産量の不足，産業発展への悪影響という形で，水の供給量の不足が広く表面化する。また，エネルギー不足も引き起こす。現代のエネルギー生産の基本設備は，冷却，発電，その他の目的のために使用される大量の水を所有することと密接に関係している。水不足は，もし長引けば，政府に対する人々の政治的信頼を低下させることになる。

━━━━━━━◀解　説▶━━━━━━━

A．㋐「決定的な，特徴づける」

a．「排他的な」　b．「特徴づける」　c．「あいまいな」　d．「防御的な」
　同意の b が正解。

㋑「～を支配する」

a．「～を指示する」　b．「～を減らす」　c．「～を決める」　d．「～を統制する」

　command は「～を命じる，支配する」などの意があるが，ここでは resources「資源」を目的語にしているので「～を支配する」の意。これと同意の d が正解。「資源を支配する，統制する」とは「資源を自由に使う」ということ。

㋒「代用可能の」

a．「利用可能な」　b．「持続可能な」　c．「交換可能な」　d．「使える」
　同意の c が正解。substitute「～の代わりに用いる」の派生語だと気づけば意味を推測できるだろう。また，次の文の On the other hand「一方」に着眼し，irreplaceable「代替のきかない」との対比関係からも正解を求められる。

㋓「(制約など) を課す」

a．「～を加える」　b．「～を打つ」　c．「～を放棄する」　d．「～をひっかく」

　動詞の place は「〜を置く」という意味で用いられることが多いが「（制約など）を加える」という意味でも用いられ，impose と言い換えられるので a が正解。

(オ)「〜をはっきりと示す」

a.「〜を魅惑する」　b.「〜を無視する」　c.「〜を禁止する」　d.「〜を示す」

　本問のように，manifest は -self を目的語にした場合，「自らをはっきりと示す，現れる」という意味。show も -self を目的語にした場合，「現れる」という意味になるので d が正解。

B．a.「世界のあらゆる場所で環境が維持されているため，最近，淡水は容易に手に入る」

　本文を通して，世界的な水不足の話が述べられているので不正解。

b.「水は石油よりもはるかに大量に地球上に存在するため，新しい油と呼ばれる」

　「水は新しい油と呼ばれる」とは書かれておらず，「水不足」という全体のテーマにも合わない。第 1 段第 5 文に But water is more than the new oil. とあるが，この more than は「〜より多い」という意味ではなく，「〜以上のものだ，〜以上の存在だ」という意味。

c.「淡水の消費量は過去 2 世紀で急速に増加したため，現在，需要を満たすのに十分な水を供給することが困難になっている」

　前半の内容は第 2 段第 1 文（Over the past …）に，後半の内容は同段第 3 文（Simple math shows …）に合う。

d.「水には代替資源がないが，石油には代替資源があるという点で，水と石油は異なる」

　第 1 段第 6 文（Oil, in the …）と第 7 文（On the other …）の内容に合う。選択肢の文末の the latter does の the latter は oil を指し，does は has alternative resource という内容を表す。

e.「水をもたない者には，農業のために川の流れを制御できる国が含まれる」

　第 3 段第 3 文（Another gap is …）に「川の流れを制御できる人々」が述べられているが，これは「水をもつ者」の具体例であり，「水をもたない者」には含まれないので不正解。

ｆ．「不十分な水の供給は，国家の政治的安定に貢献する」

最終段最終文（A water shortage, …）の内容に合わない。選択肢の主語が「十分な水の供給」であれば本文の内容に合う。

Ⅳ 解答

(1)— a　(2)— d　(3)— a　(4)— c　(5)— b　(6)— a
(7)— d　(8)— a　(9)— c　(10)— b

◀解　説▶

⑴「科学者は理論を証明するために多くの証拠を集めなくてはならない」

　内容から考えて a が正解。また，b の view と c の idea は通例可算名詞として使うので，a lot of の後ろに用いるときは複数形になるはず。evidence は「証拠」の意では通例不可算名詞で用いられる。

⑵「私はとても疲れていたので，ベッドに横たわって動かないでいることしかできなかった」

　so 〜 that … 構文を完成させるために d を入れる。他の選択肢では that の語法に説明がつかない。なお，all I could do was … は was の直後に to が省略されており，「私にできるすべてのことは…」，意訳では「私には…しかできなかった」という意味の慣用表現。

⑶「あなたが他人を助ければ助けるほど，彼らもあなたのことを助けてくれるでしょう」

　The ＋ 比較級 〜, the ＋ 比較級 … 「〜すればするほど，ますます…」という構文を完成させるためには a が適切。

⑷「彼女は客を台所に案内したが，そこで客たちは，彼女の夫が新しい高級コーヒーメーカーを使ってコーヒーを淹れているのを目にした」

　関係詞の問題。後続に不完全文（名詞が 1 つ欠けている文）が続けば who, which などの関係代名詞が用いられるが，本問のように，後続に完全文が続く場合は when, where などの関係副詞が用いられる。ここでは先行詞が the kitchen で「場所」を表す語句なので where が用いられる。

⑸「その俳優は，インタビューが終わるまで報道陣が写真を撮らないでほしいと思った」

　空所の後ろに *doing* の形があることから考える。*doing* を目的語にとり，意味を成す b が正解。put off *doing* で「〜するのを延期する」の意。

⑹「彼女は，私に伝えたい何か重要な話がない限り，私を訪問することは

ないと思う」

　語法, 意味も合う a が正解。unless は接続詞で「～しない限り」の意。後続に文が続くことから接続詞が入るので, 前置詞句である d は不適。

(7)「私たちの飛行機の機長は, 『予定より約1時間遅れですが, あと30分で着陸する予定です』とアナウンスした」

　be due to *do* で「～する予定である」の意。a に関しては be planned to *do* ではなく plan to *do* の形で用いるので不適。b と c はともに人を主語にしないので不適。

(8)「彼らは子どもたちに, 一生懸命努力するように言った。成功するか失敗するかよりもその方が重要なことだからだ」

　try hard で「一生懸命努力する」の意。「ほとんど～ない」という意味の hardly と混同しないように注意しよう。

(9)「ジョンは自分の服がパーティーにふさわしくないとわかっていたが, 誰も彼に注意を払わなかった」

　pay attention to ～ で「～に注目する」の意。

(10)「あなたは来るのが遅すぎた！　ほんの少し間に合わなかったね！　前半終了の1分前に息子が決めたゴールを見るべきだったのに」

　should have *done* で「～すべきだったのに」の意。must have *done* は「～したに違いない」の意で, ここでは不適。

Ⅴ 解答

A.（3番目, 6番目の順に）(1)―h, a　(2)―g, d

B.〈解答例1〉(But listening) to others helps you understand yourself as well (as those speaking to you.)

〈解答例2〉(But listening) to what other people say helps you to learn about yourself as well (as those speaking to you.)

◀解　説▶

A.　(1) provide A with B「A に B を提供する」が述部に用いられると見抜こう。A には「新入生」を指す them が入り, B には「履修登録の方法に関する情報」という内容が入るはず。information on ～で「～に関する情報」, register for ～ で「～に登録する」の意。完成文は (The handbook for incoming students) provides them with information on how to register (for courses.) となる。d－f－h－b－c－a－g－e

(2) It takes *A* to *do.* で「〜するには *A* が必要である」という構文。この It は to *do* を指す形式主語。この *A* を whatever に変形させると whatever it takes to *do*「〜するのに必要なものは何でも」という意味になる。to *do* のところに to make you happy を入れる。これは make O C 「O を C にする」という形。完成文は (I'll) do whatever it takes to make you happy(.) となる。e — b — g — f — h — d — c — a

B. 「人の話に耳を傾けること」は listening to others が一般的な表現。こうした文脈での「話」の英訳に story を使うと不自然。story は「物語, 何らかの出来事の記述」という意味で主に用いられるので, 「会話内容」や何気ない「話」の訳出では不適。「*A* が〜する助けになる」は help *A* (to) *do* で表す。この to は省略可。「*B* と同じくらい *A* も, *B* だけでなく *A* も」は *A* as well as *B* で表すとよい。

Ⅵ 解答

(1)— c　(2)— a　(3)— b　(4)— b　(5)— c　(6)— b
(7)— d　(8)— a　(9)— c　(10)— d

◆全 訳◆

≪自転車の修理に関する客と店員の会話≫

　ベンは自転車を修理してもらう必要があり, スポーツ用品販売店 *Blue Line Bike Lab* に電話をしている。

ベス：*Blue Line Bike Lab* にお電話いただきありがとうございます。どのようなご用件でしょうか？

ベン（以下 B）：こんにちは。私はそちらのお店でロードバイクを購入したのですが, その件で少し問題がありまして。

ベス：かしこまりました, サービス部門におつなぎします。少々お待ちください。

ケイト（以下 K）：こんにちは。サービス部門のケイトです。どのようなご用件でしょうか？

B：こんにちは, ベン＝オースティンガムです。私の顧客番号は 111-222-333 です。そちらのお店でロードバイクを購入したのですが, 正常に動かなくなってしまったのです。

K：どのような問題がありますか？

B：ギアがシフトしないのです。

K：それはいつ起きましたか？

B：ええと，昨日，急な坂道を上っているときにそうなりました。ギアが突然シフトしなくなりました。なぜか分かりません。

K：お客様の自転車のモデルを教えていただいてよろしいですか？

B：Blue Line CAAD 13 です。

K：こちらから技術者を派遣してお客様の自転車を見ることができます。人件費は 100 ドルかかります。また，部品を交換する必要がある場合は，追加の費用を支払う必要があります。

B：うーん…。それは私が望んでいた金額を少しオーバーしています。修理は保証の対象ではありませんか？

K：見てみましょう。自転車を購入した正確な時期はいつですか？

B：えっと，考えさせてくださいね。2 年ほど前だったと思います。

K：いつ購入したか正確に覚えていますか？

B：はい，はい。今思い出しました。2 年前の 7 月中旬のことでした。

K：ああ。残念です。標準保証期間は 2 年だけです。延長保証は購入されませんでしたよね。

B：はい，しませんでした。どうにかしていただくことはできませんか？ほんの数カ月過ぎただけです。

K：申し訳ございません。システムはコンピュータ化されていますので。

B：そうですね。うーん…他に選択肢はありますか？　人件費に 100 ドルも払いたくありません。

K：残念ながら，ありません。

B：ああ，そうですか。他に方法はなさそうですね。わかりました。それでは…いつ技術者の方に来ていただけますか？

K：次の金曜日，10 月 2 日の午後 5 時が空いています。それ以外なら，その次の日付は 10 月 5 日の午前 11 時になります。

B：金曜日にします。確認のご連絡をいただけますか？

K：はい。こちらから木曜日の夜に予約を確認するためにお電話をさせていただきます。お客様の電話番号は当社のシステムに登録されていますので。

B：そうですか。よかったです。クレジットカードは使えますか？

K：はい。クレジットカードか現金でお支払いいただけます。木曜日の夜

　に確認のお電話の際に，詳細をお聞きします。他に何かお手伝いでき
　ることはありますか？

B：いいえ。色々教えていただいて，感謝しています。ありがとうござい
　ました。

K：どういたしまして。良い 1 日を！

━━━━━━━━━ ◀解　説▶ ━━━━━━━━━

⑴ a．「私の自転車のどこがおかしいのですか？」

　b．「申し訳ありませんが，本日は定休日です」

　c．「どのようなご用件でしょうか？」

　d．「予約はとっていますか？」

　店員が客と接するときにまず言う決まり文句である c が正解。ケイトの
最初の発言にも c の同意表現の How can I help you? とあることもヒン
トになる。

⑵ a．「その件で少し問題がありまして」

　b．「私は主張しなければなりません」

　c．「私はそれを使い飽きました」

　d．「新しいものを手に入れるときが来ました」

　導入部に Ben needs to get his bicycle repaired「ベンは自転車を修理
してもらう必要がある」ということから，「自転車に問題点がある」とい
う意味の a が正解。

⑶ a．「なぜあなたは今日私たちに電話しているのですか？」

　b．「どのような問題がありますか？」

　c．「実は，私は今日，働いています」

　d．「どの問題を解決できますか？」

　直後に「ギアがシフトしない」という自転車の問題点を述べるセリフが
あることから，それを聞き出す b が正解。

⑷ a．「何回試しましたか？」

　b．「それはいつ起きましたか？」

　c．「これは二度と起こりません」

　d．「一緒にやってみませんか？」

　直後のベンのセリフで「それは昨日起きた」と，それがいつ起きたかを
述べていることから，b が正解。

⑸a.「それがそのパーツを配置する場所です」

b.「税金は価格に含まれていました」

c.「追加の費用を支払う必要があります」

d.「それであなたは十分にお金を得るでしょう」

　前文に「人件費が100ドルかかる」とあり，空所の直前には「部品を交換する必要がある場合は」とあることから「さらにお金がかかる」という内容が入ると予想される。よってその内容を表しているcが正解。

⑹a.「その時の店員の名前を覚えていますか？」

b.「いつ購入したか正確に覚えていますか？」

c.「私はまだレシートを持っています」

d.「残念ながら，保証は現在有効ではありません」

　直後のセリフでベンは「2年前のいつのことなのか」をより正確に述べていることから，それを聞き出す質問であるbが正解。

⑺a.「はい，間違いなくそうです」

b.「はい，そうしましょう」

c.「いいえ，その必要はありません」

d.「残念ながら，ありません」

　空所の前文のベンの「他に選択肢はありますか？」という質問に対する答えが入る箇所。空所の直後には「ああ，そうですか。他に方法はなさそうですね」という否定的な内容が述べられていることから，空所にも否定的な内容が述べられるはず。よってdが正解。I'm afraid not. は「残念ながらそうではない」という意味の定型表現。

⑻a.「確認のご連絡をいただけますか？」

b.「すぐにキャンセルしたいです」

c.「月曜日は対応可能です」

d.「どのようにして私が金曜日にするとわかったのですか？」

　直後のケイトのセリフで「こちらから木曜日の夜に予約を確認するためにお電話をさせていただきます」とあり，予約内容を確認する連絡を入れることが述べられている。この内容と合うaが正解。

⑼a.「一度ご来店してみませんか？」

b.「クレジットカードの中には，他のものよりも優れているものもあります」

ｃ.「クレジットカードか現金でお支払いいただけます」

ｄ.「クレジットカードを使ってネット上で支払うほうがいいでしょう」

　直前のベンのセリフで「クレジットカードは使えますか？」とあり，その返事で「はい」と述べていることから，クレジットカードは利用可能だとわかる。これと一致するｃが正解。

⑽ａ.「よろしければ，それでお願いします」

ｂ.「このことについて何ができるか見てみましょう」

ｃ.「お電話いただきありがとうございます」

ｄ.「色々教えていただいて，感謝しています」

　直後の Cheers. は主にイギリス英語で「ありがとう」の意。この内容と合うｄが正解。電話をしたのはベンなので，ｃはベンが言うセリフとしては不適。

❖講　評

　2023 年度の出題も，ほとんどがマークセンス方式で，記述式問題は英文和訳が 2 問，和文英訳が 1 問だけであった。英文和訳問題では 2020 年度は指示語の内容を説明する問題が出題されていたが，それ以降は出題されていない。

　Ⅰの読解問題は，農業の起源に関する文章。2023 年度は知識というより文脈理解力を問う問題が多く出題された。空所補充問題の⑵は mouths を体の部位である「口」ではなく「人」の意味で解釈するという問題だが，食料に関する文脈を理解できれば正解できる問題であった。同意表現問題でも㈠の take root，㈡の boom がそれぞれ「根を張る」，「流行」とは異なる意味で用いられている点を見抜く問題で，文脈上どのような意味で使われているかが問われている。内容真偽問題は例年通り，各選択肢が本文で使われている語句と大幅に言い換えられていた。選択肢ｃは本文の stress がいわゆる精神的な「ストレス」とは異なる意味で用いられていることが理解できていれば不正解だとわかったはず。他の選択肢も文脈を理解していれば選びやすい問題であった。英文和訳問題は主に just as と take the place of ～ の意味を正しく理解できていれば答えられる標準的な問題。

　Ⅱの読解問題は，アルコール依存症に関する文章。空所補充問題は，

知識を問う問題と，文脈を理解して解く問題という構成。同意表現問題では下線部のみならず文脈上の意味を考える力が問われている。2023年度は㈠，㈡，㈣でそれぞれ they, it, this が指す内容を理解して解く問題が出題された。さらに㈠は動詞の省略，㈡は関係詞の省略，㈣は倒置，というように構文把握力も問われている問題であった。内容真偽問題は標準レベル。英文和訳問題は，web が「クモの巣」ではなく「複雑に絡み合ったもの，罠」という意味で用いられている点と，and の並列関係の理解がポイントであった。

　Ⅲの読解問題は，水不足に関する文章。同意表現問題では defining, manifest といった，やや難しい単語に関する知識が求められていた。内容真偽問題はⅠ・Ⅱと同様で標準レベル。紛らわしい選択肢もなく，本文の内容がわかっていれば非常に選びやすい問題である。

　Ⅳの文法・語彙問題はほとんど基本・標準レベルの文法項目からの出題であった。⑴は可算・不可算名詞に関する知識も問う問題。evidence「証拠」は一般的には不可算名詞で使われるということを知っておけば正解しやすい。⑺は due を使った慣用表現に関する問題だが，普段英文を読みなれている受験生は正解できたであろう。

　Ⅴは，語句整序問題と完成形式による和文英訳問題とで構成されている。語句整序問題の⑴では on の置き場所に悩んだ受験生がいるかもしれない。⑵は take の語法が問われている問題だが，形式主語構文，関係詞に関する知識もなければ正解できない難問であった。和文英訳問題に関しては，例年は文頭の語句が決まっていたが，2023年度は文頭だけでなく文末の語句も決まっていたので，書く形がほぼ決まってくる。自由度は減った分，単語，構文，定型表現などの知識があれば書きやすい問題であった。

　Ⅵの会話文問題は例年と違ってすべての選択肢が文になった。例年であれば語法の知識などから解く問題が多いが，2023年度は全問文脈から考える問題になった。例年同様，How may I help you?「どのようなご用件でしょうか？」，I'm afraid not.「残念ながらそうではありません」などの会話頻出表現や，be tired of ～「～に飽きている」などの定型表現が出題されていた。

　全体として，読解・語彙力と文法力をつけることを主眼にした対策を

立てることを勧める。読解分量が多いので，英文を多読しながら内容把握に努め，語彙を増やしていくのがよい。素材は時事的な事柄を扱ったものがよいだろう。文法は重要項目を中心に基本・標準レベルの問題演習をしていけばよい。

２月７日実施分　　問　題

(90 分)

〔 I 〕 次の英文を読み、下記の設問（A～D）に答えなさい。

　　In Japan today, monsters are big business.　The *Pokémon* series, cleverly designed to promote a variety of pocket-sized monsters, is broadcast around the world, creating a large market for related toys and playing cards.　*Doraemon*, a cat-shaped robot, and *Kitarō*, the last surviving member of the Ghost Tribe, are long-time favorites throughout Asia.　You would likely regard such a monster boom （　1　） a phenomenon of modern Japanese society.　In fact, more than 200 years ago, Edo culture was already restoring traditional tales to produce its own consumer-oriented monster boom.　Monster-inspired toys and children's games flourished.　Monsters appeared in books, in woodblock prints*, and on the stage.

　　Where did those Edo monsters come from?　And what accounts for their popularity?　Certainly there was no lack of myths and legends to (ア)draw upon.　Supernatural beings were traditionally thought to inhabit mountains, trees, rivers and lakes.　These creatures at times protected people, at times played tricks on them, and at times harmed them.　*Kappa* enjoyed pulling people into streams.　The bird-like *tengu* with their long noses lived in the mountains and were said to carry off children.　Foxes could alter their form at will.　By the late Edo period, these strange creatures, commonly referred to as *yōkai* or *bakemono*, were firmly established in the collective imagination.

　　Picture scrolls (*emaki-mono*) were another important inspiration for the Edo monster.　The *Hyakki Yakō Emaki* (Night March of One Hundred Creatures), a picture scroll dating from the mid-16th century, was the source of numerous reproductions and imitations in the Edo and Meiji periods.　The original scroll depicts various kinds of monsters wandering the streets after dark.　These creatures are more humorous than frightening, and the real fun lies in their wild behavior and strange appearance.

　　Many of the monsters depicted in the scroll are originally （　2　） objects such as pots, shoes and umbrellas.　It was a common belief that household objects carelessly thrown away by their owner might (イ)take on a life of their own and seek revenge.　In the scroll, however, the monster-objects seem quite happy as they play to their heart's content.

In the 18th century, Edo was the center of a thriving publishing business. Woodblock printing techniques were used to create heavily illustrated volumes much like the comic books or *manga* of contemporary Japan. These books, originally meant for children, were written almost entirely in phonetic script (*kana*), and often took their stories from popular legends and traditional tales. The books were published at the beginning of the year, and parents would buy them as New Year's presents. Books with monsters were, of course, among the most popular gifts.

Today in Japan, supernatural creatures are (3   ) with summer, when ancestors are thought to return to this world for the *O-bon* festival. Horror movies and monster-related books are usually released in the summer months. In the Edo period, New Year's was the time children could look forward to the latest "monster comic." Children must have delighted in the strange illustrations on the pages, where the monsters would ultimately be defeated by some brave hero.

By the late 18th century, these stories, while maintaining their *manga*-like quality, had evolved into often complex imitations of contemporary society that were enjoyed more by adults than children. _(ウ)Monsters were still in demand, but the stories were no longer simple tales of clearing away bad monsters.

A popular saying of the time goes that only uncivilized country folk and monsters live beyond the borders of Hakone, in what is now western Kanagawa Prefecture. (4   ), Hakone was the dividing line for the urban people of Edo. The pleasure the Edo inhabitants took in monster stories expressed their feelings of superiority toward the rural culture.

In the eye of the urban person, monsters may no longer have been fearful creatures, but they were the least civilized beings, always good for a laugh. As for monsters themselves, they became more interested in imitating humans than frightening them. Needless to say, the monster's efforts to _(エ)keep up with the fashion almost always ended in disaster. In their ignorance of city ways, they would behave stupidly and make mistakes, all the time displaying an odd self-confidence.

One story begins with the monsters forced to look for a new residence beyond Hakone borders. No one will rent them a house (5   ) they can come up with a guarantor**, and no one wants to be a guarantor for a monster! Finally, they find the ideal home—an old worn-out cottage with thick weeds. The ceiling is full of holes and the walls are about to collapse. But the place isn't perfect yet, so the monsters call in a carpenter to break down the remaining walls.

*woodblock print：木版画

**guarantor：身元保証人

出典追記：Monsters as Edo Merchandise, Japan quarterly vol. 48, no.1 by Adam Kabat, Asahi Shimbunsha

設　問

A. 本文中の空所（1～5）に入れるのに最も適当なものを、それぞれ下記（a～d）の中から1つ
選び、その記号をマークしなさい。

（1）　a．as　　　　　　　b．for　　　　　　　c．on　　　　　　　d．with

（2）　a．helpless　　　b．lifeless　　　　c．needless　　　d．priceless

（3）　a．associated　　b．concealed　　c．imagined　　　d．visited

（4）　a．By any chance　　　　　　　　b．In contrast

　　　c．In other words　　　　　　　　d．On the other hand

（5）　a．because　　　b．if　　　　　　　c．unless　　　　d．when

B. 本文中の下線部（ア～エ）の文中での意味に最も近いものを、それぞれ下記（a～d）の中から
1つ選び、その記号をマークしなさい。

（ア）　draw upon

　　　　　　a．be attracted　　b．make use of　　c．celebrate　　　d．write down

（イ）　take on a life of their own

　　　　　　a．end their own lives

　　　　　　b．imitate their owner's way of life

　　　　　　c．pretend to be innocent

　　　　　　d．take the form of a living creature

（ウ）　Monsters were still in demand

　　　　　　a．Monsters still made a tremendous demand

　　　　　　b．Monsters remained still

　　　　　　c．People still demanded a hero to fight monsters

　　　　　　d．Monsters continued to be popular

（エ）　keep up with the fashion

　　　　　　a．counter the current fashion　　　b．dress up beautifully

　　　　　　c．follow the latest trend　　　　　d．stay in good shape

C. 次の問い（i～iii）の答えとして最も適当なものを、それぞれ下記（a～d）の中から1つ選び、
その記号をマークしなさい。

（ⅰ） According to the passage, where did Edo monsters come from?

　　　 a．They have ancestors in modern Japanese monsters.

　　　 b．They have their origins in traditional myths and legends.

　　　 c．They were found in a famous woodprint produced in the mid-16th century.

　　　 d．They were invented as New Year's presents for children.

（ⅱ） Which of the following best explains what made monsters in the *Hyakki Yakō Emaki* so attractive?

　　　 a．They often performed harmful and frightening acts.

　　　 b．They were skillful in the art of transformation.

　　　 c．They used their supernatural powers to protect children.

　　　 d．They behaved wildly and their appearance was odd.

（ⅲ） Which of the following best explains why Edo monsters were funny for adults?

　　　 a．Edo monsters tried to show their power by causing disaster.

　　　 b．Edo monsters were eager to build new houses beyond Hakone borders.

　　　 c．Edo monsters were so ignorant of the way city people behaved.

　　　 d．Edo monsters were too weak to be enemies of humans.

D．本文中の二重下線部 Children must have delighted in the strange illustrations on the pages, where the monsters would ultimately be defeated by some brave hero. を日本語に訳しなさい。答えは記述式解答用紙の所定欄に記入しなさい。

〔Ⅱ〕次の英文を読み、下記の設問（A～C）に答えなさい。

In 1844 King William Ⅱ of Holland sent a letter to the shogun of Japan warning him that the speed of world events made continuation of the Japanese policy of national isolation both unwise and unreasonable. The development of steam navigation, for one thing, now enabled the ships of Western countries to invade the most distant waters of the world. China had recently (ア)suffered military defeat at the hands of the British, and Japan could not expect to remain distant from world affairs much longer.

Although they debated it among themselves, Tokugawa officials did nothing concrete in response to the letter of the Dutch king. The government was at the time (イ)engaged in the last of its great reforms, and the eventual failure of this reform, combined with hesitation in the face of (ウ)the now pressing need to seriously reconsider the isolation policy, meant trouble for the government. The Edo government was certainly under no immediate threat in the 1840s of collapsing, but (エ)the political temperature in regard to isolation was rising and could readily become a challenge of a kind that the government had not faced before.

This challenge became reality with the arrival in Edo Bay in the summer of 1853 of Matthew Perry of the United States and his famous "black ships." Perry had been sent by President Millard Fillmore to investigate the possibility of opening diplomatic and commercial relations with Japan, and in 1854 he achieved his first objective through the signing of an agreement that provided for an exchange of government officials between Japan and the United States.

The first American consul*, Townsend Harris, arrived in Japan in 1856, and it was he who finally concluded a commercial agreement, which, in addition to providing for the opening of certain Japanese ports to trade, contained a set of conditions, previously worked out by the Western powers in their dealings with China. These included the right of the United States to try its nationals by its own laws for crimes carried out on Japanese soil; the most-favored-nation clause**, which provided that any additional benefit acquired by one Western nation would automatically be valid for all the other nations holding similar agreements; and the setting of a fixed customs tax*** of approximately 5 percent on all goods imported to Japan that could be altered (オ)only with the approval of both parties. It was on the basis of the Harris agreement, and especially its most-favored-nation clause, that the principal European powers also acquired trading rights with Japan during the next few months.

*consul：領事

**the most-favored-nation clause：最恵国条項

出典追記：Japanese Culture by Paul Varley, University of Hawaii Press

***customs tax：関税

設　問

A．本文中の下線部（ア〜オ）の文中での意味に最も近いものを、それぞれ下記（a〜d）の中から
1つ選び、その記号をマークしなさい。

（ア）suffered
　　　a．damaged　　　　b．experienced　　　c．lost　　　　　　　d．played

（イ）engaged in
　　　a．entertained with　　　　　　　b．rejected by
　　　c．married to　　　　　　　　　　d．occupied with

（ウ）the now pressing need
　　　a．the critical mistake　　　　　　b．the essential property
　　　c．the necessary influence　　　　d．the urgent demand

（エ）the political temperature
　　　a．the diplomatic concern　　　　b．the improvement of the policy
　　　c．the disease among politicians　　d．the illegal movement

（オ）only with the approval of both parties
　　　a．if these two nations decided to trade with each other
　　　b．when both countries agreed
　　　c．in the case that two government officials arrive together
　　　d．unless both political groups refused to meet

B．次の英文（a〜f）の中から本文の内容と一致するものを2つ選び、その記号を各段に1つずつ
マークしなさい。ただし、その順序は問いません。

　　a．With the invention of ocean-going steam ships, Western countries were able to
　　　easily travel all over the world.
　　b．The Tokugawa government carefully read the letter from the Dutch king, and
　　　decided to send a government official to Holland.

　　c．Japan and the United States started exchanging government officials before 1853.

　　d．Japan and the United States established first a diplomatic and then a commercial relationship.

　　e．Because Japan was awarded a special status by the principal European powers, the Harris agreement was successful.

　　f．As a result of the agreement with Western nations, Japan started both a diplomatic and a commercial relationship with China.

Ｃ．本文中の二重下線部 Perry had been sent by President Millard Fillmore to investigate the possibility of opening diplomatic and commercial relations with Japan を日本語に訳しなさい。答えは記述式解答用紙の所定欄に記入しなさい。

〔Ⅲ〕次の英文を読み、下記の設問（Ａ〜Ｃ）に答えなさい。

　　One reason that many of us fail to understand trees is that they live on a different time （　1　） than us. There are trees living that are more than 9,500 years old, which is 115 times longer than the average human lifetime. Creatures with such a luxury of time on their hands can afford to take things at a relaxed pace. The electrical impulses that pass through the roots of trees, for example, move at the slow rate of one third of an inch per second. But why, you might ask, do trees pass electrical impulses through their roots at all?

　　The answer is that (ア)trees need to communicate, and electrical impulses are just one of their many ways of doing so. Trees also use the senses of smell and taste for communication. If a long-necked giraffe starts eating a tree called an African acacia, the tree releases a chemical into the air which （　2　） that a threat is at hand. As the chemical drifts through the air and reaches other trees, they "smell" it and are warned of the danger. Even before the giraffe reaches them, they begin producing toxic chemicals. Likewise, the saliva* of leaf-eating insects can be "tasted" by the leaf being eaten. In response, the tree sends out a chemical signal that attracts predators that feed on that particular leaf-eating insect. (イ)Life in the slow lane is not always dull.

　　But the most remarkable thing about trees is (ウ)how social they are. The trees in a forest look （　3　） each other, even going so far as to feed the stump** of a tree that has been cut down with sugars and other nutrients, and so keep it alive for sometimes hundreds of years. Only some stumps survive in this way, and perhaps they are the parents of the trees that make up the forest today. A tree's most important means of staying connected to other trees is a "Wood Wide Web" of soil fungi*** that connects vegetation in an intimate network that enables the sharing of an enormous amount of information and other necessities. Scientific research aimed at understanding the remarkable abilities of this partnership between fungi and plant has only (　4　) begun.

　　The reason trees share food and communicate is that they need each other. It requires a forest to create an ecosystem (　5　) for sustainable tree growth, and it's not surprising, therefore, that trees living by themselves have far shorter lives than those living connected together in forests. Perhaps the saddest plants of all are those we have allowed to become trapped in our agricultural systems; they live out their lives in silence, quite unable to communicate with others. Farmers should learn from the forests and cultivate a little more wildness among their grain and potatoes, so that they too will start "talking" with their neighbours.

　*saliva：唾液
　**stump：（木の）切り株
***fungi：菌類

設　問

A. 本文中の空所（1～5）に入れるのに最も適当なものを、それぞれ下記（a～d）の中から1つ
　　選び、その記号をマークしなさい。

（1）　a．limit　　　　　b．machine　　　　c．project　　　　d．scale
（2）　a．acts　　　　　b．denies　　　　　c．pretends　　　　d．signals
（3）　a．after　　　　　b．for　　　　　　c．past　　　　　　d．round
（4）　a．about　　　　　b．just　　　　　　c．once　　　　　　d．then
（5）　a．filled　　　　　b．in advance　　　c．in response　　　d．suitable

B. 本文中の下線部（ア～ウ）が文中で表している内容に最も近いものを、それぞれ下記（a～d）
　　の中から1つ選び、その記号をマークしなさい。

（ア）　<u>trees need to communicate</u>
　　　　a．the messages trees send to each other are important for their survival

出典追記：The Hidden Life of Trees by Peter Wohlleben, Greystone Books b．the messages trees send to each other are like electric shocks

　　　c．the messages trees send to each other are similar to human language

　　　d．the messages trees send to each other cannot be understood by animals

（イ）　Life in the slow lane is not always dull.

　　　a．Slow car drivers are less boring than might be supposed.

　　　b．The lives of trees have no connection to danger and excitement.

　　　c．The lives of trees are more interesting than might be supposed.

　　　d．Trees are often planted along roads with attractive scenery.

（ウ）　how social they are

　　　a．how connected they are to each other

　　　b．how fond they are of meeting

　　　c．how influenced they are by social change

　　　d．how organized they are according to the family tree

C．次の英文（a〜f）の中から本文の内容と一致するものを2つ選び、その記号を各段に1つずつ
　　マークしなさい。ただし、その順序は問いません。

　　　a．No trees live 100 times longer than the average human lifetime.

　　　b．African acacia trees have a way of protecting themselves from giraffes.

　　　c．Trees have been known to feed on harmful insects.

　　　d．When a tree in a forest is cut down, it does not necessarily die.

　　　e．All trees in forests live together in family groups.

　　　f．Scientists are recording the lives of trees on the World Wide Web.

〔Ⅳ〕 次の英文 (1～10) の空所に入れるのに最も適当なものを、それぞれ下記 (a～d) の中から 1 つ選び、その記号をマークしなさい。

（1） Feel (　　　　) to contact me if you need any further information about this issue.
　　　 a．convenient　　　　b．free　　　　　c．home　　　　d．important

（2） The child (　　　　) drowned but was saved by a brave man who jumped into the river.
　　　 a．almost　　　　　b．hardly　　　　c．more　　　　d．mostly

（3） We (　　　　) for several hours at the station when my friend finally arrived.
　　　 a．had been waited　　　　　　　b．had been waiting
　　　 c．have been waited　　　　　　　d．have been waiting

（4） I don't think I did anything wrong, (　　　　) illegal.
　　　 a．at least　　　　b．at most　　　　c．more than　　　d．much less

（5） (　　　　) on a high chair, he could reach the ceiling to clean it.
　　　 a．Having standing　　　　　　　b．Stand
　　　 c．Standing　　　　　　　　　　d．To stand

（6） My boss hates working on weekends, and (　　　　) do her colleagues.
　　　 a．as　　　　　　b．neither　　　　c．nor　　　　d．so

（7） Many people are still not (　　　　) of the importance of recycling our limited resources, such as paper and steel.
　　　 a．aware　　　　b．believed　　　　c．known　　　　d．lack

（8） Please inform the chair as soon as you (　　　　) a conclusion on this matter.
　　　 a．have reached　　b．reached　　　c．will reach　　　d．will have reached

（9） My grandma's house, (　　　　) is across the road from ours, was broken into yesterday.
　　　 a．there　　　　b．what　　　　c．where　　　　d．which

（10） John won the school chess tournament last year, and he is (　　　　) to win it

again.
a．decided　　　b．designed　　　c．determined　　　d．established

〔V〕次の設問（A、B）に答えなさい。

設 問

A．次の日本文（1、2）に相当する意味になるように、それぞれ下記（a～h）の語句を並べ替えて正しい英文を完成させたとき、並べ替えた語句の最初から3番目と7番目に来るものの記号をマークしなさい。

（1）　異常な暑さは、この日曜にピークを迎えると予想されます。
　　　It is（　　　　　　　　　）this Sunday.
　　　a．expected　　　b．hot　　　　　c．peak　　　　d．that
　　　e．the　　　　　　f．unusually　　g．weather　　h．will

（2）　スマートフォンのおかげで、私はものごとを記憶する能力を失いつつあるのだろうか。
　　　Am（　　　　　　　　　）my smartphone？
　　　a．ability　　　b．I　　　　　c．losing　　　d．my
　　　e．owing　　　　f．things　　　g．to　　　　h．to remember

B．次の日本文に相当する意味になるように英文の空所を埋めなさい。答えは、空所に入れる部分のみを記述式解答用紙の所定欄に記入しなさい。

急激な人口減少が進むなか、私たちの社会は高齢者をどのようにケアしていくのかという問題に直面しています。
With a rapidly declining population,（　　　　　　　　　　　　　　　）.

〔Ⅵ〕次の会話文を読み、空所（1〜10）に入れるのに最も適当なものを、それぞれ下記（ a 〜 d ）の
中から 1 つ選び、その記号をマークしなさい。

Bob is chatting with his Japanese friend Yasu.

Yasu: Bob, you've（　1　）in Japan for a good few years now. Do you have a
favourite season in Japan?

Bob: Well, it's hard to say（　2　）. I guess I like all the seasons.

Yasu: Even the rainy season?

Bob: Yes, even the rainy season. You know, we don't have a rainy season back home.

Yasu: Really? But you're from England, aren't you? I thought it was always raining
there.

Bob: Well, sure. It does rain a lot but not（　3　）in Japan. The rain in Japan
makes it really humid. Back home, the rain makes it cooler.

Yasu: I know what you mean. The humidity makes it really tough. And the other thing
is, I hate having to carry an umbrella（　4　）. It's so annoying.

Bob: That's true. The umbrellas. To be honest with you, I keep（　5　）mine on
the train. But as for the humidity, I don't mind it that much. I like how it
（　6　）me to slow down a bit. You know what I mean?

Yasu: Yeah, sure. But,（　7　）, I can't wait for the autumn when I can go hiking in
the mountains … without an umbrella.

Bob: Yes, autumn's great. But, back to the rainy season. I heard that the rainy season
is one of the busiest times（　8　）for farmers in Japan. Is that true?

Yasu: You mean *taue*, when they plant the rice seedlings.

Bob: Yes, that's right. I've seen that. It looks like real back-breaking work. But I'm
told it's also a positive time as well. Looking to the future, hoping（　9　）
good things in the coming year. I guess we all do that sort of thing. Not just
farmers.

Yasu: That（　10　）really deep, Bob. Are you sure you're not a poet?

（1）a．been　　　　b．gone　　　　c．visited　　　d．walked

（2）a．alright　　　b．besides　　　c．exactly　　　d．obviously

（3）a．like　　　　b．that　　　　c．until　　　　d．with

（4）　a．everywhere   b．someday   c．somewhere   d．whenever

（5）　a．having   b．leaving   c．moving   d．quitting

（6）　a．falls   b．forces   c．makes   d．tires

（7）　a．in my car   b．in my case   c．in my example   d．in my youth

（8）　a．of the day   b．of the month   c．of the weather   d．of the year

（9）　a．at   b．by   c．for   d．to

（10）　a．grows   b．sounds   c．talks   d．works

2月7日実施分　　　解　答

Ⅰ　**解答**　A．(1)— a　(2)— b　(3)— a　(4)— c　(5)— c
　　　　　　B．(ア)— b　(イ)— d　(ウ)— d　(エ)— c
C．(i)— b　(ii)— d　(iii)— c
D．全訳下線部参照。

◆全　訳◆

≪江戸時代の妖怪漫画本≫

　現在の日本では，妖怪は一大産業となっている。ポケットサイズのさまざまなモンスターを宣伝するため巧みに考案されている『ポケモン』シリーズは世界中で放映され，関連するおもちゃやカードゲームの大きな市場を作り出している。ネコ型ロボットのドラえもんや，幽霊族の最後の生き残りである鬼太郎は，アジア全域で長きにわたって愛される存在だ。あなたはおそらく，このような妖怪ブームは現代の日本社会の現象だと思うだろう。実際には，200 年以上前に，江戸文化ではすでに昔話を復元して，独自の消費者向けの妖怪ブームを生み出していたのだ。妖怪に着想を得たおもちゃや子どもの遊びは大流行だった。妖怪は本や木版画や舞台にも登場した。

　そんな江戸時代の妖怪はどこにその起源があるのだろう？　さらに，その人気の理由は何なのだろう？　その元となる神話や伝説には事欠かないのは確かだ。昔から，超自然的な生き物が山や木や川や湖に住むと考えられていた。これらの生き物は時には人を守り，時には人にいたずらをし，時には人に害をなした。カッパは面白がって人を小川に引き込んだ。長い鼻を持つ鳥のような天狗は山に住み，子どもをさらっていくと言われていた。キツネは意のままに姿を変えることができた。江戸時代後期になる頃には，こういう奇妙な生き物は俗に「妖怪」や「化け物」と呼ばれるようになり，広く人々の想像の中にしっかり定着していた。

　絵巻物もまた，江戸時代の妖怪の着想を与えてくれる重要なものだった。16 世紀半ばに端を発する絵巻物の一つ，『百鬼夜行絵巻』が元になって，江戸時代から明治時代にかけて数多くの複製品や模倣品が生み出された。

この独創的な絵巻には，日没後に通りを徘徊するさまざまな種類の妖怪が描かれている。これらの生き物たちは恐ろしいというよりむしろユーモラスで，本当の面白おかしさは，その奔放な行動や奇妙な見た目にあった。

　その絵巻に描かれている妖怪の多くが，もともとは壺や履物や傘といった，生命を持たない物である。持ち主に無造作に捨てられた家財道具たちが，自ら命を宿し，復讐しようとしているのではないかというのが通説であった。しかしながら，その絵巻では，妖怪の姿をした家財道具たちは，思う存分に遊びほうけていて，実に楽しそうなのだ。

　18 世紀になると，江戸は繁盛する出版業の中心地となっていた。木版画の技術を用いて，現代の日本の漫画本によく似た，大量の挿絵を入れた本が創られた。これらの本は，もともとは子ども向けで，表音文字（かな）でほぼすべて書かれており，多くの場合，その物語は民間伝承や昔話を題材にしたものだった。本は年の初めに出版され，親はお年玉としてそれらを買っていた。妖怪が登場する本は，もちろん，最も人気のある贈り物の一つだった。

　現在，日本では，超自然的な生き物というと夏を連想するのは，夏はお盆に先祖がこの世に戻ってくると考えられているからだ。ホラー映画や妖怪関連の書籍は通常，夏の数カ月に世に出る。江戸時代には，お正月が，子どもたちが「妖怪漫画」の最新版を楽しみにできる時期だった。<u>子どもたちは，そのページ上の奇想天外な挿絵に大喜びしたに違いなく，そこでは妖怪たちはいつも最後には，ある勇敢な主人公にやっつけられることになるのだった。</u>

　18 世紀後半になる頃には，これらの物語は，漫画のような性質を保ちつつも，子どもよりむしろ大人のほうが楽しめるような，当時の社会を模した，往々にして手の込んだ作品へと進化を遂げていた。妖怪は依然として必要とされてはいたが，物語はもはや悪い妖怪を退治するというような単純な話ではなくなっていた。

　当時の俗説によると，現在の神奈川県西部にあたる，箱根の境界を越えたところには，未開の国の人々と妖怪しか住んでいないとされている。つまり，箱根が江戸の都会人にとっての境界線だったのだ。江戸っ子たちが妖怪の物語を楽しいと思ったのは，農村文化に対する優越感の表れであった。

　都会人の目には，妖怪はもはや恐ろしい生き物ではなくなっていたのかもしれないが，妖怪は最も文明とは程遠い生き物で，常に笑いのネタだった。妖怪たち自身はというと，人間を怖がらせるよりも，人間の真似をすることに興味を持つようになった。言うまでもないことだが，妖怪たちの流行に乗ろうとする努力は，大抵の場合，惨憺たる結果となった。彼らは都会の流儀を知らないので，間抜けな振る舞いをし，間違いを犯してばかりいるのに，ずっと妙な自信を見せているのだ。

　ある物語は，妖怪たちが箱根の境界を越えたところに新たな住まいを探さなくてはならなくなるところから始まる。身元保証人を用意できない限り，誰も妖怪に家など貸してくれないだろうし，誰も妖怪の身元保証人になどなりたくない！　やっとこさ，妖怪たちは理想の住処を見つけるのだが──それは草の生い茂る古ぼけたおんぼろ小屋である。天井は穴だらけだし，壁は今にも崩れそうだ。それでも，そこはまだ完璧ではないということで，妖怪たちは残っている壁を壊してもらうために，大工を呼びよせるのである。

■■■■■■■■■◀解　説▶■■■■■■■■■

A．⑴空所の前にある regard に注目すると，regard *A* as *B*「*A* を *B* とみなす」というイディオムだと判断でき，a の as が正解。

⑵妖怪はもともと壺や履物や傘といった物だったという文脈で，物は生き物ではないことから，b の lifeless「生命を持たない」が正解。

⑶空所を含む文の when 以下には，先祖がこの世に戻ってくるという夏のお盆の話が続いていることから，超自然的な生き物と夏との関連性が述べられていると判断でき，be associated with ～ で「～と関連している，～とゆかりがある」という意味になる a の associated が正解。

⑷空所の前文では，箱根を越えた向こう側は未開の国だと言われている状況が述べられており，空所の後は，箱根が都会人にとっては境界線だという内容であることから，空所を含む文は前文の言い換えだと判断でき，「言い換えると，つまり」という意味のイディオムである c の In other words が正解。

⑸誰も妖怪には家を貸さないだろうという内容と，妖怪が身元保証人を用意することができるという内容とのつながりを考えると，接続詞としては c の unless「～しない限り」が文脈上適切。

B．㋐ draw upon は「～を利用する，～を汲む」などの意味を持つイディオムであり，b の make use of「～を利用する」が意味的に近い。

㋑ take on a life of *one's* own は本来，「自分の人生を歩む」という意味の表現だが，ここではもともとは壺や履物や傘といった生命のない物が妖怪になった，という文脈で用いられていることから，d の take the form of a living creature「生き物の形をとる」が意味的に近い。

㋒ Monsters were still in demand における in demand は「必要とされていて，需要があって」という意味のイディオムで，still は「依然として」という意味であることから，d の Monsters continued to be popular「妖怪は引き続き人気があった」が意味的に近い。

㋓ keep up with the fashion の keep up with ～ は「～に遅れずについていく」という意味のイディオムだが，keep up with the fashion で「流行に乗る」という意味になるので，c の follow the latest trend「最新の流行に従う」が意味的に近い。

C．(i)「本文によると，江戸時代の妖怪の起源はどこにあるのか」　第 2 段第 3 文（Certainly there was …）には妖怪の起源を問う英文に続く形で，「その元となる神話や伝説には事欠かないのは確かだ」と述べられていることから，b の They have their origins in traditional myths and legends.「それらは伝統的な神話や伝説に起源がある」が正解。

(ii)「『百鬼夜行絵巻』の中の妖怪たちを非常に魅力的なものにしている点の説明として最も適切なのは以下のどれか」　第 3 段最終文（These creatures are …）の後半部分に「本当の面白おかしさは，その奔放な行動や奇妙な見た目にあった」と述べられており，d の They behaved wildly and their appearance was odd.「彼らは奔放な振る舞いをし，外見も奇妙だった」が正解。

(iii)「江戸時代の妖怪たちが大人にとって面白かった理由の説明として最も適切なのは以下のどれか」　第 9 段第 1 文（In the eye …）には，（江戸時代の）都会人にとって妖怪は最も文明とは程遠い生き物で，常に笑いのネタだったと述べられており，同段最終文（In their ignorance …）にも，妖怪たちは都会の流儀を知らないので，間抜けな振る舞いをしたとも述べられていることから，c の Edo monsters were so ignorant of the way city people behaved.「江戸時代の妖怪たちはあまりにも都会人の振る舞

い方を知らなかった」が正解。

D．must have delighted in ～ は must の後に完了形が続いているので，「～に大喜びしたに違いない」という意味になる。strange illustrations はここでは妖怪たちを描いた「奇想天外な挿絵」のこと。関係副詞の where 以下の節には，妖怪漫画のページ上で展開されている内容が述べられている。would はここでは習慣的な行為を述べるときに用いる用法と考えられる。ultimately「最終的には」 be defeated by ～「～に負ける，～にやっつけられる」 some は，some＋単数名詞で不特定な事物であることを表す用法で，ここでは「ある勇敢な主人公」といった訳が考えられる。

Ⅱ 解答

A．㋐— b　㋑— d　㋒— d　㋓— a　㋔— b

B．a・d

C．全訳下線部参照。

◆全　訳◆

≪日本の開国と欧米列強との条約締結≫

　1844 年，オランダ国王ウィレム 2 世は，日本の将軍に書簡を送り，将軍に対し，世界では急速にいろいろな出来事が起きているので，日本が鎖国政策をとり続けることは賢明でないばかりか，不合理でもあると警告した。一つには，蒸気航海が発達したおかげで，欧米諸国の船が，世界のはるか遠くの海域へ侵入することがその時すでに可能になっていた。中国は英国に軍事的敗北を喫したばかりで，日本も世界の情勢からこのまま距離を保ち続けることをそう長くは期待できないだろう。

　徳川幕府の役人たちは，内輪でその件について議論しながらも，オランダ国王の書簡に対して，具体的には何もしなかった。当時，幕府は最後の大改革に取り組んでおり，しかもこの改革は最終的には失敗に終わったことが，鎖国政策を真剣に見直すという目下の急務を前にして躊躇したことと相まって，幕府にとっては揉め事につながった。1840 年代には，江戸幕府は確かに差し迫った崩壊の脅威にさらされていたわけではなかったが，鎖国をめぐっての政治的な熱度は高まっており，すぐにも幕府がそれまで直面したこともないような難題となりかねなかった。

　この難題は，1853 年の夏，アメリカのマシュー=ペリーと彼が率いるか

の有名な「黒船」が江戸湾に来航したことで現実のものとなった。ペリーは，日本との外交的かつ通商上の関係を開く可能性を探る目的で，大統領のミラード=フィルモアに派遣されていたのだが，1854年には，日米間の政府の役人の交換を定めた協定に調印したことで，最初の目的を達成した。

1856年，最初のアメリカ領事であるタウンゼント=ハリスが来日したが，最終的に通商協定を締結したのは彼で，その協定ではいくつか特定の日本の港を開港することを定めていただけでなく，欧米列強が以前に中国との取引において打ち出していた一連の条件が含まれていた。この中には米国が日本の領土でおこなわれた犯罪に対し，自国民を自国の法律で裁く権利が含まれていた。最恵国条項の規定では，欧米のある国が得た追加的利益は同様の協定を結ぶ他のすべての国に対しても自動的に有効であるとされており，しかも，日本への輸入品のすべてに約5％の固定関税が設定され，それは両国の承認がなければ変更できないようになっていた。主だったヨーロッパの列強も，その後数カ月の間に日本との貿易権を獲得したのは，ハリス協定，特にその最恵国条項に基づいてのことだった。

◀解　説▶

A. ㋐ suffer には「（不快なこと）を経験する」という意味があり，suffer military defeat で「軍事的敗北を喫する」という意味になっている。選択肢の中では b の experienced「〜を経験した」が意味的に近い。

㋑engage は be engaged in 〜 の形で「〜に従事している，〜に携わっている」という意味になる。be occupied with 〜 は「〜に専念している，〜に従事している」という意味で，d の occupied with が意味的に近い。

㋒the now pressing need の now はここでは「その当時の」という意味。pressing は「差し迫った，急を要する」という意味であることから，d の the urgent demand「差し迫った要求」が意味的に近い。

㋓the political temperature は直訳すると「政治的温度」だが，ここでは江戸幕府が鎖国政策の見直しを迫られているという状況から判断して，a の the diplomatic concern「外交上の懸念」が意味的に近い。

㋔only with the approval of both parties は直訳すると「両者の承認によってのみ」となるが，both parties は日本とその相手国を指しており，ここでは両国が承認した場合にはじめて関税率が変更できるという文脈であることから，b の when both countries agreed が意味的に近い。

B．a．「大洋を横断する蒸気船の発明によって，西洋諸国はたやすく世界中に行くことができた」　第 1 段第 2 文（The development of …）に蒸気航海が発達したおかげで，欧米諸国の船が，世界のはるか遠くの海域へも侵入できるようになったと述べられており，一致。

b．「徳川幕府はオランダ国王からの書簡を入念に読んで，オランダに政府の役人を派遣することにした」　第 2 段第 1 文（Although they debated …）に，徳川幕府の役人たちはオランダ国王からの書簡の内容について議論はしたが，具体的には何もしなかったと述べられており，不一致。

c．「日本と米国は 1853 年以前に政府の役人の交換を始めた」　第 3 段第 2 文（Perry had been …）の and 以下に，日米間の政府の役人の交換を定めた協定に調印したのは 1854 年と述べられており，不一致。

d．「日本と米国は最初に外交上の，そののち商業上の関係を確立した」第 3 段第 2 文（Perry had been …）で，政府役人の交換を定めた協定を1854 年に調印したと述べられており，最終段第 1 文（The first American …）では，1856 年に来日したアメリカ領事のハリスが通商協定を締結したと述べられているので，一致。

e．「日本は主だったヨーロッパの列強に特別な地位を与えられたので，ハリス協定は上出来だった」　最終段第 2 文（These included the …）には，ハリス協定（「日米修好通商条約」のこと）の具体的な内容が述べられており，その協定には最恵国条項が含まれていて，欧米諸国に有利な条件だったことから，不一致。

f．「欧米諸国と協定を結んだ結果，日本は中国と外交上かつ商業上の関係をもつようになった」　最終段第 1 文（The first American …）に，日本がハリスと調印した協定では，欧米列強が中国との取引で打ち出していた条件が含まれていたと述べられているが，日本と中国の関係については記述されていないので，不一致。

C．had been sent by 〜 は，ここではペリーが日本に来た経緯が述べられており，by 以下に大統領の名前があることから，「〜に派遣されていた」という訳が適切。to investigate 以下にはペリーの来日目的が述べられている。investigate は「〜を調査する，〜を研究する」という意味だが，the possibility が目的語なので「可能性を探る」とするとよい。of 以

下は possibility の内容を説明する動名詞句。diplomatic「外交上の」commercial「商業上の，通商の」

III　解答

A. (1)— d　(2)— d　(3)— a　(4)— b　(5)— d

B. (ア)— a　(イ)— c　(ウ)— a

C. b・d

◆━━━━━◆全　訳◆━━━━━━━━━━━━━━━

≪樹木のコミュニケーション能力≫

　私たちの多くが樹木を理解できない理由の一つは，樹木は私たちとは異なる時間の尺度で生きているという点だ。樹齢9,500年以上になる木々が実在していて，それは人間の平均寿命の115倍にもなる。これほど贅沢な時間を手にしている生き物が，物事をゆったりしたペースで受け入れる余裕がある。例えば，木の根を通過する電気信号は1秒間に3分の1インチというゆっくりした速度で流れている。ではなぜ，そもそも樹木は根を通じて電気信号を出すのだろうとあなたは疑問に思うかもしれない。

　その答えは，樹木は情報をやり取りする必要があり，電気信号はそれを行う多くの方法の一つにすぎない，というものだ。樹木はさらに，臭覚や味覚も情報交換に利用する。もし，首の長いキリンがアフリカアカシアと呼ばれる木を食べ始めると，その木は空気中に，脅威が差し迫っていることを知らせる化学物質を放出する。その化学物質が空気中を漂ってほかの木々に届くと，それらの木々はそれを「嗅ぎ取り」，その危険を察知する。キリンが自分たちにたどり着かないうちに，もう有毒な化学物質を生成し始めるのだ。同様に，葉を食べる昆虫の唾液が，食べられている葉によって「味を知られてしまう」こともある。その反応として，樹木は，葉を食べるその特定の昆虫を餌とする捕食者を引き寄せる化学物質の信号を出す。ゆったりした生活が必ずしも退屈というわけではないのだ。

　しかし，樹木で最も驚くべきことは，それらがいかに社会性があるかという点である。森の木々は互いに世話をし合っており，伐採された木の切り株に糖分などの栄養を与えて，時に何百年もの間，その切り株を生かしておくことさえあるほどだ。こうして生き延びるのはごく一部の切り株にすぎないが，ことによると，それらが現在の森林を構成する木々の親なのかもしれない。木がほかの木々とつながっているための最も重要な手段が，

土壌菌類が持つ「ウッド・ワイド・ウェブ」で，それは植生を緊密なネットワークでつないでおり，そのネットワークのおかげで，膨大な量の情報や，ほかにも必要なものを共有することができるのだ。菌類と植物との間でこのような連携ができる驚くべき能力の解明を目的とする科学的研究は，まだ始まったばかりである。

　樹木が食べ物を分け合い，情報をやり取りする理由は，樹木がお互いを必要としているからだ。木が持続的に生育するのに適した生態系を作りあげるには森が必要であり，だからこそ，単体で生育する木々の方が，森で共につながりあって生育する木々よりもはるかに寿命が短いのは驚くにはあたらない。おそらく，あらゆる植物の中で最も悲しむべき植物は，私たちの手によって農業システムに取り込まれた状態になっている植物だろう。そういう植物はほかの植物と情報交換がまったくできず，沈黙のうちにその生涯を終えてしまう。農家は森から学び，穀物やジャガイモにもう少し野性味を培うようにすべきである。そうすれば，それらも近くにある植物と「対話」をし始めることだろう。

■■■■■■■■■ ◀解　説▶ ■■■■■■■■■

A．⑴人の寿命はせいぜい 100 年ほどであるのに比べて，後続文では 9,500 年以上も生きている木があるというのだから，時間という単位でみるとその尺度が異なるという文脈だと判断でき， d の scale「尺度」が正解。

⑵第 2 段では樹木間の情報のやり取りの仕方について述べられている。キリンが木の葉を食べると，木から放出される化学物質が空所の後の that 節の内容「脅威が差し迫っていること」をどうすると述べているのかを考えると， d の signals「〜を信号で知らせる，〜と合図する」が適切。

⑶第 3 段では樹木の社会性の高さが述べられており，第 2 文（The trees in …）以下で切り株に養分を送る樹木の存在が例として挙がっていることから， look after 〜 で「〜の世話をする」という意味のイディオムとなる a の after が正解。

⑷ have only just begun は「始まったばかりだ」という意味の慣用的な表現であり， b の just が正解。

⑸空所の後の for に注目する。sustainable tree growth「持続的な木の生育」にとってどのような ecosystem「生態系」を作り出すことが必要かを

考えると，(be) suitable for ～ で「～に適した」という意味になる d の suitable が正解。

B．㋐ trees need to communicate「木々は情報をやり取りする必要がある」というのは，第2段第3・4文（If a long-necked … of the danger.）に，化学物質を放出して周囲の木々に危険を知らせるという具体例が挙がっていることから，生存に必要なことと判断でき，a の the messages trees send to each other are important for their survival「木々が互いに送り合うメッセージはその生存にとって重要である」が意味的に近い。

㋑ Life in the slow lane is not always dull. における slow lane は本来高速道路の「低速車線」のことだが，ここでは木々について語られており，life in the slow lane で「ゆったりした生き方」という意味になっている。それが not always dull「必ずしも退屈というわけではない」というのだから，c の The lives of trees are more interesting than might be supposed.「木々の暮らしぶりは想像よりも面白い」が意味的に近い。

㋒ how social they are は they are very social，つまり，「樹木は非常に社会性がある」という意味。第3段第4文（A tree's most …）には，土壌菌類を利用したつながり方が述べられていることからも，a の how connected they are to each other「それらがいかに互いに密接につながり合っているか」が意味的に近いと判断できる。

C．a．「人間の平均寿命の100倍長く生きている木々などない」 第1段第2文（There are trees …）に，樹齢9,500年以上，つまり人間の平均寿命の115倍長寿の木々が存在すると述べられており，不一致。

b．「アフリカアカシアの木々にはキリンから身を守る方法がある」 第2段第3～5文（If a long-necked … producing toxic chemicals.）に，アフリカアカシアは，キリンに葉を食べられたほかの木から放出される化学物質を嗅ぎ取って危険を察知し，キリンにとって有毒な化学物質を生成し始めると述べられており，これは身を守る方法にあたるので，一致。

c．「木々は害虫を餌とすることで知られてきた」 第2段第6・7文（Likewise, the saliva … leaf-eating insect.）に，葉を食べる昆虫の捕食者を引き寄せる化学物質を出す木々についての記述はあるが，害虫を餌としているわけではないので，不一致。

d．「森の中の木は切り倒されても，必ずしも枯れるわけではない」 第3

段第 2 文（The trees in …）には，伐採された木の切り株に栄養を与えて，時に何百年も生かしておく木々の存在について述べられており，一致。

e．「森の中のすべての木々は，家族集団で固まって生えている」 第 3 段第 2・3 文（The trees in … the forest today.）に，ほかの木々から栄養を与えられて生き延びた一部の切り株が現在の森林を構成する木々の親なのかもしれないとの記述はあるが，森の木々が family group「家族集団」で固まって生育しているとは述べられていないので，不一致。

f．「科学者たちは樹木の一生をウェブ上に記録している」 第 3 段第 4 文（A tree's most …）に述べられている Wood Wide Web は，土壌菌類が果たしている機能を World Wide Web「ワールド・ワイド・ウェブ」になぞらえた造語。科学者がウェブ上に何かを記録しているという記述はないので，不一致。

IV 解答
(1)— b　(2)— a　(3)— b　(4)— d　(5)— c　(6)— d
(7)— a　(8)— a　(9)— d　(10)— c

◀解　説▶

(1)「この問題に関してさらなる情報が必要とあらば，ご遠慮なく私に連絡してください」 feel free to *do* は「遠慮なく〜する，自由に〜する」という意味のイディオムであり，b の free が正解。

(2)「その子は危うく溺れそうになったが，川に飛び込んだ勇敢な男性に救助された」 almost は「ほとんど」という意味だが，その後に続く語に関してはそういう状態には至っていないことを表す語。英文の後半の記述から，この子どもは助かっているので，almost drowned で「危うく溺れそうになった」という意味になる a の almost が正解。

(3)「私たちが駅で数時間待った頃に，私の友人がようやく到着した」 wait という動詞の時制については，for several hours から判断して，動作の継続を表す完了進行形にする必要がある。後続文が arrived という過去形であることから，過去完了進行形の b の had been waiting が正解。

(4)「私は何も間違ったこと，まして違法なことはしていないと思う」 much less 〜 は，否定の内容に関して「まして〜ない」と，重ねて否定の内容を伝える表現。ここでは I don't think I did … を I think I didn't do … と考えると，間違ったことも違法なこともしていないという内容だ

と判断できるので，dのmuch lessが正解。

⑸「高い椅子の上に立ったので，彼は天井に届いて，それを掃除できた」空所を含む部分には主語がないので，分詞構文か，to不定詞で始まる文だと判断できる。椅子の上に立ったことで天井に届いたのだから，理由を表す分詞構文で始まると判断でき，cのStandingが正解。

⑹「私の上司は週末に仕事をするのは大嫌いだし，彼女の同僚もそうだ」soは「そのように」という意味だが，so do Sやso does Sの形になると，その前にある一般動詞の肯定文の内容を受け，「Sもそうである」という意味になる。ここでは現在時制で，主語がher colleaguesという複数形であることから，do her colleaguesと続いており，dのsoが正解。

⑺「多くの人がいまだに，紙や鋼鉄といった限りある資源を再利用する重要性を認識していない」be aware of ～は「～を認識している，～に気づいている」という意味であり，aのawareが正解。

⑻「この件に関して結論に達したらすぐに議長にお知らせください」文脈から，結論に達するのはこれから先のことだとわかり，時制的には未来だが，as soon as ～「～するとすぐに」に続く文は時を表す副詞節となるので，willを用いることはできない。したがって，現在完了時制のaのhave reachedが正解。

⑼「私の祖母の家は，道路を挟んで我が家の向こう側にあるが，昨日，泥棒に入られた」空所の後にisが続いており，主語がないことから，空所にはhouseを先行詞とする関係代名詞の主格が入ると判断でき，dのwhichが正解。

⑽「ジョンは去年，学校のチェスのトーナメントで優勝しており，もう一度そこで優勝する決意を固めている」be determined to *do*は「～する決意を固めている」という意味の表現であり，cのdeterminedが正解。aのdecidedだとisは不要なので不適。

V　解答

A．（3番目・7番目の順に）⑴—e・h　⑵—d・e
B．our society is faced with the problem of how to take care of the elderly

◀解　説▶

A．正しく並べ替えた英文とポイントはそれぞれ次の通り。

(1) (It is) expected that <u>the</u> unusually hot weather <u>will</u> peak (this Sunday.)

　形式主語で始まっていることから,「～と予想されます」は It is expected that ～ となることがわかる。「異常な暑さ」は「異常に暑い天気」と考えると the unusually hot weather となり, この後は未来時制の動詞の will peak が続く。

(2) (Am) I losing <u>my</u> ability to remember things <u>owing</u> to (my smartphone?)

　疑問文が Am で始まっていることから, 進行形の文であり, Am I losing と続く。「ものごとを記憶する能力」は ability の内容を to 不定詞で述べる形で, my ability to remember things となる。「～のおかげで」は owing to ～ というイディオムが使われているとわかるだろう。

B.「～に直面している」は be faced with ～ というように受動態を用いる。「高齢者をどのようにケアしていくのかという問題」は「問題」の内容を, of 以下に名詞節か名詞句を続けることで表現するとよい。「問題」は the problem, the question, the issue のいずれも使用できる。「～をどのようにケアするのか」は how to take care of ～ や how to care for ～ というように, 疑問詞の後に to 不定詞を続けることで表現できる。「高齢者」は the elderly や the elderly people だが, old は人に対して用いるとやや失礼な印象を与えるので避けること。

VI　解答

(1)— a　(2)— c　(3)— a　(4)— a　(5)— b　(6)— b
(7)— b　(8)— d　(9)— c　(10)— b

━━━━◆全　訳◆━━━━

≪日本の梅雨をめぐっての二人の会話≫

　ボブが日本人の友人のヤスとおしゃべりをしている。

ヤス：ボブ, 君はもう何年も日本にいるよね。日本で好きな季節はある？

ボブ：そうだな, 正確に言うのは難しいね。どの季節も好きかな。

ヤス：梅雨でも？

ボブ：ああ, 梅雨でもね。ほら, 僕の国には梅雨はないからね。

ヤス：ほんと？　でも, 君はイギリス出身だよね？　あっちじゃいつも雨が降ってるって思ってた。

ボブ：まあ，確かに。雨はよく降るけど，日本とは違うんだ。日本の雨は
　　　ほんとにじめじめする。僕の国だと，雨が降ると涼しくなるんだ。

ヤス：君の言いたいことわかるよ。湿度が高いってほんとに大変だよね。
　　　それにもう一点，僕はどこへ行くにも傘を持ち歩かないといけない
　　　のが嫌でね。ほんとに面倒でさ。

ボブ：まったく。傘ねえ。正直言うと，僕は何度も自分の傘を電車に置き
　　　忘れているんだ。でも，湿気に関していうと，それほどは気にして
　　　いない。じめじめしてると嫌でも少しペースを落とさざるを得なく
　　　なるのがいいんだ。僕の言ってる意味，わかるだろ？

ヤス：ああ，もちろん。でも，僕の場合，山にハイキングに行ける秋が待
　　　ち遠しいよ…傘をささずにね。

ボブ：ああ，秋は最高だね。でも，梅雨の話に戻ると，梅雨は日本の農家
　　　の人たちにとっては一年で一番忙しい時期の一つだって聞いたよ。
　　　ほんとなの？

ヤス：田植えのことだね，その時期に稲の苗を植えるんだ。

ボブ：ああ，そうそう。僕はそれを見たことがあるよ。ほんとにひどく骨
　　　の折れる作業に見えるよ。でも，それは前向きになれる時期でもあ
　　　るって言われてるよ。未来に目を向け，来年には良い事があるよう
　　　にと願う。僕たち，みんなそういう類のことをするんじゃないかな。
　　　農家の人たちに限らず。

ヤス：なんだかとっても深い話に聞こえるよ，ボブ。君は本当に詩人じゃ
　　　ないの？

■■■■■■■■■■ ◀解　説▶ ■■■■■■■■■■

(1) have been in ～ for … という形で，for の後に期間がくると「～に来て
…になる，…の間～にいる」という意味になるので，a の been が正解。
a good few ～ は「かなり多くの～」という意味。

(2)空所の後，I guess ～「たぶん～だろうと思う」に続けてどの季節も好
きだと答えていることから，正確にどの季節が好きだと言えないと述べて
いると判断でき，c の exactly が正解。

(3)ボブは空所を含む文の直後文で，日本の雨と，母国イギリスの雨の違い
を述べていることから，日本のようではないと述べていると判断でき，
「～のようで」という意味の a の like が正解。

(4)ヤスは空所の前の部分で，傘を持ち歩かなければならないのは嫌だと述べており，梅雨の時期は雨が続くことから判断して，「どこへ行くにも」という意味になる，a の everywhere が正解。

(5)ボブは空所を含む文の直前文で傘に言及していることから，mine は my umbrella であると判断できる。自分の傘に関して，電車で何度もしていることは何かと考えて，「置き忘れる」という意味の leave が，keep の補語として現在分詞形となっている b の leaving が文脈上適切。keep *doing* は「～をし続ける，（何度も）～をしている」という意味。

(6)空所の後が me to slow という形になっている点に注目すると，force *A* to *do* の形で「*A*（人）に～することを強いる」という意味になる b の forces が正解。ここでは it，つまり the humidity が主語なので，「湿気のせいで僕は～せざるを得なくなる」という内容。

(7)ボブはペースを落とせるので，梅雨の湿気はあまり気にならないと，梅雨にあまり否定的ではない。一方，ヤスは空所の後，ハイキングに行ける秋が待ち遠しいと述べていることから，ボブとは違って「僕の場合は」と断ってからその発言をしたと判断でき，b の in my case が正解。

(8)日本では梅雨は田植えの時期にあたるので，農家はとても多忙なはずであり，one of the busiest times of the year で「一年で最も多忙な時期の一つ」という意味になる d の of the year が正解。

(9)空所の後に good things「良い事」という名詞が続いていることから判断して，hope for ～ で「～を望む，～を待望する」という意味になる c の for が文脈上適切。

(10) That は直前のボブの発言を指し，deep が形容詞であることから，空所には補語として形容詞が続く動詞が入ると判断できる。sound であれば，「～のように聞こえる」という意味になり，文脈上も適切なので，b の sounds が正解。

❖講　評

　2023 年度の学部個別日程試験も例年通り，読解問題 3 題，文法・語彙問題 1 題，文法・語彙問題（語句整序）および英作文 1 題，会話文問題 1 題の計 6 題という構成であった。

　3 題の読解問題については，Ⅰは選択式の空所補充・同意表現・内容説明と記述式の英文和訳，Ⅱは選択式の同意表現・内容真偽と記述式の英文和訳，Ⅲはすべて選択式の空所補充・同意表現・内容真偽という構成であった。同意表現問題では，例年通り，語句だけでなく英文と文意が同じ英文を問う問題も出題されているが，いずれも標準的な問題であった。Ⅳの文法・語彙問題およびⅤの語句整序は語彙・熟語・構文力・文法力が幅広く問われる問題である。Ⅴの記述式の英作文は，文の前半部分が与えられており，後半にあたる和文 1 行程度の内容を英訳する問題。2022 年度よりは難化したものの，基本的な学力を問う標準的な問題であった。Ⅵの会話文は 10 カ所の空所補充問題となっており，主に会話の流れを正しく追う力と，語彙・熟語力に加えて，文法力も問う問題となっている。

　全体としては設問形式に大きな変化はなく，3 題の長文読解問題に時間がかかるので，時間配分が難しいものの，バランスのよい学力が問われる標準的な問題と言える。

///////////////// · memo · /////////////////

2022
年度

問題と解答

2月2日実施分　　問　題

（90分）

〔 I 〕 次の英文を読み、下記の設問（A～C）に答えなさい。

One autumn day in 1865, two men sat in a bar in Connecticut, the United States (U.S.), calming their nerves with a few drinks. They had been riding a wagon down a nearby hill when they heard a scream from behind them. A monster, with the head of a man and the body of some unknown creature, was flying down the hill towards them. They whipped their horses and fled, while the monster dropped down into a stream.

The monster's real name was Pierre Lallement. The young mechanic had been in the U.S. for a few months and had brought with him from France a machine of his own devising—a pedal-cranked, two-wheeled construction, which we would later call a bicycle. It still lacked the gears and chain-drive of a modern bicycle and brakes—which was why he had dived down the hill towards the wagoners with such terrible speed. But pedal-cycles were about to （　1　） dramatic changes on the social, technological, and perhaps even genetic landscape of the world.

Introduced twenty years after Lallement had fallen downhill like a monster, the next technological step, the "safety bicycle" looked much like modern bicycles do, with a chain-drive, equal-sized wheels, and a diamond frame. With minor modifications to the crossbar, safety bicycles could even be ridden by women in dresses. The bicycle was a liberating force for women. They (ア)abandoned corsets and hoop skirts* in favor of something simpler and more comfortable. Susan B. Anthony, a women's rights activist for most of the nineteenth century, declared that the bicycle had "done more to free women than any one thing in the world."

The bicycle continues to （　2　） young women today. In 2006, the state government of Bihar, India, began to heavily subsidize the purchase of bicycles for teenage girls transferring to secondary school—the idea was that the bicycles would allow girls to travel several miles to their lessons. The program seems to have worked, drastically （　3　） the chances that girls would stick with secondary school.

Even in the U.S., the bicycle is an inexpensive way to expand horizons: the basketball superstar LeBron James has founded a school that supplies a bicycle to every student. James grew up in a low-income neighborhood. He says that when he and his friends were on their bicycles, they were free. "We felt like we were on top of the world." Yes, the bicycle has long been a freeing technology for (　4　). In its early days, it was much cheaper than a horse, yet offered the same range and freedom. The gene scientist, Steve Jones, has argued that the invention of the bicycle was the most important event in recent human evolution, because it finally made it easy to meet, marry, and mate with someone who lived outside one's immediate community.

Furthermore, the bicycle helped a manufacturing revolution. In the first half of the nineteenth century, precisely engineered, interchangeable parts were being used to make firearms for the U.S. Army, (ィ)at considerable expense. Interchangeability proved too costly, at first, for civilian factories to copy fully. It was the bicycle that served as the (　5　) between high quality, expensive military manufacturing and widespread mass production of complex products. Bicycle manufacturers developed simple, easily repeatable techniques—such as stamping cold sheet metal into new shapes—to keep costs low without (ゥ)sacrificing quality. They also developed ball bearings, air-filled tires, gears, and brakes.

Both the manufacturing techniques and these innovative components were to be embraced (　6　) by car manufacturers. The first safety bicycle was made in 1885 at a factory in Coventry, England. It is not a coincidence that the manufacturer went on to become a major player in the car industry; the progression from making bicycles to making cars was obvious.

It is tempting to view the bicycle as a technology of the past. It created (ェ)demand for better roads, and allowed manufacturers to sharpen their skills, and then gave way to the motor car—did it not? The data show (　7　). Half a century ago, world production of bicycles and cars was about the same—20 million each, per year. Production of cars has since tripled, but production of bicycles has increased twice as fast as cars.

It is not absurd to suggest that bicycles are (ォ)pointing the way yet again. Globally, over a thousand bicycle-share schemes and tens of millions of easy-to-rent bicycles are now thought to be in circulation, with numbers growing fast. In many overcrowded cities, the bicycle is still the quickest way to get around. Many cyclists are (　8　) only by diesel smoke and by the prospect of crashing. But if the next generation of automobile is a pollution-free electric model, driven by a cautious and considerate robot, it may be that the bicycle's comeback soars even more.

*hoop skirts：フープスカート（中世以降の上流階級で着用されていた、フープ（輪）を用いて張り
　　　　広げられたスカート）

出典追記：Why the bicycle's future looks bright, BBC News on April 30, 2019 by Tim Harford

設　問

A. 本文中の空所（1～8）に入れるのに最も適当なものを、それぞれ下記（a～d）の中から1つ
選び、その記号をマークしなさい。

（1）a. prevent　　　　b. bring about　　　c. take away　　　d. resist

（2）a. ignore　　　　b. permit　　　　　c. disapprove　　　d. empower

（3）a. increasing　　b. increases　　　　c. increased　　　d. to increase

（4）a. the bankers　　　　　　　　　　　b. the economically privileged
　　　c. the less fortunate　　　　　　　　d. the prisoners

（5）a. hill　　　　　　b. river　　　　　　c. bridge　　　　　d. ocean

（6）a. in due course　b. back on track　　c. out of season　d. by no means

（7）a. whenever　　　b. otherwise　　　　c. because　　　　d. nevertheless

（8）a. unacceptable　b. confident　　　　c. hopeful　　　　d. discouraged

B. 本文中の下線部（ア～オ）の文中での意味に最も近いものを、それぞれ下記（a～d）の中から
1つ選び、その記号をマークしなさい。

（ア）abandoned
　　　a. held dear to　　　　　　　　　　b. cherished
　　　c. stopped wearing　　　　　　　　d. admired

（イ）at considerable expense
　　　a. on some charge　　　　　　　　b. at a high price
　　　c. at any rate　　　　　　　　　　d. at your own risk

（ウ）sacrificing
　　　a. maintaining　　　　　　　　　　b. reducing
　　　c. lifting　　　　　　　　　　　　d. assessing

（エ）demand
　　　a. mistake　　　　　　　　　　　　b. jam
　　　c. trouble　　　　　　　　　　　　d. need

（オ）　<u>pointing the way</u>

  a．providing a path forward b．aiming at the method

  c．getting a good score   d．sharpening a pen

C．次の英文（a～h）の中から本文の内容と一致するものを3つ選び、その記号を各段に1つずつ
　　マークしなさい。ただし、その順序は問いません。

  a．The two men on the wagon screamed because they were being hunted by a
   monster.

  b．The machine the French man had made was a primitive version of the present-day
   bicycle.

  c．The safety bicycle gave women of the time more independence.

  d．Many teenage girls in India drop out from school because they cannot ride a
   bicycle.

  e．The bicycle helped the evolution of human beings because it allowed people to
   travel afar, get married, and have children with people from different communities.

  f．Bicycles are a long-forgotten myth of the past.

  g．Today, more cars are manufactured than bicycles annually.

  h．The number of the abandoned bicycles is on the rise in the world.

〔Ⅱ〕次の英文を読み、下記の設問（A～C）に答えなさい。

In a 1982-exhibition, the Mexican National Museum of Culture claimed that *corn* "was not domesticated, but created"—almost (ア)out of thin air. The "creation" happened 6,000 years ago in（　1　）that now is the southern part of Mexico. What made the museum come up with this surprising claim?

Like wheat and rice, corn is a cereal. Dictionaries define a cereal as "a grass producing edible grain grown as an agricultural crop." Characteristically, cereal grasses have one specific gene that prevents the grains from falling off the stem, making them easy to harvest. Cereals are closely related with the（　2　）of many of the world's cultures. Try, for instance, to（　3　）the culture and history of China or Japan without rice. It is equally hard to think of the cultures of Mexico and many other places in the Americas without corn. However, corn differs from all other cereals. Whereas human beings in Asia, for instance, could begin their agriculture by（　4　）wild rice or wild wheat, humans in the Americas had no wild corn to start with! Modern scientists have searched for wild corn, but since they found nothing, they have (イ)thrown up their hands.

The wild grass that resembles corn the most is called *teosinte*. Corn and teosinte may look alike, but they are (ウ)like night and day. The teosinte has at least 16 genes that ensure the grains fall off the stem. Once they are on the ground, new plants（　5　）from them. The grains of corn, on the other hand, do not fall off, but are hidden under a layer of thin fibers and a layer of thick leaves. Unless those layers are（　6　）and the grains are sown by humans, no new plants will come of them. Corn and teosinte also differ because nobody would think of teosinte as a cereal. Even if humans should care to pick its small grains up from the ground, they could not（　7　）their hunger. Corn, on the other hand, is a delicious and healthy food. We do not know if somebody changed the nature of teosinte so much that they ended up with corn. If they did, it is a mystery how they could do it six thousand years ago. If they did not, where did corn come from?

設　問

A．本文中の空所（1～7）に入れるのに最も適当なものを、それぞれ下記（a～d）の中から1つ選び、その記号をマークしなさい。

（1）　a．an age　　　　b．an area　　　　c．a second　　　　d．a situation
（2）　a．race　　　　　b．raise　　　　　c．rose　　　　　　d．rise

(3)	a. eat	b. hear	c. imagine	d. watch
(4)	a. domesticating	b. eliminating	c. hunting	d. ignoring
(5)	a. drain	b. game	c. grow	d. guarantee
(6)	a. cherished	b. painted	c. pleased	d. removed
(7)	a. achieve	b. enjoy	c. question	d. satisfy

B. 本文中の下線部（ア〜ウ）が文中で表している内容に最も近いものを、それぞれ下記（a〜d）の中から1つ選び、その記号をマークしなさい。

(ア)　out of thin air
　　　　a. from nothing
　　　　b. by thinning ingredients
　　　　c. by a lack of oxygen
　　　　d. from rice or wheat

(イ)　thrown up their hands
　　　　a. expressed their joy
　　　　b. given up
　　　　c. reached the answer
　　　　d. shown they won

(ウ)　like night and day
　　　　a. completing the other
　　　　b. facing each other
　　　　c. the opposite of each other
　　　　d. the help of the other

C. 次の英文（a〜c）の中から本文の内容と一致するものを1つ選び、その記号をマークしなさい。

　　a. The Mexicans bought their first corn from China six thousand years ago.
　　b. It is still unclear how corn came into the world.
　　c. Teosinte is good for fantastic dishes.

〔Ⅲ〕次の英文を読み、下記の設問（A、B）に答えなさい。

One of my first culture shocks after arriving in Japan from the United States (U.S.) happened when I sneezed* out loud in my office. No one said a word. Everyone went about their business and ignored my sneeze completely. This surprised me because I had never really stopped to think about the custom of saying "bless you" as being Western and not Eastern. The first few times I sneezed in front of people in Japan, I made a point to say "excuse me" in Japanese. This reaction on my part confused them, because they had no idea what I was referring to when I asked to be excused. I guess I felt self-conscious and even a little (ア)embarrassed for sneezing. People in the U.S. almost always acknowledge your sneeze, and I missed having someone say "bless you," or the (イ)equivalent in Japanese.

Finally, I asked my boss why in Japan no one says anything after one sneezes. He explained that it isn't customary to (ウ)bring attention to someone who has just sneezed, but instead it is more polite to just ignore it. I found this small cultural difference (エ)fascinating. In the U.S., acknowledging a sneeze is such an embedded custom that everyone, everywhere replies to someone's sneeze. It is so common that strangers on the street will bless you if you sneeze.

Why do we say "bless you" after someone sneezes? This custom has religious origins based on Christian tradition. It was believed by early Christians that when a person sneezed, his or her body became weak, so evil forces could enter the body at the moment of the sneeze and take control of it. To prevent this, someone standing close must say "God bless you!" to keep the devil out. Hence the tradition began.

My boss encouraged me to teach my Japanese colleagues this custom of saying "bless you." After that, whenever anyone sneezed, a chorus of "bless you" rang through the office, followed by loud laughter. It was fun for them to participate in a custom that is not normally practiced in Japan. I liked it because it made me (オ)feel at home.

One custom in the U.S. that I don't miss here in Japan is the habit of blowing your nose** in a cloth handkerchief after you sneeze, and carrying it all day, (カ)stuffed in your pocket. I can imagine what Japanese people would think after seeing Americans blow their noses in handkerchiefs: are they going to wipe their faces or dry their hands with those dirty handkerchiefs? In Japan, there is a social expectation against blowing your nose in public. It is considered rude and impolite. Of course, Americans are not bothered by people blowing their noses in public, but probably would be if the same people then used the unclean handkerchiefs to wipe their faces and hands.

*sneeze：くしゃみをする
**blow your nose：鼻をかむ

設　問

A．本文中の下線部（ア〜カ）の文中での意味に最も近いものを、それぞれ下記（a〜d）の中から
　1つ選び、その記号をマークしなさい。

（ア）underline embarrassed
　　　a．calm　　　　　b．familiar　　　　c．proud　　　　d．ashamed

（イ）equivalent
　　　a．contrast　　　b．substitute　　　c．distinction　　d．opposition

（ウ）bring attention to
　　　a．call for　　　b．point out　　　c．rely on　　　d．work with

（エ）fascinating
　　　a．interesting　　b．boring　　　　c．conventional　d．dull

（オ）feel at home
　　　a．feel alone　　　　　　　　　b．feel comfortable
　　　c．feel tense　　　　　　　　　d．feel upset

（カ）stuffed
　　　a．increased　　b．reduced　　　c．packed　　　d．spread

B．次の英文（a〜h）の中から本文の内容と一致するものを3つ選び、その記号を各段に1つずつ
　マークしなさい。ただし、その順序は問いません。

　a．The author was shocked when he sneezed and no one around him said anything in his early working days in Japan.
　b．The author missed a situation in the U.S. where people ignored someone who sneezed.
　c．When you sneeze on the street in the U.S., even people you don't know ordinarily

say "bless you" to you.

d．The origin of the custom of saying "bless you" has nothing to do with religion.

e．In Christian society, it was believed that "bless you" said by someone could protect people who sneezed from the devil.

f．The author was advised to prevent his colleagues from saying "bless you" in his office.

g．Blowing your nose in public can be considered a rude behavior in the U.S.

h．Americans don't mind if people use handkerchiefs to blow their noses and then wipe their faces and hands.

〔Ⅳ〕次の英文（1〜10）の空所に入れるのに最も適当なものを、それぞれ下記（a〜d）の中から1つ選び、その記号をマークしなさい。

（1）Let's（　　　）at a coffee shop for a snack before the lesson.
　　a．stand in　　　b．hand in　　　c．stop off　　　d．put off

（2）With his speed and precision, he has been（　　　）as the best employee in our company.
　　a．recognized　　b．recovered　　c．pulled　　d．patted

（3）（　　　）student in this class is required to submit his or her paper by Monday next week.
　　a．Whole　　　b．Often　　　c．All　　　d．Every

（4）Take（　　　）seat you like in the very front row.
　　a．anyway　　　b．whichever　　c．anyhow　　d．wherever

（5）I'm grateful（　　　）your help the other day.
　　a．to you about　　b．for you to　　c．to you without　　d．to you for

（6）You didn't notice how depressed she got when you gave her the（　　　）shoulder, did you?
　　a．fashion　　　b．cold　　　c．angry　　　d．distant

（7）I was asked to（　　　）a survey and send it to the head office.

　　　a．fill out　　　　　b．full on　　　　　c．make in　　　　d．sort of

（8）　After a heated debate, the issue is still （　　　　　）.

　　　a．up in the air　　　　　　　　　　　b．high in the sky

　　　c．into the ground　　　　　　　　　　d．cross into the water

（9）　This is the community center （　　　　　） I studied Japanese cooking.

　　　a．where　　　　　b．when　　　　　c．which　　　　d．whom

（10）　If the weather （　　　　　） fine yesterday, I would have done the laundry.

　　　a．must have been　　　　　　　　　b．is

　　　c．wasn't　　　　　　　　　　　　　d．had been

〔Ⅴ〕 次の日本文（1～5）に相当する意味になるように、それぞれ下記（a～h）の語を並べ替えて
　　　正しい英文を完成させたとき、並べ替えた語の最初から3番目と7番目に来るものの記号をマークし
　　　なさい。

（1）　彼にとってより大変だったのは、新しい学校に慣れることでした。

　　　What was （　　　　　　　　　） new school.

　　　a．for　　　　　b．in　　　　　c．getting　　　　d．harder

　　　e．him　　　　　f．his　　　　　g．settled　　　　h．was

（2）　私たちはスマートフォンをのぞき込んでばかりで、お互い目を合わすこともしません。

　　　We are too （　　　　　　　　　） with each other.

　　　a．busy　　　　　b．contact　　　　c．eye　　　　d．into

　　　e．make　　　　　f．peering　　　　g．smartphones　　　h．to

（3）　重要度順に何をする必要があるか話し合ってみましょう。

　　　Let's discuss （　　　　　　　　　） importance.

　　　a．be　　　　　b．done　　　　c．in　　　　d．needs

　　　e．of　　　　　f．order　　　　g．to　　　　h．what

（4）　この不確かな状況を乗り越えるためには、様々な選択肢を考慮するべきです。

　　　You should consider （　　　　　　　　　） situation.

　　　a．a　　　　　b．of　　　　c．options　　　　d．overcome

　　　e．this　　　　　　f．to　　　　　　　g．uncertain　　　　h．variety

（5）　この状況のおかげで、その会社は新しい対策を採用しやすくなります。

　　　This situation（　　　　　　　　　　）new measures.

　　　a．adopt　　　　　b．company　　　　c．easier　　　　d．for

　　　e．it　　　　　　f．makes　　　　　g．the　　　　　h．to

〔Ⅵ〕次の会話文を読み、空所（1 ～10）に入れるのに最も適当なものを、それぞれ下記（ a ～ d）の
中から 1 つ選び、その記号をマークしなさい。

Yuna is sitting on a bench on campus with her laptop open.

Andrew :　Hi, Yuna. What are you doing here?

Yuna :　　Hi, Andy! Well, I'm just browsing pictures of rooms online.

Andrew :　Pictures of rooms?（　　1　　）

Yuna :　　Because I want to reorganize my room and am looking for ideas. I don't like
　　　　　my room as it is. You stay in your room longer than before（　　2　　）online
　　　　　learning, you know?

Andrew :　Yeah, I bought a big chair to（　　3　　）my back.

Yuna :　　Did you? I bought a big seat cushion too.（　　4　　）such comfort, I hate my
　　　　　room because I feel it's messy. Someone told me that our rooms reflect
　　　　　ourselves. I'm not a messy person, so I want to change my room to reflect my
　　　　　real self.

Andrew :　Wow,（　　5　　）.

Yuna :　　What's your room like?

Andrew :　My room? Quite ordinary—I have a lot of books（　　6　　）.

Yuna :　　That exactly reflects you! You love learning and you're full of knowledge.

Andrew :　（　　7　　）I just like reading books. What's your room like at the moment?

Yuna :　　My room is a traditional Tatami room. I laid a Turkish rug on the Tatami, and
　　　　　put a Swedish table and chair on the rug as my work place. It has a Chinese
　　　　　table lamp on it. And there is a French antique chest and a light by the wall.

Andrew :　Sounds so beautiful. It seems like your room reflects you too!

Yuna :　　（　　8　　）

Andrew :　Well, you are a world citizen. You live in Japan, study the educational system in
　　　　　Sweden, love Korean pop music, and you are a martial arts expert too. You

have visited many places in Europe and Asia. You speak English and Chinese fluently. You often chat with friends in Africa after you attended that global exchange online last year.

Yuna :　　So, you think that my room is not messy but a reflection of my (　9　) identity?

Andrew :　Exactly.

Yuna :　　Suddenly I feel (　10　) my room. Thanks, Andy!

Andrew :　No problem!

（1）　a．Good for you!　　b．Aren't you?　　　c．For what?　　　d．I love it!

（2）　a．in order to　　　b．due to　　　　　c．aside from　　　d．rather than

（3）　a．no damages　　　b．better support　c．have repaired　d．curing

（4）　a．Despite　　　　　b．According to　　c．In addition　　d．What is called

（5）　a．let's go get a drink　　　　　b．let's call it a day today
　　　c．you made my day　　　　　　d．that sounds like a big project

（6）　a．though　　　　　b．in spite of　　　c．as you like　　　d．ever

（7）　a．Rise and shine!　　　　　　　b．Tastes good!
　　　c．No way!　　　　　　　　　　d．Go for it!

（8）　a．May I have your name?　　　　b．Keep your fingers crossed!
　　　c．This way, please?　　　　　　d．In what way?

（9）　a．globalized　　　b．national　　　　c．selfish　　　　　d．domestic

（10）　a．sick of　　　　b．proud of　　　　c．as of　　　　　d．weary of

2月2日実施分　　　　解　答

I　解答
A. (1)—b　(2)—d　(3)—a　(4)—c　(5)—c　(6)—a
(7)—b　(8)—d
B. (ア)—c　(イ)—b　(ウ)—b　(エ)—d　(オ)—a
C—b・c・e

◆◆◆◆◆◆◆全　訳◆◆◆◆◆◆◆

≪自転車の歴史と世界への貢献≫

1865年のある秋の日，2人の男がアメリカ合衆国コネチカット州のバーに座り，2，3杯のドリンクで気持ちを落ち着かせていた。彼らは荷馬車に乗って近くの丘を降りていたのだが，そのとき，彼らの後ろから叫び声が聞こえたのだ。人間の頭とよくわからない生き物の胴体を持つ1匹の怪物が，丘から彼らの方に舞い降りてきていたのだった。彼らは，馬にムチを打ち，急いで逃げたが，その一方で，その怪物は小川へと墜落したのだった。

その怪物の本当の名前は，ピエール＝ラルマンだった。その若い機械工は，数カ月間アメリカにいたのだが，フランスからペダルがクランク状に曲がり2つの車輪がある構造の自分が発案したマシンを持ってきていた。それは，後になって，自転車と呼ばれるものだった。それは，現代の自転車のギアやチェーン駆動，そしてブレーキもまだなく，そのために，彼はあのようなものすごいスピードで，馬車に乗っている人に向かって突っ込むようにして丘を降りてきたのだった。しかし，ペダルでこぐ車輪の乗り物は，社会的に，科学技術的に，そしておそらく世界の遺伝学的な状況にも，劇的な変化をまさにもたらそうとしていたのだ。

次の科学技術的なステップである「安全自転車」は，ラルマンが怪物のように坂をころげ落ちた20年後に紹介されたのだが，チェーン駆動で同じ大きさの両輪やダイヤモンド型のフレームがついていて，現代の自転車に非常によく似ていた。ハンドルとサドルをつなぐ横棒に小さな修正を加えると，安全自転車はドレスを身につけた女性にも乗ることができた。自転車は，女性にとって自由解放の原動力となった。彼女たちは，より簡便

でより快適なものを好み，コルセットやフープスカートを脱ぎ捨てた。19世紀の大半において女性の権利の活動家であったスーザン=B. アンソニーは，自転車は，「女性を解放するために，世界のほかのどんなものよりも多くのことをしてきた」と明言した。

　自転車は，今日，若い女性たちに力を与え続けている。2006 年，インドのビハール州政府は，中等教育学校に進学する 10 代の少女たちに自転車の購入費用を手厚く補助し始めた——それは，自転車は少女たちが数マイルの距離を通って授業に行くのを可能にするだろうという考えだった。そのプログラムは，少女たちが中等教育学校を続けていく可能性を劇的に増やし，うまくいったようであった。

　アメリカでさえ，自転車は，視野を広げるための費用のかからない方法である。たとえば，バスケットボールのスーパースターであるレブロン=ジェームズが，すべての生徒に自転車を提供する学校を設立した。ジェームズは，低収入の地域で育った。彼は，彼や彼の友達が自転車に乗っていると，彼らは自由だったと言う。「私たちは，世界の頂上にいるように感じていたんだ」　そう，自転車は，長い間，不運な人たちにとって，自由を感じさせる技術だった。初期のころ，自転車は馬よりずっと安価だったが，それでも，同じ行動範囲と自由を提供した。遺伝子科学者であるスティーブ=ジョーンズは，自転車の発明は，最近の人間の進化の中で最も重要な出来事だった，というのも，それが結局は，自分のすぐ近くのコミュニティの外に暮らす人と出会い，結婚し，連れ添うのを簡単にしたからである，と述べた。

　さらに，自転車は，製造業革命の手助けもした。19 世紀前半，アメリカ陸軍の小銃を作るのには，かなりの費用をかけて，正確に設計された互換性のある部品が使われていた。互換性の実現は，非常に費用のかかることであったので，当初は，民間の工場が完璧に複製することはできなかった。高品質で高価な軍事品製造と複雑な製品の広く普及している大量生産の間の橋渡し役を担ったのは，自転車だった。自転車の製造業者たちは，質を犠牲にせずに費用を抑えるため，冷えた金属板を型押しして新しい形にするなどの，単純で，簡単に繰り返すことのできる技術を開発した。彼らはまた，ボールベアリングや，空気を充填したタイヤ，ギア，ブレーキなども開発した。

　製造技術とこれらの革新的な部品の両方が，やがては自動車製造業者に取り入れられることとなった。最初の安全自転車は，イングランドのコベントリーにある工場で1885年に作られた。その製造業者が，自動車産業の主力企業となったのは，偶然ではない。自転車の製造から車の製造への進歩は容易に理解できることであったからだ。

　自転車を過去の科学技術とみなしたくなる。自転車は，よりよい道路の需要を創り出し，製造業者たちがその技術を磨くことができるようにし，その後，自動車に道を譲った，そうではなかったか？　しかし，データはそうは示していない。半世紀前，世界の自転車生産と車の生産は同じぐらいで，年間それぞれ約2,000万台だった。車の生産は，それ以来3倍となったが，自転車の生産は，車の2倍のスピードで増えたのだ。

　自転車が，また再び明るい見通しを示していると言うのは不条理なことではない。地球全体で言えば，千を超える自転車シェアの事業や何千万もの簡単にレンタルできる自転車が，今や普及していると考えられていて，その数は急速なスピードで増えている。多くの過密都市では，自転車が依然として移動するための最も早い方法である。多くの自転車愛好家たちが嫌になってしまうのは，ディーゼルの煙と衝突事故の可能性だけである。しかし，もし次世代の自動車が，注意深くて慎重なロボットによって運転される，汚染のない電気モデルであるのなら，自転車の巻き返しはさらにいっそう勢いを増すことになるかもしれない。

■■■■■■■■■■ ◀解　説▶ ■■■■■■■■■■

A．⑴　自転車が女性に自由を与えたという第3・4段（Introduced twenty years … with secondary school.）の記述，その発明が最近の人間の進化の中で最も重要な出来事だったという第5段最終文（The gene scientist, …）の記述，製造業革命の手助けをしたという第6段（Furthermore, the bicycle …）の記述等を考えると，空所の直後の dramatic changes「劇的な変化」を引き起こすなどの肯定的な語句が入るものと予想される。a の prevent「～を妨げる」や c の take away「～を奪う」，d の resist「～に抵抗する」では，dramatic changes に対しての肯定的な動作とは言えないため，不適である。正解は b の bring about「～をもたらす，引き起こす」。

⑵　第3段第2～最終文（With minor modifications … in the world."）

には，自転車が女性の自由解放に役立ったことが述べられており，空所を含む文は，continues「続ける」という述語動詞が使われていることから，女性の活動に役に立っているような内容になるものと推測される。a の ignore「～を無視する」や c の disapprove「～を好ましく思わない」は，否定的な語で，文脈に合わず不適である。b の permit は「～を許可する」の意味で，入りそうに思うが，空所後の第 4 段第 2 文（In 2006, the …）にあるインドのビハール州の状況は許可を与えているものではなく，permit では内容的につながらないため，不適である。正解は d の empower「～に力を与える」。

⑶ increase の形を選ぶ文法の問題である。直前の副詞 drastically を抜いて考えると，The program seems to have worked, [increase] the chances … となる。まず，b の increases や c の increased では，The program を主語とし，seems と並ぶ 2 つ目の述語動詞となると考えられるが，and などの接続詞もなく文として成り立たないため不適である。また，d の to increase では，「可能性を増やすために」という意味になり，これも文脈に合わず不適である。正解は a の increasing。分詞構文になって，「可能性を増やして，うまくいったようだ」と続く。

⑷ 空所前，第 5 段第 3・4 文（He says that … of the world.”）では，貧しい地域で育ったレブロン=ジェームズは，自転車に乗っていると世界の頂上にいるみたいだと思ったと述べており，その続きとして Yes「そうなんだ」と書かれている。ということは，空所を含む部分は，前に書かれている内容を受け継いでいるものと考えられ，自転車は，だれにとって自由にしてくれる技術なのかを考えることになる。a の the bankers「銀行家たち」も b の the economically privileged「経済的に特権のある人たち」も，流れに合わず不適である。また，d の the prisoners「囚人たち」では，本文で刑務所のことには全く触れられていないため，内容的に不適である。正解は，c の the less fortunate「より幸運でない人たち」。ちなみに b の the economically privileged も c の the less fortunate も，the ＋形容詞であり，「～の人々」という意味になっている（例：the poor＝poor people）。

⑸ 第 6 段（Furthermore, the bicycle …）では，まず，自転車が製造業革命の手助けをした，と書かれ，そのあと，軍の武器の部品は精密で非常

に高価であり，一方，一般の工場でそれを複製するには費用がかかると述べられている。そして，それら2つの間の（　　　）の役を担ったのは自転車だった，という内容につながっており，自転車が製造業革命の手助けをしたことから考えると，（　　　）には，たとえば結びつける役割を表すような語が入るものと推測できる。正解は c の bridge。a の hill や b の river，d の ocean には，何かと何かを結びつけるような意味はないため，不適である。なお，空所を含む文は，It was ～ that … 「…であるのは，～だった」という強調構文である。

(6)　空所を含む第 7 段第 1 文（Both the manufacturing …）は，「製造技術とこれらの革新的な部品のどちらもが，（　　　）自動車製造業者に取り入れられることとなった」という意味になる。a の in due course は「事が順調に進んで，やがては」，b の back on track は「再び軌道に乗って」，c の out of season は「季節外れで」，d の by no means は「決して～ない」の意味を表すが，第 7 段最終文（It is not …）に，自転車の製造から車の製造への進歩は明らかであるという記述があり c と d はその内容に合わないし，また，b については，「再び」であるとは，本文に書かれていない。正解は a 。

(7)　これは高度な読解力を必要とする問題である。空所を含む文 The data show（　　　）. の前後での内容をしっかり読み取らないと，この問題は正解できない。前の第 8 段第 1・2 文（It is tempting … did it not?）には，自転車を過去の科学技術として見て，車に取って代わられたと書かれ，後ろの同段第 4 文（Half a century …）には，自転車と車の製造数は，半世紀前はほぼ同じで，その後，自転車は車の 2 倍の速さで製造が増えてきた，と書かれている。つまり，空所を含む文は相反する二者をつなぐ働きが必要なのである。a の whenever「いつでも」では文脈に合わないし，c の because は接続詞であり，この位置には入らない。また，d の nevertheless「それにもかかわらず」では，データが何を示しているのかが提示されていない。正解は b の otherwise「違ったふうに，別のやり方で」。自転車が車に取って代わられたと思うかもしれないが，データを見るとそうではない，ということである。

(8)　空所を含む最終段第 4 文（Many cyclists are …）の内容は，「多くの自転車愛好家が，ディーゼルの煙と衝突事故の見込みによってのみ

　（　　　）である」ということである。ディーゼルの煙や衝突事故の見込みは，自転車愛好家にとって，あまり好ましいものではない。そう考えると， b の confident「自信がある」や c の hopeful「望ましい」は，文脈に合わない。 a の unacceptable「受け入れられない」は，意味的に正解に思えるかもしれないが，たとえば，That is unacceptable. のように，受け入れられないもの自身が主語になるので，many cyclists が受け入れてもらえないのではないため不適である。正解は d の discouraged「やる気をなくして，がっかりして」。

B ．(ア)　abandoned「～を捨てた」

a ．「大切に思った」， b ．「～を大切にした」， c ．「身につけるのをやめた」， d ．「称賛した」で，下線部の文は，自転車に乗るために若い女性たちがコルセットやフープスカート「を脱ぎ捨てた」という内容なので， c の stopped wearing が最も近い。

(イ)　at considerable expense「かなりの費用をかけて」

a ．「何らかの罪で」， b ．「高い価格で」， c ．「いずれにしても」， d ．「自分の責任において」で， b の at a high price が最も近い。

(ウ)　sacrificing「～を犠牲にすること」

a ．「～を維持すること」， b ．「～を減らすこと」， c ．「～を持ち上げること」， d ．「～を評価すること」で，下線部の文は，自転車の製造業者が「質を犠牲にせずに」技術を開発したという内容なので， b の reducing が最も近い。

(エ)　demand「需要」

a ．「間違い」， b ．「渋滞」， c ．「問題」， d ．「必要性」で， d の need が正解。

(オ)　pointing the way「明るい見通しを示している，正しい方向を指し示している」

a ．「前に進む道を提供している」， b ．「そのやり方をねらっている」， c ．「いいスコアを取っている」， d ．「ペン先をとがらせている」で， a の providing a path forward が最も近い意味である。

C ． a ．「荷馬車に乗っていた 2 人の男性は，怪物に襲われそうになったため，叫び声をあげた」 scream「叫ぶ」

b ．「そのフランス人の男性が作ったマシンは，現代の自転車の原始的な

形であった」

c.「安全自転車は, その当時の女性たちに, より多くの自立を与えた」the time「その時代」

d.「インドの多くの10代の少女が, 自転車に乗れないため, 学校を中退している」 drop out from 〜「〜を退学する」

e.「自転車は, 人々が遠くへ旅し, 異なったコミュニティの人と結婚し, 子どもをもうけることを可能にしたため, 人類の進化に寄与した」evolution「進化」 allow *A* to *do*「*A* が〜するのを可能にする」

f.「自転車は, 長い間忘れられている過去の神話的事物である」 myth「神話, 神話的な人物・事」

g.「今日, 毎年, 自転車よりも車の方がたくさん製造されている」annually「毎年」

h.「放置自転車の数は, 世界で増えてきている」 on the rise「上昇中で」

　まず, 第2段第2・3文(The young mechanic … such terrible speed.)に, フランスから来た若者が自分が発案したマシンを持ってきたが, それは現代の自転車のギアもチェーンもブレーキもないものだった, と述べられており, bが一致している。また, 第3段第3文(The bicycle was …)に, 自転車が女性にとっての自由解放の原動力となったことが述べられており, cも一致している。さらに, 第5段最終文(The gene scientist, …)に, 自転車が, 自分のコミュニティの外に暮らす人と出会い, 結婚し, 連れ添うのを簡単にしたから, その発明は最近の人間の進化の中で最も重要な出来事だったと述べた, と書かれており, eも一致している。正解はb・c・eである。

　aについては, 第1段第2文(They had been …)には, 後ろから叫び声が聞こえてきたと書かれており, 荷馬車に乗っていた男性たちが叫んだのではないため, 一致していない。dについては, 第4段第2・3文(In 2006, the … with secondary school.)に, 自転車があると, 少女たちが何マイルも乗って授業に行くことができ, 州政府のプログラムのおかげで中等教育学校を続けていく可能性が増えるとあるが, 自転車に乗れないため多くの少女が学校を中退したとは書かれておらず, 不一致である。また, fについては, 第8段第1文(It is tempting …)に, 自転車を過

去の科学技術としてみなしたくなると書かれているため迷ったかもしれないが，その後の文脈を考えると，同段第 3 文（The data show …）に，データはそうは示していないと書かれ，続いて自転車の製造が増えていることが言及されていることから，過去の科学技術ではないため，不一致である。g については，第 8 段第 4・最終文（Half a century … fast as cars.）に，半世紀前は，製造数は自転車も車もほぼ同じだったが，そのとき以来，自転車が車の 2 倍のスピードで増えていると書かれており，車の方が多いとは読み取れず，一致していない。さらに，h については，最終段第 2 文（Globally, over a …）に，世界中で自転車シェアやレンタル自転車が増えているとは書かれているが，放置自転車が増えているとは書かれていないため，本文に一致していないことがわかる。

Ⅱ　解答

A. (1)— b　(2)— d　(3)— c　(4)— a　(5)— c　(6)— d　(7)— d

B. (ア)— a　(イ)— b　(ウ)— c

C － b

◆全　訳◆

≪トウモロコシの起源≫

　メキシコ国立文化博物館は，1982 年の展示でトウモロコシは「栽培されたのではなく，創造されたものだ」，どこからともなくほぼ突然に，と主張した。その「創造」は，現在のメキシコ南部にある地域で 6,000 年前に起こった。博物館は，どんなことがあってこのような驚くべき主張を思いついたのだろうか？

　小麦や米と同様，トウモロコシは穀物の一つである。辞書では，穀物を「農作物として育てられる食用穀粒を生産する植物」と定義している。特徴的には，穀草類は，穀粒が茎から落ちるのを防ぐある特定の遺伝子をもっていて，収穫がしやすくなっている。穀物は，世界の多くの文化の起こりと密接にかかわっている。たとえば，米のない中国や日本の文化や歴史を想像してみるといい。トウモロコシのないメキシコやアメリカ大陸の他の多くの場所の文化のことを考えるのも同様に難しいのである。しかし，トウモロコシは他のすべての穀物とは異なる。たとえば，アジアの人たちは，野生の米や野生の小麦を栽培することで彼らの農業を始めた可能性が

ある一方で，アメリカ大陸の人たちには，農業を始めるための野生のトウモロコシはなかったのである！　現代の科学者たちは，野生のトウモロコシをずっと探してきたが，何一つ見つからなかったため，お手上げ状態となった。

　トウモロコシに最も似ている野生の植物は，テオシンテ（ブタモロコシ）と呼ばれている。トウモロコシとブタモロコシは，見かけはよく似ているが，全く違うものである。ブタモロコシは，穀粒が必ず茎から落ちるようになる遺伝子を少なくとも16個もっている。ひとたび地面に落ちると，その穀粒から新しい苗が育つ。その一方で，トウモロコシの穀粒は，茎から落ちず，薄い繊維の層と分厚い葉の層の下に隠されている。人間の手でこれらの層が取り除かれて穀粒がまかれるのでなければ，穀粒から新しい苗は全く出てこないだろう。だれもブタモロコシを穀物の一種だと思わないであろうことからも，トウモロコシとブタモロコシは違うものであるといえる。たとえ人間がブタモロコシの小さな穀粒を地面から拾い上げたいと思うようなことがあっても，それでは彼らの空腹を満たすことはできないだろう。その一方でトウモロコシは，おいしくて健康的な食べ物である。だれかがブタモロコシの性質を大きく変えたために最終的にトウモロコシになったのかどうかは，私たちにわからない。もしそうだったとしたら，6,000年前にどのようにそれをしたのかは謎である。もしそうでなかったとしたら，トウモロコシはどこから来たのだろう？

━━━━━━━◀解　説▶━━━━━━━

A．(1)　空所の後ろには，that now is the southern part of Mexico「現在のメキシコ南部にある」が続いており，空所は場所を表すことが推測できる。a は「時代」，b は「地域」，c は「一秒」，d は「状況」という意味で，場所を表すのは b の an area である。

(2)　空所を含む第2段第4文（Cereals are closely …）は，「穀物は，世界の多くの文化の（　　　）と密接にかかわっている」という意味になり，空所には名詞が入ることはわかるだろう。選択肢の名詞の意味を入れて考えみると，a の race「人種，レース」や b の raise「上昇，値上げ」，c の rose「バラ」では文脈に合わない。正解は d の rise「起こり，源」。

(3)　空所を含む文の直後，第2段第6文（It is equally …）には，トウモロコシのないメキシコやアメリカ大陸の文化のことを考えるのも同様に難

しいということが書かれており，それから考えると，空所を含む文は，米のない中国や日本の文化のことを考えてみよう，というような内容になるものと推測できる。aの eat や b の hear，d の watch では，文脈に合わないので不適。正解は c の imagine「想像する」。

⑷　アジアの農業は，野生の米や小麦をどのようにすることで始まったのかを考えてみるとよい。b の eliminating「〜を除去する」や d の ignoring「〜を無視する」では農業は始まらないし，c の hunting「（鳥や獣）を狩る」では文脈に合わない。正解は a の domesticating「〜を栽培する」。

⑸　直前の最終段第 3 文（The teosinte has …）に，ブタモロコシの穀粒は茎から落ちるようになっているとあるが，その穀粒が地面に落ちたら，そこからどうなるのかを考えるとよい。新しい苗が，a「枯渇する」のか，b「勝負する」のか，c「育つ」のか，d「保証する」のか，と考えると，c の grow が正解となる。d guarantee は，意味的に入りそうにも思うかもしれないが，*A* guarantee *B*「*A*（人）が *B* を保証する」という形で使う他動詞であるため不適である。

⑹　トウモロコシの新たな苗の生え方について述べられている部分である。最終段第 5 文（The grains of …）にあるように，トウモロコシはブタモロコシと違って，穀粒が分厚い層に隠れ自ら落ちることはない，つまり，その分厚い層や穀粒に人間の手が加えられなければ，穀粒が落ちて新しい苗が生えることはないのである。そう考えていくと，a の cherished「大切に育てられて」では，穀粒は分厚い層の中に入ったままになるし，b の painted「色を塗られて」や c の pleased「喜んで」では意味が通じない。正解は d の removed「取り除かれて」。

⑺　空所を含む文の直後の文には，on the other hand「それに対して，その一方で」が使われ，トウモロコシはおいしくて健康的な食べ物であることが書かれている。そのことから，ブタモロコシは食用としてはトウモロコシと対照的なものであると考えられる。「空腹を（　　　）することはできない」の空所に入るものとしては，a の achieve「〜を達成する」では意味をなさず，b の enjoy や c の question「〜を疑問に思う」では文脈に合わない。正解は d の satisfy「〜を満たす」。

B．㈠　out of thin air「どこからともなく，何の根拠もなく」

a.「無から」

b.「成分を薄めることによって」 thin「〜を薄める」 ingredient「成分」

c.「酸素欠乏により」 lack「欠乏」 oxygen「酸素」

d.「米か小麦から」

　最も近いのはaのfrom nothingである。

(イ)　thrown up their hands「お手上げ状態だ」

a.「彼らの喜びを表現した」

b.「あきらめた」

c.「答えに到達した」 reach「〜に到達する」

d.「彼らが勝ったと示した」

　最も近いのはbのgiven upである。

(ウ)　like night and day「正反対の，全く違って」

a.「相手を完成させて」 complete「〜を完成させる」

b.「お互いに向き合って」

c.「お互いに反対のもの」 opposite「反対のもの」

d.「相手を助けるもの」

　一番近いのは，cのthe opposite of each otherである。

C．a.「メキシコ人たちは，一番初めのトウモロコシを6,000年前に中国から買った」

b.「トウモロコシがどのようにして生まれたのかは，依然としてはっきりしていない」 come into the world「(子どもなど)が生まれる」

c.「ブタモロコシは，素晴らしい料理に合っている」 fantastic「素晴らしい」

　まず，第2段最終文(Modern scientists have…)に，科学者たちが栽培のもととなる野生のトウモロコシを探したが見つからなかったと述べられ，さらに最終段第10文(We do not…)に，だれかがブタモロコシの性質を大きく変えてトウモロコシにしたのかどうかはわからないと述べられていることから，bが内容に一致している。aについては，第1段第2文(The "creation" happened…)に，トウモロコシは現在のメキシコ南部地域で6,000年前に「創り出された」と書かれており，中国から買ったものではないことから，本文に一致していない。また，cについては，最

終段第 8 文（Even if humans …）に，ブタモロコシは食用には適していないことが書かれており，本文に一致していない。

Ⅲ 　**解答**　A. ⑺— d　⑴— b　⑼— b　⑴— a　⑴— b　⑴— c
B— a・c・e

━━━━━━◆全　訳◆━━━━━━━━━━━━━━━━━━━━━

≪くしゃみをめぐる文化の違い≫

　アメリカ合衆国から日本に到着した後の最初のカルチャーショックは，私がオフィスで大きな声でくしゃみをしたときに起こった。だれも一言も言わなかったのだ。みんなは自分の仕事に精を出していて，私のくしゃみを完全に無視したのだ。"bless you" と言う習慣が，西洋のものであって東洋のものではないなんて，本当に立ち止まって考えたことはなかったので，私は，このことに驚いた。日本で人前でくしゃみをした最初の数回は，日本語で「ごめんなさい」と言うことにした。私側のこの対応は彼らを困惑させた，というのも，私が許してほしいと頼んだ際，彼らには私が何のことを言っているのか，見当がつかなかったからだ。私は，自分がくしゃみをしたことできまりが悪くて少し当惑さえしていたのだと思う。アメリカの人たちは，ほとんどいつも，くしゃみに応えてくれるが，私は，だれかに "bless you" か日本語のそれに匹敵するものを言ってもらえなくて寂しかったのだ。

　ようやく，私は，私の上司にだれかがくしゃみをしたとき日本ではなぜだれも何も言わないのか尋ねた。彼は，ちょっとくしゃみをしただけの人に注意を向けることは習慣になっておらず，その代わり，それを知らないふりをする方が，より思いやりがあるのだと説明してくれた。私は，この小さな文化の違いがとても面白いと思った。アメリカでは，くしゃみに応えることはしっかり根付いている習慣なので，だれかのくしゃみに対してだれでもどこででも反応するほどなのである。あなたがくしゃみをしたら，街なかの見知らぬ人があなたに bless you と言ってくれることは，非常によくあることである。

　なぜ私たちは，だれかがくしゃみをしたら "bless you" と言うのだろうか？　この習慣は，キリスト教の伝統に基づく宗教的な起源があるのである。ある人がくしゃみをすると，その人の体は弱って，それでくしゃみ

をした瞬間に邪悪な力を持つものが体の中に入り，体を支配することがあると，古代のキリスト教徒たちには信じられていた。これを防ぐため，悪魔が体内に入らないように，近くにいる人は"God bless you!（神のご加護を！）"と言わなければならない。そういうことから，その伝統は始まったのだ。

　私の上司が，私の日本人の同僚たちに"bless you"と言うこの習慣を教えるよう勧めてくれた。それからのち，だれかがくしゃみをするといつも"bless you"の合唱がオフィス中に響き渡り，そのあとには大きな笑い声が続くのだった。彼らにとって，日本で普通は行われない習慣に参加しているのが楽しかったのだ。私は，くつろいだ気分になるので，それが好きだった。

　日本にいて，なくても寂しくは思わないアメリカの習慣の一つは，くしゃみの後，布のハンカチで鼻をかみ，そのハンカチをポケットに詰め込んで一日中持ち歩く習慣である。アメリカ人がハンカチで鼻をかんでいるのを見た後，日本人がどう思うのかは想像できる。あの汚れたハンカチで，顔をぬぐったり手をふいたりするつもりなのだろうか，と。日本では，人前で鼻をかむことに対する社会的な予想がある。それは，無礼で失礼だと考えられているのである。当然のことだが，アメリカ人は人前で人が鼻をかむことは気にならない。しかし，もし同じ人がそのあと顔や手をふくのにその汚れたハンカチを使ったら，おそらく気にすることになるだろう。

━━━━━━━━◀解　説▶━━━━━━━━

A. (ア)　embarrassed「当惑して，まごついて」
a.「落ち着いた」，b.「なじみのある」，c.「誇りに思って」，d.「恥ずかしくて」で，dのashamedが最も近い。
(イ)　equivalent「同等のもの」
a.「対照的なもの」，b.「代替のもの」，c.「区別」，d.「反対」で，bのsubstituteが最も近い。
(ウ)　bring attention to「～に注目する，注意を向ける」
a.「声を上げて～を求める」，b.「～に注意を向ける，指摘する」，c.「～に頼る」，d.「～と一緒に働く」で，bのpoint outが最も近い。
(エ)　fascinating「とても面白い，魅力的な」
a.「興味深い」，b.「退屈な」，c.「平凡な」，d.「面白くない」で，

最も近いのは a の interesting。

㈠　feel at home「くつろぐ」

ａ．「孤独を感じる」，ｂ．「快適に感じる」，ｃ．「緊張する」，ｄ．「ろうばいする」で，ｂの feel comfortable が最も近い。

㈡　stuffed「詰め込まれた」

ａ．「増やされた」，ｂ．「減らされた」，ｃ．「詰め込まれた」，ｄ．「広げられた」で，最も近いのは c の packed。

Ｂ．ａ．「筆者は，日本で働き出した初めのころに彼がくしゃみをして周囲のだれも何も言わなかったときショックだった」

ｂ．「だれかがくしゃみをしたときに人々は見て見ないふりをするというアメリカの状況が恋しかった」　miss「～がないのが寂しい」　ignore「～を無視する，見て見ないふりをする」

ｃ．「アメリカでは街なかであなたがくしゃみをすると，あなたが知らない人でさえ，普通はあなたに"bless you"と言う」　ordinarily「普通は」

ｄ．「"bless you"と言う習慣の起源は，宗教とは何も関係がない」　have nothing to do with ～「～と関係がない」

ｅ．「キリスト教社会では，だれかに言われる"bless you"が，くしゃみをした人を悪魔から守ることができると信じられていた」　protect *A* from *B*「*A* を *B* から守る」

ｆ．「筆者は，同僚がオフィスで"bless you"と言わないようにするよう忠告された」　prevent *A* from *doing*「*A* が～しないようにする」

ｇ．「人前で鼻をかむことは，アメリカでは無礼な行為だとみなされる可能性がある」　in public「人前で」　behavior「ふるまい，行為」

ｈ．「人々がハンカチを使って鼻をかみ，そのあとそれで顔や手をふいても，アメリカ人は気にしない」　mind「気にする，いやだと思う」

　まず，ａについては，第 1 段第 1・2 文（One of my … said a word.）に，最初のカルチャーショックは，オフィスで大きな声でくしゃみをしたときにだれも一言も言わなかったことと書かれており，内容に一致している。また，第 2 段第 4・最終文（In the U.S., … if you sneeze.）に，アメリカではくしゃみに応えるのは，しっかり根付いた習慣であり，くしゃみをしたら街なかの見知らぬ人も"bless you"と言う，と述べられており，ｃも本文に一致していることがわかる。さらに，第 3 段第 3・4 文

（It was believed … the devil out.）に，古代のキリスト教徒たちは邪悪なものがくしゃみのときに体内に入ると信じていて，体内に入らないように“bless you”と言う，と述べられていて，ｅも本文に一致している。正解はａ・ｃ・ｅである。

　ｂについては，アメリカではだれかがくしゃみをしたときに周りの人が反応するのが当然であり，また，筆者が寂しく思ったのは，第1段最終文の後半（I missed having …）にあるように，だれかに“bless you”と言ってもらえなかったことであるため，一致していない。また，ｄについては，第3段第2文（This custom has …）にはっきりと，この習慣はキリスト教の宗教的な起源があると書かれており，一致していないことがわかる。ｆについては，第4段第1文（My boss encouraged …）に，上司は同僚に bless you の習慣を教えるよう勧めてくれたと述べられており，同僚たちが bless you を言わないように忠告したのではないため，一致していない。ｇについては，最終段第3・4文（In Japan, there … rude and impolite.）から，人前で鼻をかむのを無礼だとみなすのは日本であり，アメリカではないため，一致していない。さらに，ｈについては，最終段最終文の後半（but probably would …）に，人前で鼻をかまれるのは気にしないアメリカ人も，同じ汚れたハンカチで顔や手をふいたら気にするだろうと書かれており，一致していないことがわかる。最終段最終文後半は，but probably <u>Americans</u> would be <u>bothered</u> if … の意味であることを見抜くのが重要なポイントである。

Ⅳ　解答

(1)— c　(2)— a　(3)— d　(4)— b　(5)— d　(6)— b
(7)— a　(8)— a　(9)— a　(10)— d

◀解　説▶

(1)「レッスンの前に，軽食を食べにコーヒーショップに立ち寄ろう」　イディオムの意味がポイントである。ａの stand in は「代役を務める」などの意味であり，文脈に合わない。また，ｂの hand in は「～を提出する」の意味で，これも文脈に合わない。さらに，ｄの put off は「～を延期する」の意味で，やはり文脈に合わない。正解はｃの stop off「立ち寄る」。

(2)「速さと正確さで，彼は私たちの会社で最優秀社員として表彰された」

precision「正確さ」 動詞のもつニュアンスを正確につかむことがポイントである。bのrecoverは，他動詞では「～を回復させる」の意味である。最優秀社員としての地位が回復したという意味に考え，答えに迷ったかもしれないが，he has been recoveredと受身の意味（能動にすると，someone has recovered him）になり，取り戻されたのがheとなってしまう。recoverでは，取り戻されたのが最優秀社員としての彼の地位とはならないため，不適である。また，cのpullは「～を引く」で「(仕事などで人材を）引き抜く」の意味を考えた人もいるかもしれないが，pullにはその意味はなく，pulledを入れても意味が通らない。さらに，dのpatは「軽くたたく」の意味で，文脈に合わない。正解はaのrecognized「表彰された」。recognizeは「～だと認識する，～を認める」という意味は知っている人も多いと思うが，それに加え，「～を評価する，～を表彰する」という意味もある。

(3)「このクラスのすべての生徒は，来週の月曜までにレポートを提出することが必要とされている」 require「～を必要とする」 paper「学術論文，学生レポート」 ポイントは，空所の直後の名詞が単数であること。aのWholeは「全体の」という意味であるが，クラスの全体の生徒を表すには，the whole of the studentsなどの表現となり，不適である。また，bのOftenは基本的に「しばしば」という意味の副詞である。頻度を表す副詞は大抵動詞の前に置かれる。またOftenを入れても，studentにはaもtheもついておらず，意味が通じないため，不適である。さらに，cのAllは「すべての」という意味であるが，直後に来るのが可算名詞の場合は複数形になるため，これも不適である。正解はdのEvery。everyは，「すべての」という意味の場合でも，直後に来るのは単数名詞である。

(4)「一番前の列のうちのどれでも好きな席に座ってください」 空所の直後に名詞があることを考えながら，選択肢の語のそれぞれの使い方を考えてみるとよい。aのanyway「ともかく」とcのanyhow「何としてでも」は，どちらも副詞であり，動詞takeと目的語の名詞seatの間には文法的に来ないため，まず不適である。残るbのwhichever「～するものはどれでも」もdのwherever「～するところはどこでも」も関係詞であるが，whereverは（複合）関係副詞で，直後に名詞は来ない。正解はbのwhichever。ちなみに，whereverの場合は，Sit wherever you like.「好

きなところならどこでも座ってください」であれば，文法的に正しい文となる。

⑸「私は，先日のあなたの手助けに対してあなたに感謝している」→「先日は助けてもらってありがとうございます」　grateful「感謝して」の語法がポイントである。grateful to *A* for *B* で「*B*（行為など）に対して *A*（人など）に感謝して」の意味となる。正解は，d の to you for。なお，c の to you without では「先日のあなたの手助けなしであなたに感謝している」と意味のわからない文になる。

⑹「あなたが彼女によそよそしい態度をとったときに彼女がどれほど落ち込んだか，あなたは気づかなかったですね？」　depressed「気落ちした」give *A* the cold shoulder で「*A* によそよそしい態度をとる」の意味であり，正解は b の cold。他の選択肢の a の fashion や c の angry，d の distant「遠く離れた」には，shoulder を使った，この文脈に合う表現はないため不適である。

⑺「私は，アンケートに記入し，本部に送るよう頼まれた」　survey「アンケート調査」head office「本部」　空所の直前が be asked to であることから，空所には動詞の原形が入ることがわかる。b の full on は「全力で」の意味だが，full は形容詞であるため，空所には入らない。また，c の make in はイディオムではなく，基本的に他動詞で make の後ろに目的語が必要となるため，不適である。さらに，d の sort of については，他動詞「～を分類する」であれば of は不要であるし，自動詞「調和する」であれば of ではなく with を使うことになり，いずれにしても不適である。正解は a の fill out「～に必要事項を記入する」。

⑻「白熱した議論の後，その問題は依然として未解決である」　1つずつ入れて意味を考えるとよい。a の up in the air は「未解決の」という意味，b の high in the sky は「空高いところに」という意味，c の into the ground は「（倒れるまで）へとへとになって」という意味，さらに d の cross into the water は「横切って水の中へ」という意味となる。意味が通るのは，a の up in the air。

⑼「ここが，私が日本の料理を学んだコミュニティセンターだ」　ポイントは，先行詞と関係詞の関係。選択肢はすべて関係詞であるが，その先行詞は，the community center「コミュニティセンター」で，場所あるい

は物を表している。それを考えると，時を表す b の when や人を表す d の whom は不適となる。残りは， a の where と c の which であるが，「コミュニティセンターを学んだ」のではないため，the community center が studied の目的語となる c の which は不適である。正解は a の where。

⑽「昨日天候が晴れだったら，洗濯をしただろうに」 do the laundry 「洗濯をする」 ポイントは，If と帰結節（I would have …）から，仮定法過去完了の文であることを見抜くこと。仮定法過去完了は，If S had *done* ～，S' would（might, could など）have *done* … の形となる。If 節の方は過去完了（had *done*）を使うので，正解は d の had been である。

V　解答

（3 番目・7 番目の順に）(1)— e・b　(2)— d・c
(3)— g・f　(4)— b・e　(5)— c・h

◀解　説▶

(1) (What was) harder for <u>him</u> was getting settled <u>in</u> his (new school.) ポイントは 2 つ。1 つは関係代名詞 what の使い方。もう 1 つは get settled in という表現。「彼にとって，より大変だったこと」を主部として関係代名詞 what「～である（～する）こと」を使って表現する。すでに提示されている What was の was は文全体の述語動詞ではなく，what で始まる関係詞節の動詞であることがわかると，主部は決めていけるであろう。「～に慣れる」は，残った選択肢からは，settled「安定した，落ち着いた」が使える。get settled in ～「～に慣れる，落ち着く」 ここで getting になっているのは，「慣れること」という動名詞になっているからである。

(2) (We are too) busy peering <u>into</u> smartphones to make <u>eye</u> contact (with each other.) ポイントは，「のぞき込んでばかりで」のところをどんな表現にするかということである。すでに提示されている We are too の too が大きなヒントになる。too … to ～「あまりにも…なので～できない」を思いつくとよい。そこから「あまりにものぞき込んでいるので…目を合わすこともできない」と考える。ただ，too の後ろは形容詞か副詞が来るはずなので，too peering とはできない。そこで目をつけるのが，busy である。be busy *doing* で「～するのに忙しい」という意味で，「あまりにものぞき込むのに忙しくて」とつながる。「目を合わす」は，make

eye contact を使う。

(3)　(Let's discuss) what needs <u>to</u> be done in <u>order</u> of (importance.) ポイントは，needs の扱い方。need には，名詞の意味「必要性，ニーズ」も，動詞の意味「〜が必要である」も，助動詞の意味「〜する必要がある」もあり，迷うところである。まず，「重要度順に」は in order of importance となる。次に，「何をする必要があるか」を，what to be done としてしまうと，needs が余ってしまう。そこで，「何がされる必要があるか」と考え，動詞の need（need to *do* で「〜する必要がある」）を使い，what needs to be done と置くことができる。

(4)　(You should consider) a variety <u>of</u> options to overcome <u>this</u> uncertain (situation.)　ポイントは，「様々な」の表現。「様々な」というニュアンスを伝えられる可能性があるのは，選択肢の中では variety「多様性」だけであるが，これだけでは名詞であるので，「様々な」という形容詞の意味にはならない。a variety of 〜 が「様々な〜」の意味を表す。

(5)　(This situation) makes it <u>easier</u> for the company <u>to</u> adopt (new measures.)　ポイントは 2 つ。1 つは「おかげで」をどう表現するか。もう 1 つは形式目的語である。まず，This situation が主語であることから，「この状況のおかげで，その会社は…しやすくなる」⇒「この状況がその会社に…しやすくする」と切り替えて考える。述語動詞になれそうなのは，a の adopt と f の makes だが，This situation が主語であるので，3 単現の s のついた makes が述語動詞になることがわかる。次に，「この状況がその会社に…しやすくする」を考えると，makes the company easier to adopt … としてしまうが，会社を簡単にするのではなく，会社が採用するのを簡単にするのである。「会社が採用する」は，不定詞の意味上の主語を表す for を使って，for the company to adopt … とできる。あとに残るのは e の it であるが，it には形式目的語の用法があるのを思い出してほしい。makes it easier for the company to adopt … と出来上がることになる。

Ⅵ 解答

(1)— c 　(2)— b 　(3)— b 　(4)— a 　(5)— d 　(6)— a
(7)— c 　(8)— d 　(9)— a 　(10)— b

◆全 訳◆

≪部屋の模様替え≫

　ユナは自分のラップトップコンピュータを開いて，キャンパスのベンチに座っている。

アンドルー：やあ，ユナ。ここで何をしているんだい？

ユナ　　　：こんにちは，アンディ！　オンラインで，部屋の画像をちょっと検索しているの。

アンドルー：部屋の画像だって？　なんのために？

ユナ　　　：部屋の模様替えをしたくって，アイデアを探しているからなの。今の状態の部屋はイヤなの。オンライン学習のおかげで，これまで以上に長く部屋の中にいるでしょ？

アンドルー：そうだね，僕は背中をよりうまく支えてくれる大きな椅子を買ったよ。

ユナ　　　：そうなの？　私も，大きな座布団を買ったわ。とても快適なんだけど，私の部屋は散らかっているのでイヤなの。私たちの部屋は私たち自身を映し出すとだれかが私に言ったの。私はだらしない人間じゃないわ，だから，実際の私を反映できるよう部屋を変えたいの。

アンドルー：わー，それは大変なことじゃないか。

ユナ　　　：あなたの部屋はどんなの？

アンドルー：僕の部屋？　きわめて普通だよ，でも本がたくさんあるけど。

ユナ　　　：それが正にあなたを映し出しているのよ！　あなたは学ぶのが大好きで，知識にあふれているわ。

アンドルー：とんでもない！　僕はただ本を読むのが好きなだけだよ。今のところ，君の部屋はどんなの？

ユナ　　　：私の部屋は，伝統的な畳の部屋よ。畳の上にトルコの敷物を敷き，学習の場として敷物の上にスウェーデンのテーブルと椅子を置いてるの。その上には，中国のランプを置いているし，壁のそばには，フランスのアンティークの衣装箱と照明があるわ。

アンドルー：とても美しそうだね。君の部屋は君を映し出してるよ！

ユナ　　　：どんなふうに？

アンドルー：そうだね，君は世界市民だ。君は日本に住み，スウェーデンの教育システムを勉強しているし，韓国のポップスが大好きで，それに，武道の達人でもある。ヨーロッパやアジアのたくさんのところに旅したことがあるし，英語と中国語を流暢に話す。去年のオンラインでの国際交流に参加した後，アフリカの友人たちとよくチャットしているし。

ユナ　　　：だから，あなたは私の部屋は散らかっているのではなく，私のグローバル化したアイデンティティの反映だ，と思うわけ？

アンドルー：そのとおり。

ユナ　　　：突然だけど私の部屋が誇りに思えてきたわ。ありがとう，アンディ！

アンドルー：どういたしまして！

■━━━◀解　説▶━━━■

⑴　a.「よかったね！」　b.「そうじゃないの？」　c.「なんのために？」　d.「大好きだ！」　直後で，ユナがBecause…と言っていることから，アンドルーは理由を尋ねていると推測できる。正解はcのFor what?。他のa・b・dでは文脈に合わない。

⑵　a.「～するために」　b.「～のおかげ（せい）で」　c.「～とは別に」　d.「～よりむしろ」　直前のところで「以前より長く部屋にいる」と言い，直後では「オンライン学習」と言っているので，それをうまくつなぐ語句を考えることになる。cのaside fromやdのrather thanでは意味が通じず，不適である。また，aのin order toは不定詞であるので，後ろには動詞の原形が来るものであるため，不適である。正解はbのdue to。

⑶　a.「害がない」　b.「よりうまく支える」　c.「治した」　d.「治療している」　部屋にいる時間が長いので，アンドルーが「背中を（　　　　）するために大きな椅子を買った」と言っているところである。日本語で考えると選択肢のどれも入りそうだが，aのno damagesは，文法的に前のtoとも後ろのmy backともつながらないため不適。cの

have repaired は完了の不定詞で，すでに背中の治療をしたことになり意味がつながらないため不適である。d の curing は，原形の cure であれば文法的に入るが，形が適切でないため不適である。正解は b の better support。better は副詞であり，普通なら to support my back better の語順になるが，語調や文意によって，to better support my back のように副詞 better が to と動詞の原形の間に入ることもある。

⑷　a.「～にもかかわらず」　b.「～によると」　c.「加えて」　d.「いわゆる」　ユナも部屋にいる時間が長くなったため，大きな座布団を買ったと言っているが，「快適さ（comfort）」と「部屋が散らかっていてきらいだということ」をうまくつなぐものが空所に必要である。正解は a の Despite。他の b・c・d では，うまくつながらない。

⑸　a.「飲みに行こう」　go get は go and get の and が省略されたもの（特にアメリカ英語）。
b.「今日はこれで終わろう」　call it a day「その日の仕事を終わる」
c.「あなたは私を楽しませてくれた」　make *one's* day「（人を）楽しい気持ちにさせる」
d.「それは大きな企画のようだね」　sound like ～「～のように思える」
　前の部分で，ユナが実際の自分を映し出せるよう部屋を変えたいと言っていることを受けた，アンドルーの反応である。空所の後も，部屋の話が続いている。a・b・c では話がここで終わってしまい，次に続かないため不適である。正解は d の that sounds like a big project。

⑹　a.「けれども」　b.「～にもかかわらず」　c.「お望みどおりに」　d.「ずっと絶えず」　アンドルーが自分の部屋を，きわめて普通で，本がたくさんあると説明しているところである。b の in spite of では，後ろに of の目的語が必要であり不適。c の as you like では，ユナがアンドルーの部屋がどうあってほしいと思っているかなど全く触れられておらず不適である。d の ever については，文末に使われることはないため不適である。正解は a の though。この though は副詞として，文中や文末で「けれども」という意味を表す。

⑺　a.「元気に起きろ！」　b.「おいしい！」　c.「とんでもない！」　d.「がんばれ！」　直前では，ユナが，アンドルーが学ぶのが好きで知識にあふれていると誉めていて，直後では，アンドルーが自分はただ読書が

好きなだけだと言っている。それをつなぐのに適切なものは，ｃのNo way!である。あとのａ・ｂ・ｄでは，話がつながらない。

⑻　ａ．「お名前を教えていただけますか？」

ｂ．「幸運を祈っていろよ！」　keep *one's* finger crossed「幸運を祈る」

ｃ．「こちらです，どうぞ」

ｄ．「どんな点においてですか？」

　　直前で，アンドルーがユナの部屋は美しくて，ユナを映し出していると言い，直後には，またアンドルーがユナのさまざまなところを具体的に説明しほめている。それをつなぐユナの発言として適切なのは，ｄのIn what way?である。他のａ・ｂ・ｃでは，話がつながらない。

⑼　ａ．「国際化された」　ｂ．「国の」　ｃ．「利己的な」　ｄ．「自国内の」前の発言でアンドルーがユナはさまざまな国際的な経験があることを挙げているが，それに対しユナが「アンドルーはユナの部屋はユナの（　　　）アイデンティティを反映しているものと考えているのか」と尋ねているところである。ユナはさまざまな国際的な経験があることが，アンドルーの発言でわかることから，最も適切なのはａのglobalizedである。ｂ・ｃ・ｄでは文脈がつながらない。

⑽　ａ．「～にうんざりして」　ｂ．「～を誇りに思って」　ｃ．「～の時点で」　ｄ．「～にあきあきして」　散らかっていると思っていた自分の部屋のことを（ユナの）国際性を表す部屋だと言ってくれたことに対する，ユナの反応である。直後にThanksと言っていることから，肯定的な内容であると推測できる。まず，ｃのas ofは名詞や形容詞でないため，I feel….の補語になることはできず文法的に不適である。さらに，ａのsick ofもｄのweary ofもどちらも「うんざりして，いやになって」という意味で，話の流れに合わないため不適である。正解はｂのproud of。

❖講　評

　全問マークセンス方式で，試験時間 90 分である。問題の構成は，読解問題 3 題，文法・語彙問題 2 題，会話文問題 1 題の計 6 題である。

　読解問題については，Ⅰは自転車の歴史に関する 800 語を超えた長文である。自転車に関する用語がところどころに出てくるのに加え，一文の長さが結構長いものがあるため，読みづらく感じるかもしれない。しかし内容は具体的であり，時系列で頭を整理しながら読んでいくと理解はそれほど難しくはない英文であり，また設問も特に難しいものはない。ⅡはⅠに比べて短めの文章となっている。トウモロコシの起源を題材にした文章で，パラグラフごとの内容をしっかり読み取ることができれば，語彙は基本的なものがほとんどであり，トウモロコシに関する予備知識がなくても十分に読み取ることができる。設問も特に難しいものはない。Ⅲはくしゃみに関する文化の違いを中心とした文章で，具体的な内容が比較的平易な語彙で書かれているため，理解しやすい英文であろう。難しい設問もほぼないので，基本的なことをしっかり押さえていれば解答できるものがほとんどである。

　文法・語彙問題は，Ⅳは空所補充で，学校での授業をよく理解していれば十分に解答できる標準的なものがほとんどである。また，Ⅴは語句整序で，複雑な問題もなく，おおむね標準レベルである。

　Ⅵの会話文問題は空所補充で，例年並みの長さの文章で，流れをしっかり把握することが必要な設問がほとんどである。内容としては標準レベルであるが，会話で使われるイディオムをしっかり学習しておくとよいだろう。

　全体としては，90 分の試験時間の割には，依然として分量が多めである。解答するには，例年同様，基本的な語彙・文法・語法などの知識をしっかりと身につけておくのに加え，英文を素早くしかも内容を整理しながら正確に読み進める力が必要となるだろう。

2月6日実施分　　　問　題

(90分)

〔 I 〕 次の英文を読み、下記の設問（A～D）に答えなさい。

Although most of us have a general notion of what philosophy is (　1　), such notions often vary significantly from what those seriously engaged in philosophy understand it to be. Among these mistaken assumptions, perhaps the most widely shared by the public is the idea that philosophy (ア)amounts to the expression of personal opinions, which are based on nothing more rational than feeling. In this view, philosophy is nothing more than rhetoric, a practice devoted to debate and persuasion. The stereotype of philosophy as personal opinion supported by rhetorical skills may contain some truth, but not much. In practice, as opposed to a set of doctrines or ideology*, philosophy is more properly regarded as the systematic and critical examination of the (　2　) for human reason. It characteristically aspires to something quite a bit more ambitious than the rhetorical and political, and dares to be based on something considerably more objective. Derived from the Greek philosophy, or "love of wisdom," philosophical inquiry has been driven by a passion for things like insight, understanding, and truth.

Thus, philosophy is founded in the human need to make sense of the world and our place in it. What distinguishes it from merely personal opinion is its rejection of (イ)subjective ideas as sufficient basis for belief and action, and its commitment both to careful and accurate analysis as well as systematic and strict logic. Philosophy involves a passion for clear thinking with the ultimate aim of developing both understanding and perception. Among philosophy's greatest allies is a constant curiosity. Philosophy's enemies are the habitual, the stereotypical, the unexamined, and the conventional assumption or assertion. The philosophical mind critically challenges and explores (ウ)received doctrine, abandons narrow dogmas**, exposes inconsistencies, and weighs alternatives. It explores, investigates, and questions all that is uncertain, taking (　3　) for granted. These features can precisely explain the philosophical attitude. At the same time, they help explain why philosophy never quite succeeds in finding the ultimate, convincing, universally acknowledged truths that have traditionally been regarded as the measure of its worth. (エ)Simply put, accepting a common set of theories ranks

relatively low among the priorities of those who are engaged in philosophical inquiry.
Rather than a uniform set of doctrines, philosophy appears as a continuous process of
examining the foundations for our beliefs and actions critically, and refining the ideas we
recognize as true. The philosophical mind is suspicious and critical, rather than simple and
innocent. It is, therefore, committed to insightful inquiry, and is likely to exclude quick
generalizations.

　　To those who are not used to thinking this way, philosophy can sometimes seem to be
a headache. Philosophers are obstinate*** askers of questions, and they explore difficult
problems and issues that seem obvious and plain to others. Thus, it is not （　4　）
that the philosopher has been considered to be highly annoying to others. To approach
the study of philosophy in the belief that it is mechanically governed by strict laws of logic
and is distinguished by widespread agreement on fundamental issues, you will surely miss
the point of its nature and not properly recognize its difficulty. Philosophy is no mere
clarifying of views, no source of absolute truths. It is, rather, a profound process in which
(オ)simple assumptions are critically and strictly examined.

　*ideology：イデオロギー（個人や集団に共有されている価値観・信念の体系）
　**dogma：独断的信条
***obstinate：執拗な、頑固な

設　問

A. 本文中の空所（1〜4）に入れるのに最も適当なものを、それぞれ下記（a〜d）の中から1つ
　　選び、その記号をマークしなさい。

　（1）　a．about　　　　　b．concerned　　　c．relevant　　　　d．talking
　（2）　a．approach　　　b．attitudes　　　　c．intelligence　　d．basis
　（3）　a．everything　　b．much　　　　　　c．it　　　　　　　d．very little
　（4）　a．likely　　　　b．surprising　　　　c．obvious　　　　d．until today

B. 本文中の下線部（ア〜オ）の文中での意味に最も近いものを、それぞれ下記（a〜d）の中から
　　1つ選び、その記号をマークしなさい。

　（ア）　amounts to
　　　　　　a．is equivalent to　　　　　　　b．is in the sum of
　　　　　　c．is in total of　　　　　　　　 d．is unrelated to

出典追記：Philosophical Perspectives on Music by Wayne D. Bowman, Oxford University Press

（イ）　subjective ideas

    a．conventions of daily life　　　b．positive views

    c．affecting considerations　　　d．personal impressions

（ウ）　received doctrine

    a．collected documents　　　b．humorous beliefs

    c．delivered medicines　　　d．established ideas

（エ）　Simply put

    a．In addition　　　b．In any event

    c．In brief　　　d．In particular

（オ）　simple assumptions

    a．innocent communications　　　b．foolish nonsense

    c．basic beliefs　　　d．wrong senses

C．次の英文（a～f）の中から本文の内容と一致するものを 2 つ選び、その記号を各段に 1 つずつ
マークしなさい。ただし、その順序は問いません。

  a．What is generally meant by the notion of philosophy is so widely distinct from
what it ought to be, that philosophers fail to make correct assumptions.

  b．Sometimes philosophy is wrongly understood as rhetorical skills for debate and
persuasion.

  c．Unlike merely personal opinions, truly philosophical studies deny subjective things
such as belief and avoid objective things such as logic.

  d．In order to develop human understanding, philosophy passionately tries to reveal
what we can hardly see with our habitual thinking.

  e．Philosophy reveals that the habitual, the unexamined, and the conventional are
regarded as enemies of those who are simple and innocent.

  f．Suspicious and critical minds sometimes make philosophers too frustrated to look
for the ultimate, convincing, universally acknowledged truths.

D．本文中の二重下線部 accepting a common set of theories ranks relatively low among the
priorities of those who are engaged in philosophical inquiry を日本語に訳しなさい。答え
は記述式解答用紙の所定欄に記入しなさい。

〔Ⅱ〕 次の英文を読み、下記の設問（A〜D）に答えなさい。

A common approach to improving safety and security is to tighten procedures and require multiple checks. In fact, however, when more people become involved in checking a task, safety can actually decrease. This is called the "bystander* effect," a term that came from studies of the 1964 murder of Kitty Genovese on the streets of New York City. Although numerous people witnessed that incident, no one helped. The bystander effect is the phenomenon in which the more people who watch an emergency happen, the less likely anyone is to help. Why?

Think about your own reaction. If you were by yourself, walking along the streets of a large city and encountered what looked like a crime, you might be frightened and, (　1　), reluctant to intervene. Still, you probably would try to call for help. But suppose a crowd of people were also watching the incident. What would you do then? You weren't witnessing anything serious, because, if it were, people in the crowd would be doing something, you probably would assume. After all, in a large city, anything might happen: maybe it's actors making a movie.

The bystander effect works in security as well. Suppose that you are working as a technician at a power plant. You are supposed to check the meter readings with one of your colleagues, a person you know and trust. Moreover, when you have finished, your supervisor will also do a check. The result is that you don't have to exercise extra care on the task. After all, how could a mistake (ア)get through with so many people checking? The problem is that (　2　) feels this way. As a result, more people checking on something leads to fewer people carefully performing the task. As more people are responsible, security may diminish: (イ)trust gets in the way.

Commercial airlines have done an excellent job of (ウ)fighting this tendency with its program of "Crew Resource Management." All modern commercial aircraft have two pilots. One, the more senior, is the captain, who sits in the left-hand seat, while the other is the first-officer, who sits in the right-hand seat. Since both are qualified pilots, it is common for them to take turns piloting the aircraft. A major component of crew resource management is for the pilot who is not flying to be an active critic, constantly checking and questioning the actions (　3　) the pilot who is flying. When one person questions another's behavior, it usually implies a lack of trust; and when two people are supposed to work together, especially when one is superior to the other, trust is essential. It took a while before the aviation** community learned to take the questioning as a mark of respect, (　4　) a lack of trust, and for senior pilots to insist that junior ones question all of their actions. The result has been increased safety. Security is more of a social or human problem than a technological one.

＊bystander：傍観者

＊＊aviation：航空産業

設　問

A．本文中の空所（1～4）に入れるのに最も適当なものを、それぞれ下記（a～d）の中から1つ
　選び、その記号をマークしなさい。

（1）　a．however　　　b．nevertheless　　　c．therefore　　　d．until

（2）　a．almost　　　b．everyone　　　c．few　　　d．no one

（3）　a．to take　　　　　　　　　b．to be taken

　　　c．taken by　　　　　　　　d．taking for

（4）　a．according to　　　　　　b．as well as

　　　c．in regard to　　　　　　d．rather than

B．本文中の下線部（ア～ウ）の文中での意味に最も近いものを、それぞれ下記（a～d）の中から
　1つ選び、その記号をマークしなさい。

（ア）　get through
　　　　a．be corrected　　　　　　b．be overcome
　　　　c．be overlooked　　　　　　d．be recognized

（イ）　trust gets in the way
　　　　a．trust is an obstacle　　　　b．trust is the value
　　　　c．trust is not enough　　　　d．trust is ignored

（ウ）　fighting
　　　　a．achieving　　　b．encouraging　　　c．opposing　　　d．observing

C．次の英文（a～f）の中から本文の内容と一致するものを2つ選び、その記号を各段に1つずつ
　マークしなさい。ただし、その順序は問いません。

　　a．Many of the witnesses to the murder of Kitty Genovese could not pretend that
　　　they did not see the incident.

　　b．The bystander effect is the tendency to believe that a situation is not urgent

出典追記：Emotional Design：Why We Love (or Hate) Everyday Things by Donald A. Norman, Basic Books because others have taken no action but instead merely watched.

ｃ. When there are multiple confirmations by trusted colleagues, people become more and more careful about their own work.

ｄ. An increase in the number of people among whom responsibility is shared is likely to decrease safety.

ｅ. In commercial airlines, the two-pilot system has been adopted to make it unclear where the responsibility lies in the event of an accident.

ｆ. It is still forbidden for the co-pilot to criticize the captain's operation.

Ｄ. 本文中の二重下線部 <u>You weren't witnessing anything serious, because, if it were, people in the crowd would be doing something</u> を日本語に訳しなさい。答えは記述式解答用紙の所定欄に記入しなさい。

〔Ⅲ〕 次の英文を読み、下記の設問（Ａ、Ｂ）に答えなさい。

Nature might appear not to be a historical problem at all. There have been many historians—past and present—for whom nature has scarcely existed as a significant factor. It has proven perfectly possible to write a history of the French Revolution that makes no reference to the environmental climate of France. Many historians belong to a tradition, still in many ways the most influential one, in which nature is not considered, except perhaps to set the scene for the real drama to follow: the drama of human lives, human action, or human-centered events. Indeed, many historians would feel uncomfortable at the invasion into their field of something so abstract and complex. Nature, they might well argue, belongs to those who specialize in biology, climate, epidemics, and so on. According to these historians, the proper study of history is people.

Of late, however, whether in the continuing quest for new kinds of history and new types of source materials, or from stimulus by contemporary environmental concerns, some historians have begun to take a far more positive attitude toward nature's place in the writing of history and (ア)<u>the recovery of the past</u>. We live in an age in which nature is highly valued (as pure, healthy, or endangered), even while it is being violated on an unprecedented scale, and it is surely right that, through their critical understanding of the past, historians should (イ)<u>address</u> the concerns that inform and arouse the interest of the societies in which they themselves live. But what kind of history should this history of nature or the environment be, and what value might it have in trying to understand and interpret the past?

As in other fields of historical research and debate, there is no single answer to that question; rather, a variety of possibilities (ウ)emerges. Nature can be referred to in the form of science, as a source of practical information and authoritative knowledge about the past. The natural sciences can, for instance, tell us about the technical aspects of climate, plant life, and disease, and how these are likely to have had (エ)an influence on the material existence of societies prior to our own. The sciences of nature can also provide us with models of how human societies evolved or responded to the environmental and social crises they faced, and, indeed, to an extent which is perhaps not often realized, the biological sciences have for more than a century had a profound influence on historical thinking. Thus, nature as science can provide historians with key ideas about the structure and dynamics of the past as well as (オ)yielding technical information for its analysis.

設　問

A．本文中の下線部（ア～オ）の文中での意味に最も近いものを、それぞれ下記（a～d）の中から
　　１つ選び、その記号をマークしなさい。

（ア）　the recovery of the past

　　　　a．to reform the past for the benefit of the modern world

　　　　b．to replace the past with the present

　　　　c．to impress the present's beliefs of the past

　　　　d．to improve understanding of what happened in the past

（イ）　address

　　　　a．add to　　　　　b．deal with　　　　c．mail to　　　　d．speak with

（ウ）　emerges

　　　　a．comes out　　　　b．falls in　　　　c．gives way　　　　d．puts on

（エ）　an influence on

　　　　a．a behavior of　　　　　　　　　b．a character as

　　　　c．an effect on　　　　　　　　　d．a support for

（オ）　yielding

　　　　a．confining　　　　b．enclosing　　　　c．giving　　　　d．restricting

出典追記：Problem of Nature by David Arnold, John Wiley & Sons

B. 次の問い（ⅰ～ⅲ）の答えとして最も適当なものを、それぞれ下記（a～d）の中から 1 つ選び、
その記号をマークしなさい。

（ⅰ） Which of the following is mentioned in the first paragraph?

　　a. Traditionally, historians have tended to give little importance to nature, and
　　　 this is still true today.

　　b. In recent years, influential historians have gradually taken up nature as the
　　　 key subject of their dramas.

　　c. Many historians probably doubt that nature is too abstract and complex to
　　　 discuss in their field.

　　d. For many historians, the suitable subject of study in history is rarely human
　　　 beings.

（ⅱ） Which of the following is NOT mentioned in the second paragraph as a reason
　　 why historians have begun to pay more attention to nature in recent years?

　　a. They are trying to write new kinds of history.

　　b. They are seeking new historical perspectives by using new source materials.

　　c. The social understanding of history and nature is in a state of crisis.

　　d. There are growing social concerns about contemporary environmental issues.

（ⅲ） Which of the following is mentioned in the passage?

　　a. Because of the recent rise in awareness of environmental issues, nature is
　　　 becoming increasingly polluted.

　　b. The answer to the question of what value nature has in the study of history
　　　 is probably beyond our understanding.

　　c. Through the study of nature, we can learn how societies have overcome
　　　 environmental and social problems.

　　d. It should be more widely known that the study of biology and of history
　　　 have influenced each other.

〔Ⅳ〕次の英文（1〜10）の空所に入れるのに最も適当なものを、それぞれ下記（a〜d）の中から
1つ選び、その記号をマークしなさい。

（1）The task is（　　　）beyond my ability.
　　　a．far　　　　　b．over　　　　　c．such　　　　d．close

（2）Most of the audience left（　　　）his long and boring speech.
　　　a．during　　　b．in　　　　　c．while　　　　d．within

（3）What（　　　）do you want to buy?
　　　a．of the shoe size　　　　　　b．shoes size
　　　c．size of the shoes　　　　　　d．size shoe

（4）They were greatly surprised, and so（　　　）.
　　　a．all we were　　　　　　　　b．all were we
　　　c．were all we　　　　　　　　d．were we all

（5）Under the dark sky, the small lamp was our（　　　）hope.
　　　a．one and only　　　　　　　b．once but only
　　　c．only and once　　　　　　　d．only but one

（6）There are over a hundred rooms in this school, but we usually do not use
　　　（　　　）.
　　　a．so much　　　b．such many　　　c．that many　　　d．too much

（7）She is（　　　）musician.
　　　a．some of　　　b．some of a　　　c．something of　　d．something of a

（8）Look at the house（　　　）is red.
　　　a．of which roof　　　　　　　b．which roof
　　　c．which's roof　　　　　　　　d．whose roof

（9）Bill looks very young; I am wondering（　　　）is.
　　　a．how many his age　　　　　　b．how much his age
　　　c．what old he　　　　　　　　d．what his age

(10)　There were two pens here; John took one of them, and then Mary took (　　　　).

　　　　a．all others　　　　b．one another　　　c．the other　　　　d．other

〔Ⅴ〕　次の設問（A、B）に答えなさい。

設　問

A．次の日本文（1、2）に相当する意味になるように、それぞれ下記（a〜h）の語句を並べ替え
　　て正しい英文を完成させたとき、並べ替えた語句の最初から 3 番目と 7 番目に来るものの記号を
　　マークしなさい。ただし、文頭に来るものも小文字になっています。

　（1）　年末までに判決が下されることはありそうもない。
　　　　It is (　　　　　　　　　) the end of the year.
　　　　a．will　　　　　　　b．that　　　　　　c．handed　　　　d．before
　　　　e．down　　　　　　f．unlikely　　　　g．a decision　　　h．be

　（2）　「家族」という包括的な語のもとにだれが含まれるかは、時代とともに、また文化によっ
　　　　て、変化する。
　　　　(　　　　　　　　　　) and across different cultures.
　　　　a．under　　　　　　b．included　　　　c．is　　　　　　d．over
　　　　e．who　　　　　　　f．changes　　　　g．time
　　　　h．the umbrella term "family"

B．次の日本文に相当する意味になるように英文の空所を埋めなさい。答えは、空所に入れる部分の
　　みを記述式解答用紙の所定欄に記入しなさい。

　　彫刻というものは、触ってさまざまな角度から眺めてこそ存分に鑑賞できる。一部の美術批評家
　　によれば、大半の美術館は、人々に彫刻に触らせない点で、大きな過ちを犯している。
　　Sculpture is best appreciated when it can be touched and viewed from several angles.
　　According to some art critics, (　　　　　　　　　　　　　　　　　).

〔Ⅵ〕次の会話文を読み、空所（1〜10）に入れるのに最も適当なものを、それぞれ下記（a〜d）の
中から 1 つ選び、その記号をマークしなさい。

Ken is sitting on a bench on campus, staring sadly at a nearby stream when John walks by.

John :　Hey Ken! How's it going?

Ken :　Oh, hi John. I'm OK, I guess.

John :　"I guess?" You sound sad. (　1　)?

Ken :　It's a problem I'm having with a girl. I mean, a friend.

John :　Hmmm . . . a girlfriend?

Ken :　Oh no, not a girlfriend. Not exactly. Well . . . I don't know how (　2　). It's
too complicated.

John :　Ahhh. It sounds like this is about love. I (　3　) to read an interesting essay
on that subject the other day.

Ken :　Really? What did it say?

John :　It said our minds are constructed from language, not that we make language
ourselves, and that this has (　4　) to do with love. You see, when we fall in
love, we often feel confused. This is because we are experiencing a gap in
language preventing us from understanding our feelings. The essay explains that
we sometimes slip into gaps and, at that moment, we can no longer grasp
(　5　) we normally feel in words.

Ken :　Yes, that's totally what I'm experiencing! I have feelings I can't describe in words.
But I don't know if I'm in love, exactly.

John :　You may not be. But what you're feeling—it's kind of exciting, isn't it?

Ken :　Exciting, yes. But it also makes me a bit uncomfortable.

John :　The essay author says we feel this way when we're trying to find the right
language for our feelings. When we find the right language, the feelings calm
down.

Ken :　I'm beginning to understand what you mean. (　6　) that, in love, we feel like
we are lost at the beginning, and that's why we feel uneasy and get excited. And
then, when we get out of the gap by expressing the feeling in words and calling it
"love," we regain our sense of self, and are not excited any longer. In other
words, the confusion we feel has been (　7　), and our difficult emotion has
become something we can understand in words.

John :　That's right. (　8　), don't you?

Ken :　It feels strange trying to find the language. Perhaps I'm a strange person.

John :　That's not true! There are many kinds of people in the world, and there will always be someone who (　9　) you.

Ken :　I hope so. By the way, why are you such an expert in love (　10　) of a sudden? What caused you to read that essay?

John :　Well... it's hard to explain.

（1）　a．When is your English class　　　　b．What's going on
　　　　c．Where's the library　　　　　　　d．Who is your friend

（2）　a．to explain it　　　　　　　　　　b．to do my homework
　　　　c．long it will take　　　　　　　　d．much it is

（3）　a．happened　　　b．kept　　　　c．learned　　　d．moved

（4）　a．existence　　　b．made　　　　c．something　　d．true

（5）　a．that　　　　　b．when　　　　c．what　　　　d．who

（6）　a．Regardless of what you are saying　　b．Due to your interpretation
　　　　c．Though I agree with you　　　　　　d．What you seem to be saying is

（7）　a．recovered　　　b．reported　　　c．reduced　　　d．returned

（8）　a．You're very quick to understand　　b．You get the point
　　　　c．You have a great philosophy　　　　d．You make up your mind

（9）　a．introduces　　b．offers　　　　c．understands　　d．withdraws

（10）　a．all　　　　　b．each　　　　　c．still　　　　d．though

2 月 6 日実施分

解　答

I　**解答**
　A.　(1)— a　(2)— d　(3)— d　(4)— b
　B.　(ア)— a　(イ)— d　(ウ)— d　(エ)— c　(オ)— c

C．b・d

D．全訳下線部参照。

◆全　訳◆

≪哲学に関する誤解と真実≫

　ほとんどの人は，哲学とは何か，ということについて一般的な認識は持っているものの，その認識は哲学に真剣に取り組んでいる人たちの理解とはきわめて大きく異なることが多い。こうした間違った理解の中で一般の人々に最も広く認識されているのは，哲学は，感情と同様にまったく理性的ではないものに基づく個人的意見の表明と同然であるという考えだろう。この考えでは，哲学は単なる雄弁術であり，議論や説得に用いられる行いに過ぎないということになる。哲学は修辞学に裏打ちされた個人的意見表明に過ぎないというこのような固定観念には，ある程度の真実が含まれているかもしれないが，多くの真実が含まれているわけではない。実際は，哲学は一連の教義やイデオロギーとは対照的に，人間の理性の根拠を体系的かつ批判的に考察したものだと見なした方が適切である。哲学は修辞的，政治的というよりはるかに意欲的なものを志向し，はるかにより客観的なものに敢えて基づいているのが特徴である。哲学的探究は，ギリシャ哲学，つまり「知恵を愛すること」に由来して，洞察，理解，真理といったものへの情熱によって進められてきた。

　このように，哲学は，世界とその中での私たちの位置を理解しようとする人間の必要性の中で築き上げられている。哲学が単なる個人的意見と異なるのは，信念や行動の十分な根拠としての主観的な考えを排除して，体系的で厳格な論理だけでなく慎重かつ正確な分析にも取り組む点である。哲学は，理解と認識の両方を発展させることを究極の目的とした明晰な思考への情熱を必要とする。哲学の最大の味方の中に，尽きることのない好奇心がある。哲学の敵は，習慣的なもの，固定観念，未検証のもの，従来

解答編

の仮説や主張である。哲学的思考は，既成の教義に批判的に異議を唱えてそれを分析し，狭義の独断的信条を捨てて，矛盾を明らかにし，代案を検討する。不確実なものはすべて分析し，精査し，疑問視し，当然視するものはほとんどない。こうした特徴は哲学的な考え方を正確に説明することができる。同時に，こうした特徴は，哲学の価値を測る尺度だと従来見なされてきた，究極的で説得力があり，普遍的に認められる真理を見出すことに，哲学が必ずしも成功していない理由を説明する助けとなる。簡単に言えば，一般的な一連の理論を受け入れることは，哲学的探究に携わる者の中では，優先順位が比較的低いことなのである。哲学は，画一的な一連の教義というより，私たちの信念や行動の基盤を批判的に検証し，私たちが真実だと認める考えを洗練させる継続的な過程であると考えられる。哲学的思考は，単純で無邪気というより，疑い深くて批判的である。したがって，洞察に満ちた探究に専心し，性急な一般化を排除する傾向がある。

　このような考え方に慣れていない者にとって，哲学はときには頭痛の種になりかねない。哲学者は執拗に質問を投げかけ，難問や他の人にとっては明白で平易に見える問題を研究する。したがって，哲学者が他人にとってきわめて迷惑な存在だと考えられてきたことは驚くことではない。哲学は厳密な論理法則に機械的に支配されていて，基本的な問題について広く認められることによって敬意を与えられると信じて哲学の研究に取り組めば，哲学の性質の要点を必ず見逃すことになり，その難しさを正しく認識することもできないだろう。哲学は単にものの見方を明確にすることでも，絶対的心理の源でもない。むしろ，単純な前提を批判的に厳しく検証する深遠なる過程なのである。

■■■■■■■■ ◀解　説▶ ■■■■■■■■

A．⑴ what *A* is about で「*A* とは何か」という意味で用いる慣用的表現が完成するので a が正解。たとえば what life is about で「人生とは何であるか」という意味になる。 a．「～について」　b．「関係している」　c．「関係している」　d．「話している」

⑵「哲学は…，人間の理性の（　　）を体系的かつ批判的に考察したものだと見なした方が適切である」の穴埋め。これに合う d が正解。第 2 段後ろから 3 文目（Rather than a …）の「哲学は…私たちの信念や行動の基盤を批判的に検証し，…継続的な過程であると考えられる」という言い換

え表現も答えの根拠となる。a.「手法」　b.「態度」　c.「知能」　d.「基礎，根拠」

⑶直前の questions all that is uncertain「不確実なものはすべて疑問視する」という内容と合う d が正解。take *A* for granted で「*A* を当然視する」の意で，「当然視するものはほとんどない」という文意になる。a.「すべて」　b.「多く」　c.「それ」　d.「ほとんどない」

⑷「したがって，哲学者が他人にとってきわめて迷惑な存在だと考えられてきたことは（　　）ことではない」の穴埋め。第3段第1文（To those who …）の「哲学はときには頭痛の種になりかねない」と，第3文の that 節の内容は，ともに哲学者に対して否定的なことを述べているので，順接の関係になるようにするべき。よってbが正解。a.「ありそうな」　b.「驚くべき」　c.「明らかな」　d.「今日まで」

B．㋐「～と同然である」

「哲学は，個人的意見の表明（　　）」の穴埋め。第1段第4文（The stereotype of …）に「哲学は修辞学に裏打ちされた個人的意見表明に過ぎないというこのような固定観念」とある。この内容と合う a が正解。a.「～と同等である」　b.「～の合計で」　c.「～の合計で」　d.「～とは無関係な」

㋑「主観的な考え」

下線部と同意の d が正解。下線部 subjective「主観的な」と d の personal「個人的な」は意味合いが似た単語である。第1段第6文（It characteristically aspires …）に，哲学の特徴は「客観的なものに基づいている」とあり，この文章では哲学を「客観的なもの」，つまり「主観的な考えを排除したもの」と述べている点も手掛かりとなる。a.「日常生活の慣習」　b.「楽観的な考え」　c.「感動的な配慮」　d.「個人的な印象」

㋒「既成の教義」

下線部と同意の d が正解。received は「容認された，一般の」の意味。d の established もこれと同意で「広く認められた」の意。ともに過去分詞の形だが形容詞として用いられる。a.「集められた書類」　b.「こっけいな信念」　c.「配達された薬」　d.「広く認められた考え」

㋓「簡単に言えば」

put には「（言葉などで）～を表現する」という意味がある。simply put の put は過去分詞の形で，直訳では「簡単に言われると」の意の慣用的表現。これと同意の c が正解。a.「さらに」　b.「いずれにしても」　c.「手短に言えば」　d.「特に」

(ｵ)「単純な前提」

　下線部と同様に，哲学が検証するものとして，第 2 段第 6 文（The philosophical mind …）に received doctrine「既成の教義」，同段後ろから 3 文目（Rather than a …）に the foundations for our beliefs「私たちの信念の基盤」などが述べられている。よって，この下線部「単純な前提」とは「当たり前のように信じ込んでいること」という意味。これと同意の c が正解。a.「無邪気な伝達」　b.「愚かでばかげた考え」　c.「基本的な信念」　d.「間違った感覚」

C．a.「哲学という概念によって一般的に意味するものが本来の姿とはあまりにもかけ離れているので，哲学者は正しい仮定をすることができない」

　前半の内容は第 1 段第 1 文に合うが，後半の内容に関する記述はない。

b.「哲学が，議論や説得のための修辞学的技術として誤って理解されることがある」

　第 1 段第 3 文（In this view, …）と第 4 文（The stereotype of …）の内容に合う。

c.「真に哲学的な学問は，単なる個人的な意見とは異なり，信念など主観的なことを否定し，論理など客観的なものを回避する」

　後半の内容が，第 2 段第 2 文（What distinguishes it …）の内容に合わない。哲学は，論理など客観的なものを「回避する」のではなく，それに「取り組む」のである。

d.「人類の理解を深めるために，哲学は，習慣的な思考ではほとんど見ることができないものを，情熱的に明らかにしようとする」

　主に第 2 段第 3 文（Philosophy involves a …）と第 5 文（Philosophy's enemies are …）の内容に合う。

e.「哲学は，習慣的なもの，未検証のもの，慣習的なものが，単純で無邪気な人々にとっては敵だと見なされていることを明らかにする」

　第 2 段第 5 文（Philosophy's enemies are …）の内容に合わない。本文

では「習慣的なもの，固定観念，未検証のもの，従来の仮説や主張」が「哲学の敵」とは書かれているが，それらが「単純で無邪気な人々にとっては敵」とは書かれていない。

f．「疑い深く批判的な精神によって，哲学者は，究極の，説得力のある，普遍的に認められる真理を探すのに，過度に苛立ちを覚えることがある」

「哲学的思考が疑い深い」ということは，第2段後ろから2文目（The philosophical mind …）に書かれているが，それによって哲学者が「苛立ちを覚える」とは書かれていないので不正解。

D．accepting a common set of theories という動名詞句が文の主語。common は「共通の，一般的な」などの意味があるが，ここでは直後の a uniform set of doctrines「画一的な一連の教義」という言い換え表現から「一般的な」という意味だととらえよう。述語動詞は ranks で「順位を占める」の意。those who ～ は「～な人々」と解釈する。priority は「優先順位」，be engaged in *A* は「*A* に従事する，*A* にかかわる」という意味。philosophical inquiry は「哲学的探究，哲学の探究」などと訳せばよい。

II　解答

A．(1)— c　(2)— b　(3)— c　(4)— d
B．(ア)— c　(イ)— a　(ウ)— c
C．b・d
D．全訳下線部参照。

◆全　訳◆

≪傍観者効果とその対処法≫

　安全と安心を向上させる一般的な方法は，手順を厳格化し，複数のチェックを義務付けることである。しかし，実際は，より多くの人が一つの仕事のチェックに関わると，安全性が損なわれる恐れがある。これは「傍観者効果」と呼ばれるもので，1964年にニューヨークの路上で起きたキティ＝ジェノヴェーゼ殺害事件の研究から生まれた言葉である。多くの人がその事件を目撃していたにもかかわらず，誰も助けなかったのである。傍観者効果とは，緊急事態が起きるのを目撃する人が多ければ多いほど，誰も助けようとしなくなる現象である。なぜだろうか。

　自分自身の反応を考えてみよう。もしあなたが1人で大都市の通りを歩

いていて犯罪かと思われることに遭遇すれば，恐怖を感じて，その結果，介入するのをためらうかもしれない。それでも，あなたはおそらく助けを求めようとするだろう。しかし，その事件を大勢の人々も目撃していたとすると，あなたはどうするだろうか。もし重大なことが起きているとしたら，群衆の中の人々が何かをしているだろうから，自分は重大なことを何も目撃していない，とおそらく思うだろう。というのは，大都市ではなんでも起こりうるからだ。俳優が映画を撮影しているのかもしれない。

　傍観者効果は，セキュリティに関しても働く。たとえばあなたが発電所の技術者として働いていると仮定しよう。あなたは，よく知っていて信用している同僚の 1 人と共にメーターの数値をチェックすることになっている。さらに，あなたが作業を終えると，あなたの上司もチェックを行う。その結果，その作業に関して余計な気を使わなくて済む。何しろ，これだけ多くの人がチェックをしているのだから，どうしてミスがまかり通るだろうか。問題は，みんながそう思っているということだ。その結果，より多くの人がチェックすることによって，その作業を注意深く行う人がより少なくなってしまう。責任者が増えるにつれて，安全性が低下する可能性がある。信用が邪魔をするのである。

　民間の航空会社は，「クルー・リソース・マネジメント」というプログラムによって，この傾向にとてもうまく対処してきた。現代のすべての民間航空機には，2 人のパイロットがいる。1 人が先輩操縦士である機長で左側に座り，もう 1 人が副操縦士で右側に座る。2 人ともパイロットの資格を持っているので，交代で操縦するのが一般的である。クルー・リソース・マネジメントの大きな要素は，操縦していないパイロットが積極的に批判し，操縦しているパイロットの行動を常にチェックし，質問することである。ある人がもう 1 人の人の行動を問うとき，それは普通，信用していないことを示す。そして 2 人の人間が一緒に働くとき，特に一方がもう 1 人よりも先輩である場合，信頼関係は不可欠である。航空産業界において，質問は不信感ではなく尊敬のしるしだと認識されるようになり，先輩の操縦士が後輩の操縦士に自分のすべての行動について質問するように求めるようになるには，しばらく時間がかかった。しかしその結果，安全性が向上した。安全性とは，技術的な問題というよりは社会的，人間的な問題なのである。

━━━━━━━━ ◀解　説▶ ━━━━━━━━

A．(1)犯罪を目撃したときに「恐怖を感じて，（　　），介入するのをためらうかもしれない」という内容。空所の前後が順接なので，これに合う c が正解。a．「しかし」　b．「それにもかかわらず」　c．「その結果」　d．「～まで」

(2)「問題は，（　　）がそう思っているということだ」の穴埋め。The problem is に続く箇所なので否定的な内容になるはずで，b が正解。「みんながそう思っている」とは「これだけ多くの人がチェックをしているのだから，ミスがまかり通るわけがない」とみんなが思うことで，これによって各人のチェックが甘くなるという結果につながるという内容。a は文法的に不可。almost everyone や almost all people などと，almost が修飾する語が必要。a．「ほとんど」　b．「みんな」　c．「ほとんどない」　d．「誰もいない」

(3)名詞を修飾する分詞は，その名詞が「する」なら doing，「される」なら done の形になる。ここでは action が take「される」関係なので，taken という形になるため c が正解。b は to be taken by というように by が付いていれば正解。

(4)「質問は不信感（　　）尊敬のしるし」の穴埋め。空所の前後で「不信感」と「尊敬」という対比情報がある点に注目しよう。この 2 つを結びつけるのにふさわしい d が正解。a．「～によると」　b．「～だけでなく」　c．「～に関しては」　d．「～というよりは」

B．(ア)「通り抜ける」

「ミスが通り抜ける」とは，「ミスがまかり通る」という意味。よって c が正解。本文は「これだけ多くの人がチェックをしているのだから，どうしてミスがまかり通るだろうか」という意味だが，これは反語で，これが意味するところは「これだけ多くの人がチェックをしているのだから，ミスがまかり通るわけがない」ということ。a．「修正される」　b．「克服される」　c．「見逃される」　d．「認識される」

(イ)「信用が邪魔をする」

get in the way は「邪魔をする」という意味の慣用的表現。この内容に合う a が正解。第 3 段第 8 文（As a result, …）にあるように，「相手を信用して，自分のチェックが甘くなる」と書かれている。ここでは「信

用が否定的な効果をもたらす」という文脈である。ａ.「信用が障害となる」　ｂ.「信用は価値がある」　ｃ.「信用が十分ではない」　ｄ.「信用が無視される」

㈼「～と戦う」

　下線部と同意のｃが正解。空所の動詞の目的語である this tendency は前文の「信用が邪魔をする」という内容を指す。ａやｂはこの目的語の内容と合わない点からも不正解。ａ.「～を達成する」　ｂ.「～を励ます」ｃ.「～に反対する」　ｄ.「～を観察する」

Ｃ.　ａ.「キティ＝ジェノヴェーゼ殺害事件の目撃者の多くは，その事件を見なかったふりをすることができなかった」

　第 1 段第 4 文（Although numerous people …）の内容に合わない。

ｂ.「傍観者効果とは，ある状況を他の人が何の行動もせず見ているだけなのだから，それが緊急ではないと信じる傾向である」

　傍観者効果に関しては主に第 1 段第 5 文（The bystander effect is …）や第 2 段に述べられている。特に下線が付いた第 2 段第 6 文（You weren't witnessing …）の内容に一致する。

ｃ.「信頼できる同僚によって複数回確認されると，人は自分の仕事に関してますます慎重になる」

　第 3 段の内容に合わない。特に同段第 8 文（As a result, …）にあるように，「多くの人がチェックすることによって，その作業を注意深く行う人が少なくなってしまう」ので，「慎重になる」という点が不適。

ｄ.「責任を分担する人の数が増えると，安全性は減る可能性がある」

　第 3 段第 9 文（As more people …）の内容に合う。

ｅ.「民間航空会社では，事故が起きた際に責任の所在を不明確にするために，パイロット 2 人制システムが採用されている」

　民間航空会社の取り組みに関しては第 4 段に述べられているが，「責任の所在を不明確にするため」という記述はどこにも書かれていないので不正解。

ｆ.「副操縦士が機長の操縦を批判することは今でも禁止されている」

　第 4 段第 5 文（A major component …）に，パイロット 2 人制の現代の民間航空機で行われている「クルー・リソース・マネジメント」の内容として，「操縦していないパイロットが積極的に批判し，操縦しているパ

イロットの行動を常にチェックし，質問する」とある。批判することが禁止されているわけではないので不正解。

D．not 〜 anything「何も〜ない」の意。if it were は，be 動詞の後ろに serious が省略されているので，内容を補って「それが重大なことなら」と訳すのも可。〜, because … は「〜である。というのは…だからだ」，または「…なので〜」と訳す。because 節を後ろで訳して「自分は重大なことを何も目撃していない。もしそうなら，群衆の中の人々が何かしているはずだからだ」としてもよい。

Ⅲ　解答

A. (ア)— d　(イ)— b　(ウ)— a　(エ)— c　(オ)— c
B. (i)— a　(ii)— c　(iii)— c

◆全　訳◆

≪歴史研究の知識の源としての自然≫

　自然は，まったく歴史的問題ではないように思われるかもしれない。昔も今も，多くの歴史家がいるが，彼らにとって自然が重要な要因として存在することなどめったにない。フランスの環境風土に全く言及しないフランス革命の歴史を書くことは完全に可能だと証明されている。多くの歴史家が伝統に属しており，伝統はいまだに多くの点で最も影響力があるのだが，その中では自然は，後に続く本当のドラマ（人間生活，人間の行動，人間を中心とした出来事のドラマ）のための舞台を設定する以外にはおそらく考慮されることはない。実際，多くの歴史家は，彼らの領域にこれほど抽象的で複雑なものが侵入してくれば，不快に感じるだろう。自然は生物学，気候，疫病などを専攻している人に属するものだと彼らは主張するだろう。こうした歴史家によると，歴史の正式な研究対象は人間である。

　しかし最近になって，新しい種類の歴史や新しいタイプの情報資料の探求においてであれ，現代の環境問題に対する関心による刺激からであれ，一部の歴史家が，歴史の記述と過去の回復における自然の位置づけに対して，はるかに肯定的な態度を取り始めた。自然がかつてないほどの規模で侵害されているにせよ，自然が（純粋である，健康的である，あるいは絶滅の危機に瀕しているとして）高く評価される時代に私たちは生きており，非常に重要な歴史理解を通して，歴史家が，自らが生きる社会に情報を提供して関心を喚起するような問題に取り組むことは間違いなく正しいこと

である。しかし，この自然や環境の歴史というものはどのような種類の歴史であるべきか，そして過去を理解して解釈しようとする中で，それはどのような価値を持つのだろうか。

　歴史の研究と議論の他の分野と同様，この問いに対する唯一の答えはない。むしろ，さまざまな可能性が浮かび上がってくる。自然は，科学という形において，過去に関する実用的な情報と権威ある知識の源であると言い表すことができる。たとえば，自然科学は，気候，植物，病気などの専門的側面について，また，それらが以前の社会の物質的存在にどのような影響を及ぼしていたかということを私たちに教えてくれる。また，自然科学は，人間社会がどのように進化してきたのか，対峙する環境的，社会的危機にどのように反応してきたのかについてのモデルを提供してくれる。実際，あまり知られていない程度ではあろうが，生物科学は1世紀以上にわたって歴史的思考に大きな影響を与えてきた。このように，科学としての自然は，分析に必要な専門的情報だけでなく過去の構造や力学に関する重要な考えも歴史家に提供しうるのである。

―――――――◀解　説▶―――――――

A．㋐「過去の回復」
a．「現代世界の恩恵のために過去を改善すること」
b．「過去を現在に取り換えること」
c．「過去に対する現代の信念を刻印すること」
d．「過去に起きたことの理解を向上させること」
　「歴史の記述」と and で結ばれているので，その内容と順接になる d が正解。
㋑「～に取り組む」
a．「～を増やす」　b．「～を処理する」　c．「～に郵送する」　d．「～と話す」
　address は人を目的語にすると「～に話しかける」の意だが，ここでは the concerns「問題」を目的語にしており，「～に取り組む」という意味で用いられている。この意味に近い b が正解。
㋒「現れる」
a．「現れる」　b．「落ちる」　c．「屈する」　d．「～を身につける」
　同意の a が正解。

㈘「〜に対する影響」

a.「〜の行動」　b.「〜としての性格」　c.「〜に対する影響」　d.「〜に対する援助」

同意のcが正解。have an influence〔effect〕on *A* で「*A* に対して影響を及ぼす」という意味。

㈚「〜をもたらす」

a.「〜を制限する」　b.「〜を同封する」　c.「〜を与える」　d.「〜を制限する」

同意のcが正解。yield は自動詞では「屈する」の意だが，他動詞では「〜をもたらす，〜を与える」の意。

B.(ⅰ)「以下のうち，第1段で述べられているのはどれか」

a.「伝統的に，歴史家は自然を軽視する傾向があったし，現在でもそうである」

b.「近年，影響力のある歴史家たちが徐々に自然を重要なテーマとして取り上げるようになってきた」

c.「多くの歴史家は，自然はあまりにも抽象的で複雑なので自分たちの分野で議論することはできないとは思っていないだろう」

d.「多くの歴史家にとって，歴史におけるふさわしい研究テーマが人間であることはめったにない」

第1段第2文（There have been …）の内容と一致するaが正解。bとdは「歴史家の研究テーマは自然ではなく人間だ」という第1段の大意，特に同段最終文（According to these …）に合わない。c の doubt that … は「…ではないと思う」という意味で，同段第5文（Indeed, many historians …）の内容に合わない。

(ⅱ)「歴史学者が近年，自然に注目し始めた理由として，第2段で述べられていないものはどれか」

a.「彼らは新しい種類の歴史を書こうとしている」

b.「彼らは新しい資料を用いて，新しい歴史的視点を求めている」

c.「歴史と自然に対する社会的理解が危機的状況にある」

d.「現代の環境問題に関する社会的関心が高まっている」

a，b，d に関しては第2段第1文（Of late, however, …）に書かれているが，c に関する記述はないので c が正解。critical は「非常に重要

な，危険な」などの意味だが，同段第 2 文（We live in …）の through their critical understanding of the past「非常に重要な歴史理解を通して」の critical は「非常に重要な」の意味。これを「危機的な」と誤読するとcも合致すると勘違いしてしまうかもしれない。

(ⅲ)「この文章で述べられているのは以下のうちどれか」

ａ．「環境問題に対する意識が最近高まっているので，自然がますます汚染されている」

ｂ．「歴史研究において自然がどんな価値を持つかという問いに対する答えは，おそらく私たちの理解を超えている」

ｃ．「自然の研究を通して，私たちは社会がどのようにして環境問題，社会問題を乗り越えてきたのかを学ぶことができる」

ｄ．「生物学と歴史学が互いに影響しあっていることは，もっと広く知られるべきだ」

　第 3 段第 4 文（The sciences of …）の内容に合う c が正解。同文の主語は sciences と複数形になっているので「自然諸科学」と訳してもよく，これは生物学，物理学など自然を研究する様々な学問を指す。a は，前半は第 2 段第 1 文（Of late, however, …）に，後半は同段第 2 文（We live in …）に述べられているが，両者の因果関係について本文では述べられていない。Bは本文中に記述なし。d は「影響しあっている」とは書かれていないので不正解。

Ⅳ　解答　(1)— a　(2)— a　(3)— d　(4)— d　(5)— a　(6)— c　(7)— d　(8)— d　(9)— d　(10)— c

◀解　説▶

⑴「その仕事は私の能力をはるかに超えている」

　far は前置詞句の前で「はるかに」の意。

⑵「観客のほとんどは彼の長くて退屈な演説の間に出ていった」

　during *A* で「*A* の間に」という意味。while も同意だが後続に SV や *doing* の形が用いられる点に注意。

⑶「どのサイズの靴を買いたいのですか」

　what *A* で「どんな *A*」の意。what に続く *A*（名詞）は元の文から前に移動した形だと考えるとよい。ここでは元の文が Do you want to buy that size shoe? と考え，that size shoe が what size shoe に変形したと考えるとよい。他の選択肢では元の文が成立しない。たとえば c だと Do you want to buy that size of the shoes? となり，buy の目的語が size になり，「サイズを買う」という意味になるので不可。

(4)「彼らはとても驚いたし，私たちも全員驚いた」

　so V S という形で，前の内容を受けて「S もそうである」という意味。一般動詞を受けるなら V が *do* の変形，be 動詞を受けるなら be 動詞の変形になる。また，代名詞に all を使うときは代名詞の後ろに置く。all we ではなく we all という語順になる。よって，d が正解。

(5)「空は暗く，小さなランプが私たちのたった1つの希望であった」

　one and only *A* で「たった1つの *A*」の意。

(6)「この学校には 100 を超える部屋があるが，たいていはそんなに多くは使っていない」

　that many は「そんなに多数の」の意。so much も「そんなにも多くの」という意味があるが，可算名詞に対しては使えない。ここでは可算名詞である rooms「部屋」の数を言っているので不可。

(7)「彼女はちょっとした音楽家だ」

　something of a *A* で「ちょっとした *A*」の意。

(8)「屋根が赤いその家を見てごらん」

　whose は who の所有格。先行詞が物でも使われることもある。ここでは its roof is red の its が whose に変形した形。

(9)「ビルはとても若く見える。彼は何歳なんだろう」

　wondering の目的語となる名詞節が必要で，間接疑問文が入る。「彼が何歳であるか」は how ＋形容詞の形で，how old he is とするか，what ＋名詞の形で what his age is となる。よって d が正解。

(10)「ここに2本のペンがあった。ジョンが1本を取り，メアリーがもう1本を取った」

　「2つのうちの残り1つ」というときには，特定されるので the が付いて the other（＋名詞）という形になる。

V 解答

A.（3 番目，7 番目の順に）(1)— g，e　(2)— b，d

B.〈解答例 1〉〈According to some art critics,〉most museums make a big mistake in that they do not allow people to touch sculpture.

〈解答例 2〉〈According to some art critics,〉most of the art museums make a terrible mistake in keeping people from touching sculpture.

■■■■■■■■■■ ◀解　説▶ ■■■■■■■■■■

A.⑴ It is unlikely that … で「…はありそうにない」の意。「判決を下す」は hand down a decision で，ここでは受動態にする。完成文は (It is) unlikely that a decision will be handed down before (the end of the year). となる。 f － b － g － a － h － c － e － d

⑵「だれが含まれるか」は who is included となる。「包括的な語」は the umbrella term である。umbrella は「傘」から派生して「包括するもの」という意味で用いることがある（例：an umbrella organization「包括的組織」）。述語が changes である。over time で「やがて，時が経てば」という意味。完成文は Who is included under the umbrella term "family" changes over time (and across different cultures). となる。 e － c － b － a － h － f － d － g

B.「大半の *A*」は most (of the) *A*, almost all (of the) *A* などとする。most museums, most of the museums は正しいが most of museum というように of の後ろに the などを付けずに名詞を置くのは誤り。「人々に彫刻に触らせない」は allow *A* to *do*「*A* が〜するのを許す」や keep〔prevent / restrict〕*A* from *doing*「*A* に〜させない」という形を使うとよい。「〜という点で」は in ＋名詞，in ＋ *doing*, in that S V という形で表す。

VI 解答

(1)— b　(2)— a　(3)— a　(4)— c　(5)— c　(6)— d
(7)— c　(8)— b　(9)— c　(10)— a

〜〜〜〜〜◆全　訳◆〜〜〜〜〜

≪恋の心理的影響に関する会話≫

　ケンが大学構内のベンチに座って，悲しげに近くの小川を眺めていると，ジョンが通りかかる。

ジョン（以下 J）：やあ，ケン！　元気かい？

ケン（以下 K）：ああ，やあ，ジョン。僕は大丈夫だよ，たぶんね。

J：たぶん，だって？　悲しそうな声だね。どうしたんだい？

K：ある女の子のことで悩んでいるんだ。友達なんだけど。

J：ふーむ…ガールフレンドなのかい？

K：ああ，いや，ガールフレンドではないんだ。ちょっと違うんだ。えーっと…どうやって説明すればいいのかわからないよ。複雑すぎるんだ。

J：ああ，恋愛に関することのようだね。先日たまたまその話題に関する面白いエッセイを読んだよ。

K：本当？　どんなことが書かれていたんだい？

J：僕たちの思考は言語から構築されるのであって，僕たち自身が言語を作っているわけではない，そしてこのことが恋愛と関係があるそうなんだ。ほら，恋に落ちたとき，僕たちはよく混乱するよね。それは，僕たちが言語のギャップを経験していて，自分の気持ちを理解することができないからなんだ。そのエッセイでは，僕たちは時々そうしたギャップに陥って，そのときは，普段言葉で感じていることを理解できなくなる，と説明しているよ。

K：そうだ，それこそまさに僕が経験していることだ！　僕には今，言葉では言い表せない感情があるんだ。でも，自分が恋をしているのかどうか，正確にはわからないんだ。

J：そうではないかもしれないね。でも，君が今感じていること，それはわくわくするような感じじゃないかな？

K：そうだね，わくわくしているよ。でも，ちょっといらいらした気分でもあるんだ。

J：そのエッセイの筆者は，自分の気持ちにふさわしい言葉を見つけようとしているときにこんな風に感じるんだ，って言っているよ。ふさわしい言葉を見つけると，気持ちが落ち着くんだ。

K：君が言いたいことがわかってきたよ。君が言っているのは，恋愛では，はじめは迷うからこそ不安になったり興奮したりする，ということのようだね。そして，その気持ちを言葉で表現して「恋」と呼ぶことによって，ギャップから抜け出すと，本来の自分の感覚を取り戻してもうわくわくしなくなるんだね。つまり，混乱していた気持ちが小さく

なって，厄介な感情も言葉で理解できるものになるんだね。

J：その通りさ。要点をつかんでいるね。

K：言葉を見つけようとするのは不思議な感じがするな。もしかしたら，
　　僕は変わった人間なのかもしれない。

J：そんなことないよ！　世の中にはいろんな人がいて，君のことを理解
　　してくれる人が必ずいるはずだよ。

K：そうだといいね。ところで，どうして君は急にそんなにも恋愛の専門
　　家になったんだい？　どうしてそのエッセイを読もうとしたんだい？

J：うーん，説明するのが難しいな。

━━━━━━━━ ◀解　説▶ ━━━━━━━━

⑴ a .「英語の授業はいつだい？」　 b .「どうしたんだい？」　 c .「図書
館はどこ？」　 d .「君の友達は誰？」

　直前に「悲しそうな声だね」と相手を心配しているので，その内容に合
う b が正解。

⑵それぞれの how に続けた意味は以下の通り。 a .「どうやってそれを説
明するか」， b .「どうやって私の宿題をするか」， c .「それをするにはど
れくらい時間がかかるか」， d .「それがどれくらいの値段か」

　直後の「複雑すぎるんだ」に合う a が正解。最後のジョンのセリフにも
同じような内容があることもヒントになる。

⑶ happen to *do* で「たまたま〜する」の意で，意味も成立するので a が
正解。 c は learn to *do*「〜することを学ぶ，〜するようになる」という
形になるが，文意に合わない。

⑷ a .「存在」　 b .「作った」　 c .「何か」　 d .「本当の」

　have something to do with *A* で「*A* と何らかの関係がある」の意。

⑸ grasp の目的語になる名詞節を導き，後ろには不完全文（名詞が一つ
欠けている文）が続くので疑問代名詞が入る。人を指すなら who，物を
指すなら what が入る。ここでは物を指すので what が入る。

⑹文構造が成立する d が正解。What you seem to be saying が主語，is
が述語動詞，that 以下が補語という構造。 a ， b ， c を空所に入れると，
いずれの場合も文構造が成立しない。

⑺ a .「回復される」　 b .「報告される」　 c .「減らされる」　 d .「戻さ
れる」

「混乱していた気持ちが（　　），厄介な感情も言葉で理解できるものになるんだね」の穴埋め。空所の後ろの内容から肯定的な内容を完成させるものを選ぶべき。よってcが正解。

(8) a．「君は理解するのがとても早い」　b．「君は要点をつかんでいる」
c．「君は素晴らしい哲学を持っている」　d．「君は決断する」

　直前のケンのセリフで，ジョンが述べたエッセイの要点をまとめているので，この文脈に合うbが正解。空所の後ろに don't you? という付加疑問文が付いていることにも注目。主節が be 動詞であれば aren't you? となるはずなので，aは不正解。

(9) a．「～を紹介する」　b．「～を申し出る」　c．「～を理解する」　d．「～を退かせる」

　ケンが「僕は変わった人間なのかもしれない」といって，ジョンが「そんなことないよ！」と慰めている場面。肯定的な内容になるcが正解。

(10) all of a sudden で「突然」の意。

❖講　評

　2022年度の出題はほとんどがマークセンス方式で，記述式問題は英文和訳が2問，和文英訳が1問だけであった。2022年度も，英文和訳で指示語の内容を説明するような問題は出題されていなかった。

　Ⅰの読解問題は，哲学をテーマにした文章。空所補充問題は，前置詞，名詞などに関する語法や意味の知識を問う問題と，文脈を読み解いて答える問題という構成。下線部言い換え問題は(ア)の amounts to，(ウ)の received doctrine など難易度の高いものもあったが，いずれも言い換え表現を手掛かりに文脈を理解すれば解ける問題。内容真偽問題は，各選択肢が本文で使われている語句と大幅に言い換えられていたが，筆者と一般人の哲学観の違いを大まかに理解していれば選びやすい問題であった。下線部和訳問題は rank を動詞で使う文だが，これも文脈から rank low で「順位が低い」という内容を推測できたと思われる。

　Ⅱの読解問題は，傍観者効果と呼ばれる現象に関する文章。空所補充問題は，知識を問う問題と，文脈を理解して解く問題という構成。同意表現の問題では下線部のみならず文脈上の意味を考える力が問われている。2022年度は(ア)と(イ)でいずれも自動詞の get を使った慣用的表現が

出題されていた。内容一致問題は標準レベル。下線部和訳問題は，省略されている内容を見抜ければ理解しやすい文であった。

Ⅲの読解問題は，歴史研究にとっての自然の存在について述べた内容。Aの㋐は文脈から考えると自信をもって答えられた問題だと思われる。Bの⑬は文章全体の内容に合う選択肢が正解であった。いずれにせよ，文章の大意をつかんでいることが肝要。

Ⅳの文法・語彙問題はほとんど基本・標準レベルの文法項目からの出題であったが，(3)や(6)や(9)はやや難易度の高い語法の知識を要する問題であった。(5)～(7)は慣用表現に関する問題。

Ⅴの英作文問題は，語句整序問題と完成形式による和文英訳問題とで構成されている。語句整序問題は全体の文構造を考えれば解きやすい。(1)では down，(2)では over の置き場所に少し悩んだ受験生がいるかもしれないが，hand down，over time という慣用的表現を知っていれば解きやすい。

Ⅵの会話文問題は，前後関係，文意，熟語から正解を導くことができる標準レベルの出題であった。例年同様，What's going on?「調子はどう？」などの会話頻出表現や，have something to do with *A*「*A* に何らかの関係がある」などの定型表現が出題されていた。

全体として，読解・語彙力と文法力をつけることを主眼にした対策を立てることを勧める。読解分量が多いので，英文を多読しながら内容把握に努め，語彙を増やしていくのがよい。素材は時事的な事柄を扱ったものがよいだろう。文法は重要項目を中心に基本・標準レベルの問題演習をしていけばよい。

（90 分）

〔Ⅰ〕 次の英文を読み、下記の設問（A〜D）に答えなさい。

　　It is so easy to overestimate the importance of one significant moment and underestimate the value of making small improvements on a daily basis. Too often, we (　1　) ourselves that massive success requires massive action. Whether it is losing weight, building a business, writing a book, winning a championship, or (ア)achieving any other goal, we put pressure on ourselves to make some surprising improvement that everyone will talk about.

　　Meanwhile, improving by 1 percent isn't particularly remarkable but it can be far more important, especially after a long period of time. The difference a tiny improvement can make over time is amazing. What starts as a small win or a minor problem gradually increases and becomes something much more.

　　Habits are the compound interest of self-improvement. The same way that money multiplies through compound interest, the effects of your habits multiply as you repeat them. They (イ)seem to make little difference on any given day and yet the impact they deliver over the months and years can be enormous. It is only when looking back two, five, or perhaps ten years later that the value of good habits and the cost of bad ones becomes quite (　2　).

　　This can be a difficult concept to appreciate in daily life. We often dismiss small changes because they don't seem to matter very much in the moment. If you save a little money now, you're still not a millionaire. If you do exercise three days in a row, (ウ)you're still out of shape. If you study Chinese for an hour tonight, you still haven't learned the language. We make a few changes, but the results never seem to come quickly and so we return to our previous routines.

　　Unfortunately, the slow pace of change also makes it easy to let a bad habit continue. If you eat an unhealthy meal today, the scale doesn't move much. If you work late tonight and ignore your family, they will forgive you. If you put your project off until tomorrow, there will usually be time to finish it later. A single decision is easy to dismiss.

　　But when we repeat 1 percent errors, day after day, by repeating tiny mistakes, and justifying little excuses, (エ)<u>our small choices bring dangerous results</u>. It's the sum of many mistakes—a 1 percent decline here and there—that eventually leads to a problem.

A slight change in your daily habits can guide your life to a very different destination. Making a choice that is 1 percent better or 1 percent worse seems insignificant in the moment, but over the course of moments that make up a lifetime, these choices determine the difference between who you are and who you could be. Success is the product of daily habits—not once-in-a-lifetime changes.

That said, it doesn't matter how successful or unsuccessful you are right now. <u>What matters is whether your habits are putting you on the path toward success.</u> You should be concerned（　3　）your current path. If you're a millionaire but you spend more than you earn each month, then you're on a bad course. If your spending habits don't change, it's not going to end well. In contrast, if you're broke, but you save a little bit every month, then you're on the path toward financial freedom—even if you're moving slower than you'd like.

If you want to（　4　）where you'll end up in life, all you have to do is follow the curve of tiny gains or tiny losses, and see how your daily choices will compound ten or twenty years in the future. Are you spending less than you earn each month? Are you doing exercise each week? Are you reading books and learning something new each day? Tiny battles like these are the ones that will define your future self.

Time increases the gap between success and failure. It will multiply whatever you feed it. Good habits make time your ally. Bad habits make time your（　5　）.

Habits are a double-edged sword*. Bad habits can cut you down just as easily as good habits can build you up, which is why understanding the details is crucial. You need to know how habits work and how to design them to your taste, so you can avoid the dangerous half of the blade.

*a double-edged sword：両刃（もろは）の剣

設 問

A．本文中の下線部（ア〜エ）が文中で表している内容に最も近いものを、それぞれ下記（ a 〜 d ）の中から 1 つ選び、その記号をマークしなさい。

（ア）<u>achieving any other goal</u>

　　　a．losing any other objective　　　　b．discovering any other feature

　　　c．fulfilling any other aim　　　　　d．checking any other figure

出典追記：Atomic Habits：An Easy & Proven Way to Build Good Habits & Break Bad Ones by James Clear, Avery

（イ）<u>seem to make little difference</u>
　　　　a．seem to be of minor significance
　　　　b．seem to be a major challenge
　　　　c．seem to be very difficult
　　　　d．seem to tackle a big problem

（ウ）<u>you're still out of shape</u>
　　　　a．you're still nice　　　　　　b．you're still healthy
　　　　c．you're not kind yet　　　　　d．you're not fit yet

（エ）<u>our small choices bring dangerous results</u>
　　　　a．our small choices lead to bad outcomes
　　　　b．our small choices produce poisonous substances
　　　　c．our small choices associate with criminal acts
　　　　d．our small choices offer fewer risks

B．本文中の空所（1〜5）に入れるのに最も適当なものを、それぞれ下記（a〜d）の中から1つ
　　選び、その記号をマークしなさい。

（1）　a．demonstrate　　b．identify　　　c．speak　　　　d．convince
（2）　a．apparent　　　b．absent　　　c．attractive　　d．small
（3）　a．for　　　　　b．with　　　　c．of　　　　　d．in
（4）　a．believe　　　b．return　　　c．decide　　　d．produce
（5）　a．friend　　　b．money　　　c．treasure　　d．enemy

C．次の問い（ i 〜iii）の答えとして最も適当なものを、それぞれ下記（a〜d）の中から1つ選び、
　　その記号をマークしなさい。

（ i ）According to the passage, when are we likely to put pressure on ourselves to
　　　make a great achievement?
　　　　a．When getting sleep.
　　　　b．When chatting with friends.
　　　　c．When starting a new business.
　　　　d．When driving a car.

（ⅱ）According to the passage, why are we likely to dismiss small changes?

  a．Because they don't seem important in everyday life.

  b．Because they reflect our previous routines.

  c．Because they affect the way of our thinking.

  d．Because they directly connect to our attitudes.

（ⅲ）Why does the author suggest that it doesn't matter whether or not we are successful right now?

  a．Because what we are currently focusing on won't affect our eventual future self.

  b．Because the current situation, by necessity, always determines our future.

  c．Because the current situation is entirely determined by the products and conditions of our previous experiences.

  d．Because what we are doing for the future is more important than our current status.

D．本文中の二重下線部 <u>What matters is whether your habits are putting you on the path toward success.</u> を日本語に訳しなさい。答えは記述式解答用紙の所定欄に記入しなさい。

〔Ⅱ〕　次の英文を読み、下記の設問（A～C）に答えなさい。

　　I have two daughters and four grandchildren. All of them are wonderfully unique. For example, one of my daughters, Sarah, is a TV producer and the other, Emily, a professor of physics. But there are also characteristics that they share between themselves, their children, with me, and my wife, Anne. Family resemblances can be strong or (ア)subtle—height, eye colour, the curve of the mouth or nose, even particular habits or facial expressions. There are many variations too, but the continuity between generations is (イ)obviously there.

　　The existence of similarities between parents and children is a typical characteristic of all living beings. It was something that Aristotle* and other classical thinkers recognised long ago, but the basis of biological inheritance remained a mystery. Various explanations were given over the years, some of which (ウ)sound a bit peculiar today. Aristotle, for example, suspected that mothers only influenced the development of their unborn children in the same way that the qualities of a particular soil influenced the growth of a plant from a seed. Others thought that the explanation was a "blending of the blood," meaning a mere mixture of parents' blood determines the characteristics of their children.

　　It (エ)took the discovery of the gene to pave the way to a more realistic understanding of how inheritance works. As well as providing a way to help make sense of the complicated mixture of resemblances and unique characteristics that run through families, genes are the key source of information life uses to build, maintain, and reproduce cells and, by extension, organisms made from cells.

　　Gregor Mendel** was the first person to make some sense of the mysteries of inheritance. But he did not do this by studying the patterns of inheritance in human families. Instead, he (オ)carried out careful experiments with pea plants, coming up with the ideas that eventually led to the discovery of what we now call genes.

　　*Aristotle：アリストテレス（古代ギリシアの哲学者）
　　**Gregor Mendel：グレゴール・メンデル（オーストリアの植物学者）

設　問

A．本文中の下線部（ア～オ）の文中での意味に最も近いものを、それぞれ下記（a～d）の中から
　　1つ選び、その記号をマークしなさい。

　　（ア）　subtle

出典追記：What Is Life? : Five Great Ideas in Biology by Paul Nurse, W.W.Norton & Company Inc.

	a．short	b．slight	c．uncommon	d．vital

（イ）　obviously

	a．carefully	b．clearly	c．effectively	d．recently

（ウ）　sound

	a．say	b．see	c．appear	d．think

（エ）　took

	a．required	b．caught	c．put	d．lost

（オ）　carried out

	a．lifted	b．looked	c．saw	d．conducted

B．次の英文（a～f）の中から本文の内容と一致するものを 2 つ選び、その記号を各段に 1 つずつマークしなさい。ただし、その順序は問いません。

a．The author does not feel any resemblances between his two daughters.

b．Aristotle did not notice similarities between parents and children.

c．Some thinkers thought that children normally inherit characteristics from either one of their two parents.

d．Without the progress of genetic science, scientists could not fully understand the system of family resemblances.

e．Genetic information is important for the creation of cells.

f．Mendel mainly studied the patterns of family resemblances in peas and humans.

C．本文中の二重下線部 The existence of similarities between parents and children is a typical characteristic of all living beings. を日本語に訳しなさい。答えは記述式解答用紙の所定欄に記入しなさい。

〔Ⅲ〕 次の英文を読み、下記の設問（A～C）に答えなさい。

　　We have no idea what the job market will look like in 2050. It is generally agreed that Artificial Intelligence (AI), especially machine learning, will change almost every line of work—from producing food to teaching physical exercise. However, (ア)there are contrary views about what the change will be and how quickly it might happen. Some believe that within a mere decade or two, billions of people will become unemployed. (　1　) maintain that even in the long run automation will keep creating new jobs and greater economic success for all.

　　So are we about to experience a terrible change, or are such forecasts yet another example of the panic which some workers during the Industrial Revolution felt when they destroyed machines for fear of losing their jobs? It is hard to say. Fears (　2　) automation will create massive unemployment go back to the nineteenth century, and so far, they have never occurred. Since the beginning of the Industrial Revolution, for every job lost to a machine, at least one new job was created, and the average standard of living has increased dramatically. Yet there are good reasons to think that this time will be different, and that (イ)machine learning will be a real game changer.

　　Humans have two types of abilities—physical and cognitive*. In the past, machines competed with humans mainly in raw physical abilities, while humans had an enormous advantage over machines in cognitive abilities. Hence as (　3　) jobs in agriculture and industry were automated, new service jobs emerged that required the kind of cognitive skills only humans possessed: learning, analysing, communicating, and above all, understanding human emotions. However, AI is now beginning to surpass humans in more and more of these skills, including in the understanding of human emotions. We don't know of any third field of activity—beyond the physical and the cognitive—(　4　) humans will always have a secure advantage.

　　It is crucial to realise that (ウ)the AI revolution is not just about computers getting faster and smarter. It is fuelled by advances in the life sciences and the social sciences as well. The better we understand the biochemical** mechanisms that determine human emotions, desires, and choices, the better computers can become in analysing human behaviour, predicting human decisions, and (　5　) human drivers, bankers and lawyers.

　　In the last few decades, research in areas such as neuroscience*** and behavioural economics allowed scientists to gain a much better understanding of how humans make decisions. It turned out that our choices of everything from food to mates result not from some mysterious free will, but rather from billions of nerve cells calculating probabilities within a split second. "Human instinct" is, in reality, "pattern recognition." Good drivers, bankers, and lawyers don't have amazing instincts for traffic, investment, or negotiation— rather, by recognising repeated patterns, they spot and try to avoid careless pedestrians, incompetent borrowers, and dishonest criminals. And patterns can be learned—even by machines.

　*cognitive：認知の、認知に関する
　**biochemical：生化学の
***neuroscience：神経科学

設　問

A. 本文中の空所（1〜5）に入れるのに最も適当なものを、それぞれ下記（a〜d）の中から1つ
　　選び、その記号をマークしなさい。

（1）　a．Many　　　　　b．Humans　　　　c．Others　　　　d．People
（2）　a．of　　　　　　b．which　　　　　c．that　　　　　d．for
（3）　a．manual　　　　b．mental　　　　　c．cultural　　　　d．social
（4）　a．what　　　　　b．when　　　　　c．where　　　　　d．why
（5）　a．displaying　　b．replacing　　　c．importing　　　d．working

B. 本文中の下線部（ア〜ウ）が文中で表している内容に最も近いものを、それぞれ下記（a〜d）
　　の中から1つ選び、その記号をマークしなさい。

（ア）　there are contrary views about what the change will be and how quickly it might
　　　happen
　　　a．people are fighting to benefit from what the change will be and how quickly
　　　　 it might happen
　　　b．people are not conflicted about what the change will be and how quickly it
　　　　 might happen
　　　c．most people can now see what the change will be and how quickly it might
　　　　 happen
　　　d．people have different opinions as to what the change will be and how quickly
　　　　 it might happen

出典追記：21 Lessons for the 21st Century by Yuval Noah Harari, Spiegel & Grau

（イ）　machine learning will be a real game changer

    a．machine learning will change the situation completely

    b．machine learning will play games with human game players

    c．machine learning will defeat human game players in the real world

    d．machine learning will be a game player to change the reality

（ウ）　the AI revolution is not just about computers getting faster and smarter

    a．the AI revolution makes computers not only faster but also smarter

    b．the AI revolution is that people have more, faster, and smarter computers

    c．the AI revolution means that computers get more durable

    d．the AI revolution means more than improved features of computers

C．次の英文（a～f）の中から本文の内容と一致するものを2つ選び、その記号を各段に1つずつ
マークしなさい。ただし、その順序は問いません。

    a．It is likely that machines will take away jobs from people in ten or twenty years.

    b．It is certain that AI will lead us to greater economic success.

    c．It is not certain that the AI revolution will produce the same results as those of the Industrial Revolution.

    d．After the Industrial Revolution, jobs have been constantly decreasing in number.

    e．It is known that humans make decisions based on probability calculations made in the brain in a second.

    f．Good drivers, for example, can drive perfectly because of their amazing instincts for the traffic.

〔IV〕 次の英文（1～10）の空所に入れるのに最も適当なものを、それぞれ下記（a～d）の中から 1
つ選び、その記号をマークしなさい。

(1) A 3-year-old girl has been rescued (   ) from an apartment building
destroyed following Friday's strong earthquake.
　a．living　　　　　b．to live　　　　　c．lively　　　　　d．alive

(2) Tim sat in his car with his (   ) as the police officer issued him a speeding
violation.
　a．fold arms　　　b．folding arms　　　c．arms folded　　　d．arms folding

(3) The judge should enforce the rules of the game and control the match properly
(   ) expose players to unnecessary risk.
　a．as it will　　　b．because it will　　c．not so as to　　d．so as not to

(4) All persons, regardless (   ) age, sex, or racial background, have human and
civil rights.
　a．in　　　　　　b．of　　　　　　　c．from　　　　　　d．with

(5) The customers don't think that the company is capable (   ) an order that
large.
　a．with handling　　b．to handle　　　c．for handling　　　d．of handling

(6) Among (   ) present at the conference was Tim Thompson, Professor of
Climate Physics.
　a．that　　　　　b．them　　　　　　c．those　　　　　　d．whom

(7) It isn't important what you believe (   ) you're sincere.
　a．as long as　　　b．during　　　　　c．in　　　　　　　d．as much as

(8) She loved ballet and opera, neither of (   ) interested him in the slightest.
　a．her　　　　　　b．it　　　　　　　c．what　　　　　　d．which

(9) The time will come (   ) I feel satisfied with what I have achieved and I will
leave my position.
　a．as　　　　　　b．when　　　　　　c．which　　　　　　d．why

(10)　The football players take your (　　　　　) away with their amazing speed and power.

　　　a．breath　　　　b．eyes　　　　　c．foot　　　　　d．heart

〔Ⅴ〕次の設問（A、B）に答えなさい。

設　問

A．次の日本文（1、2）に相当する意味になるように、それぞれ下記（a～h）の語句を並べ替えて正しい英文を完成させたとき、並べ替えた語句の最初から3番目と7番目に来るものの記号をマークしなさい。

　（1）　私の意見では、より多くの睡眠をとることは必ずしも時間の無駄ではない。

　　　In my opinion, getting (　　　　　　　　).

　　　a．sleep　　　　b．a waste　　　　c．more　　　　d．necessarily

　　　e．of　　　　　f．not　　　　　g．is　　　　　h．time

　（2）　あなたの感じ方は、あなた自身がどんな人物であるかによって決まる。

　　　What you feel is (　　　　　　　　).

　　　a．by　　　　　b．person　　　　c．determined　　d．kind

　　　e．you　　　　f．what　　　　g．are　　　　h．of

B．次の日本文に相当する意味になるように英文の空所を埋めなさい。答えは、空所に入れる部分のみを記述式解答用紙の所定欄に記入しなさい。

　　この困難な時を乗り越えるために、日常生活の中で何か楽しく、有意義なことを発見しようとすることが重要である。

　　In order to overcome this difficult time, it is important to (　　　　　　　　　　).

〔Ⅵ〕 次の会話文を読み、空所（1〜10）に入れるのに最も適当なものを、それぞれ下記（a〜d）の
中から1つ選び、その記号をマークしなさい。

Morris and Linda are on a weekend trip and are staying at a hotel.

Morris :　Should I call (　1　) and ask for the Wi-Fi password?

Linda :　Yeah. And can you ask (　2　) the bedcovers can be changed? There's a
stain on this one.

Morris :　Okay, sure.

Morris calls the front desk.

Linda :　And?

Morris :　Nobody is (　3　) the phone. Hmmm, earlier when I was downstairs, there
was no one at the counter, either.

Linda :　I also noticed that we don't have any fresh towels. (　4　), I only packed
my beach towel.

Morris :　Okay, I'll ask about that too. But I can't (　5　) anyone. I don't know why
no one is answering.

Linda :　(　6　) knows what that stain is. There's no way I'm sleeping in that bed.

Morris :　(　7　). No wonder this place was so cheap for a 4-star hotel.

Linda :　I don't think this is actually a 4-star hotel.

Morris :　(　8　), that's what the lady from the travel office said. All the reviews
online were good.

Linda :　Maybe the reviews are from the employees of the hotel, haha.

Morris :　Or maybe the owner wrote them all by himself! For real though, maybe the
hotel is just having a (　9　) day. Let's just go to the beach and call again
later.

Linda :　Hmmm, it (　10　) be better if we took care of this now. I don't want to deal
with it tonight.

　（1）　a．receive　　　b．receipt　　　c．receiver　　　d．reception

　（2）　a．against　　　b．for　　　　　c．if　　　　　　d．in

　（3）　a．getting in　　b．getting up　　c．picking in　　d．picking up

（4）　a．Immediately　　b．Perfectly　　　c．Properly　　　d．Unfortunately

（5）　a．reach　　　　b．need　　　　　c．understand　　d．make

（6）　a．What　　　　b．Who　　　　　c．Which　　　　d．Whom

（7）　a．Me either　　b．Me neither　　c．Me too　　　　d．Not me

（8）　a．Well　　　　b．If　　　　　　c．Luckily　　　　d．Then

（9）　a．bad　　　　　b．good　　　　　c．sad　　　　　d．well

（10）　a．shall　　　　b．can　　　　　c．must　　　　　d．would

2 月 7 日実施分

解　答

Ⅰ　解答　A. (ア)— c　(イ)— a　(ウ)— d　(エ)— a
　　　　　B. (1)— d　(2)— a　(3)— b　(4)— c　(5)— d
C. (i)— c　(ii)— a　(iii)— d
D. 全訳下線部参照。

◆全　訳◆

≪良い習慣の日々の積み重ねが大切≫

　ある重要な瞬間の重要性を過大に評価し，日常的に小さな改善を行うことの価値を過小評価するのはとても簡単だ。私たちは往々にして，大きな成功には大きな行動が必要だと思い込んでいる。それが減量することであれ，事業を立ち上げることであれ，本を執筆することであれ，優勝することであれ，他のどんな目標を達成することであれ，私たちはみんなが語り草にするような，何か驚くほどの改善をするよう，自分にプレッシャーをかける。

　その一方で，1パーセント分の改善はとりたてて目を引くようなものではないが，特に長期間経った後は，その方がはるかに重要となりうる。小さな改善が長い期間をかけて作り出せる差は驚異的である。ささやかな成功や，ちょっとした問題として始まることが，次第にふくらみ，何かさらにずっと大きなものになるのだ。

　習慣は複利式の自己改善だ。お金が複利で増えるのと同じように，あなたの習慣がもつ効果はそれらを繰り返すたびに一層増えていく。1日ならどの日をとっても，その効果にほとんど違いはないように思われるが，それらが何カ月，何年にもわたってもたらす影響は非常に大きなものとなりうる。2年，5年，ことによると10年後に振り返ってみたときにはじめて，良い習慣の価値と，悪い習慣の代償が非常に明らかになる。

　これは，日常生活で正しく理解するには，難しい概念ともなりうる。私たちは，小さな変化はそのときには大した違いはないように思えるので，それらを見過ごしてしまうことが多い。もしあなたが今，わずかなお金を貯めたとしても，まだ大金持ちではない。3日間続けて運動したとしても，

依然として不健康なままだ。今夜1時間，中国語を勉強しても，依然として
その言語を身につけたことにはならない。私たちは，少しは変化してい
るのだが，その結果はすぐに出てくるとはとても思えないので，これまで
の日常にもどってしまうのだ。

　不運なことに，変化の速度が遅いことで，同じように，悪い習慣を続け
てしまうのも簡単となる。もしあなたが今日，身体によくない食事をして
も，体重計はさほど動かない。もし今夜，遅くまで働いて，あなたの家族
を顧みないとしても，家族はあなたを許してくれるだろう。あなたが課題
を明日まで延期しても，たいてい後々それを終わらせる時間があるだろう。
決断も一度だと，簡単に忘れ去ってしまうのだ。

　しかし，小さな過ちを繰り返し，ちょっとした言い訳を正当化してしま
うことで，私たちが1パーセントの過ちを来る日も来る日も繰り返すなら，
私たちの小さな選択が危険な結果をもたらす。最終的に問題につながるの
は，多くの過ちの総計，つまりあちこちで生じる1パーセントの下落なの
である。

　あなたの毎日の習慣をほんの少し変えるだけで，あなたの人生はまった
く違う行き先に向かうこともある。1パーセント良くなる，もしくは1パ
ーセント悪くなるある選択をすることは，そのときにはどうということも
ないように思われるが，一生涯そういう瞬間が積み重なるうちに，こうい
う選択が，今のあなたと，なれる可能性のあるあなたとの違いを決定づけ
る。成功とは日々の習慣の産物であり，一生に一度の変化の産物ではない
のだ。

　そうは言っても，現時点であなたがどれほどうまくいっているのか，い
ないのかは重要ではない。重要なのは，あなたの習慣があなたを成功への
道に導いているかどうかなのである。あなたは自分が現時点でたどってい
る道に関心をもつべきだ。もしあなたが大金持ちでも毎月稼ぐ以上に使う
なら，悪い経路をたどっていることになる。もしあなたのお金の使い方が
変わらないなら，その道は良い終わり方はしないだろう。それにひきかえ，
もしあなたが一文無しでも，毎月少しずつ貯金していけば，やがて経済的
自由への道に進むことになる――たとえあなたが願うよりその歩みはゆ
っくりだとしても，である。

　もしあなたが人生の行きつく先を決めたいと思うなら，やらなければな

解答編

らないのは，ちょっとした利益やわずかな損失への曲がり角を経て，そういう日々の選択が，その先の 10 年とか 20 年後，どう折り合いがついているかを見極めるということだけなのだ。あなたは毎月の稼ぎより，支出を少なくしているだろうか？　あなたは毎週，運動をしているだろうか？あなたは毎日本を読み，何か新しいことを学んでいるだろうか？　こうした小さな戦いが，あなたの将来の自分を決めることになる戦いなのである。

　成功と失敗とのギャップは時とともに大きくなる。時間は，何であれ，あなたが力を注ぐものの方を増大させるだろう。良い習慣は時間をあなたの味方にする。悪い習慣は時間をあなたの敵にする。

　習慣とは両刃の剣である。悪い習慣がいとも簡単にあなたをだめにしてしまうことがあるのは，良い習慣があなたを高めることができるのとまったく同じで，だからこそ，その詳細を理解することが不可欠だ。あなたは，その剣の危険な方の刃をよけられるように，習慣がどう作用し，あなたの好みに合う習慣を作り上げるにはどうすればいいかを知っておく必要があるのだ。

■■■■■■■■■ ◀解　説▶ ■■■■■■■■■

A．㋐ achieving any other goal における goal は「目標，目的」という意味であることから，この動名詞句は「他のどんな目標を達成すること」という意味になる。選択肢の中では c の fulfilling any other aim「他のどの目的を達成すること」が意味的に近い。

㋑ seem to make little difference における make little difference は「大した違いはない，大して重要ではない」という意味で，この部分は「大した違いはないようだ，大して重要ではなさそうだ」という意味になる。選択肢の中では a の seem to be of minor significance「あまり重要ではないようだ」が意味的に近い。この of minor significance は「of ＋抽象名詞」の形で，形容詞的に用いる用法。

㋒ you're still out of shape の out of shape には「体調が悪くて，不健康で，体形が崩れて」などの意味があり，この部分は「依然として不健康なままだ」という意味になる。選択肢の中では d の you're not fit yet「あなたはまだ健康ではない」が意味的に近い。この fit は「健康な，元気な」という意味の形容詞。

㋓ our small choices bring dangerous results は「私たちの小さな選択が

危険な結果をもたらす」という意味であり，a の our small choices lead
to bad outcomes「わたしたちの小さな選択が悪い結果につながる」が意
味的に近い。この lead to ～ は「(物事が)～を引き起こす，～につなが
る」という意味で，bring「～をもたらす」とほぼ同意。

B．⑴空所の直後の ourselves という再帰代名詞と，その後に that 節が
続いている点に注目する。convince *oneself* that S V の形で「自分に～だ
と言い聞かせる，～だと自分で思い込んでいる」という意味になる d の
convince であれば，文脈上も適切であり，これが正解。

⑵第3段第3文（They seem to …）に，短期間ではその効果にほとんど
違いはないように思われても，何カ月，何年にもわたるとその影響は非常
に大きい，という内容が述べられている点から判断すると，ここでも，数
年から10年にわたる良い習慣の効果と悪い習慣の代償はよくわかるはず
なので，a の apparent「明白な」が正解。

⑶直前の be concerned という表現と，your current path「あなたの現在
たどっている道」とのつながりを考えると，b の with であれば，be
concerned with ～ で「～に関わっている，～に関心がある」という意味
になり，文脈上も適切なので，これが正解。

⑷空所の後には where you'll end up in life「あなたが人生において最終
的にどこで終わるか」つまり「人生の行きつく先」という節が続いており，
これが空所に入る動詞の目的語。それをどうしたいと思うかを考えると，
選択肢の中では c の decide「～を決める」が文脈上適切。

⑸直前の Good habits make time your ally. の ally が「味方」という意味
であることから，この文と対照をなす Bad habits make time your の後
に続く語としては，d の enemy「敵」が適切。

C．⒤「本文によると，私たちは大成功を収めるために，いつ自分自身に
プレッシャーをかける可能性が高いか」　第1段最終文（Whether it is
…）に，私たちが何か驚くほどの改善をするよう自分にプレッシャーをか
けるきっかけの例として，減量や事業の立ち上げ，本の執筆が挙げられて
おり，選択肢の中では，本文中の building a business に近い，c の
When starting a new business.「新規の事業を始めるとき」が正解。

⒤⒤「本文によると，私たちはなぜ，小さな変化を見過ごしやすいのか」
第4段第2文（We often dismiss …）に，私たちは日常生活では，小さ

な変化を，大した問題ではないように思うので，見過ごしてしまうことが多いという内容が述べられている。aのBecause they don't seem important in everyday life.「それらは日常生活では重要には思えないから」が正解。

(iii)「なぜ筆者は，現時点で私たちがうまくいっているかどうかは重要ではないと示唆しているのか」　筆者のこの意見は，第8段第1文（That said, it…）で述べられている。続く第2文（What matters is…）で「重要なのは習慣があなたを成功へと導いているかどうか」であると述べているのでdの「現時点での状況よりも，将来のために何をしているか（＝それが成功へ導いてくれるのか）がより重要だから」が正解。同段第4文から最終文（If you're a … than you'd like.）にある，悪い習慣のある裕福な人と良い習慣のある貧しい人の将来の対比からも，今現在の習慣が将来を決めることが読み取れる。

D．What mattersのmatterは「重要である，問題である」という意味で，文全体は，What mattersという関係代名詞節が主語，whether以下の「〜かどうか」という意味の名詞節が補語の第2文型。put *A* on the path toward〜は「*A*（人）が〜への道に進むようにする，*A*（人）を〜の道に導く」という意味の表現。

Ⅱ　解答

A．㋐― b　㋑― b　㋒― c　㋓― a　㋔― d
B．d・e
C．全訳下線部参照。

◆全　訳◆

≪家族間の類似の仕組みの解明≫

　私には2人の娘と4人の孫がいる。その全員がすばらしくユニークだ。例えば，娘の1人のサラはテレビのプロデューサーで，もう1人のエミリーは物理学の教授である。でも，2人の間で，また，この2人の子供たちや私，そして私の妻のアンとも共有する特性もある。家族間の類似は，強いことも，はっきりしないこともあり，それは身長，目の色，口元や鼻の曲がり具合，さらには特定の癖や顔に出る表情といったものまでそうだ。形を変えているものも多いが，そこには世代間の連続性があきらかに存在する。

　親子間には似たところがあるというのは，あらゆる生物の典型的な特徴である。それは遠い昔，アリストテレスをはじめとする古代の思想家たちも気づいていた点だったが，生物学的な遺伝の原理は依然として謎だった。長年にわたってさまざまな説明がなされ，なかには，今となるとちょっと突拍子もないように思われるものもある。例えばアリストテレスは，ある特定の土壌の特性が，種から育つ植物の成長に影響を与えるのとまったく同じ様にして，母親だけが胎児の成長に影響を与えるのではないかと考えた。他にも，「血の混合」，つまり，単に両親の血が混ざることで，その子供たちの特徴が決まるということで説明がつくと考えた者もいた。

　遺伝の仕組みをさらに実態に沿う形で理解する道を開くには，遺伝子の発見が必要だった。遺伝子は，家族を通して受け継がれていく類似点やユニークな特性の複雑な混じり合いを解明するのに役立つ方法を提供しているだけでなく，生き物が細胞，さらにその延長線上として，細胞からなるさまざまな生命体を作り上げ，維持し，再生産するのに用いる情報の主な出所でもあるのだ。

　グレゴール＝メンデルは，遺伝の謎の一部を解明した最初の人であった。しかし，彼は人間の家族の遺伝のパターンを研究することでこれを行ったのではない。その代わりに，彼はエンドウの苗木で慎重な実験を行い，最終的に，今日私たちが遺伝子と呼ぶものの発見につながる考え方を思いついたのである。

━━━━━━━━━━◀解　説▶━━━━━━━━━━

A．㋐subtle は「わずかな，はっきりしない」という意味で，選択肢の中ではⅾの slight「非常に小さい，ほんのわずかな」が意味的に近い。short「短い」，uncommon「珍しい」，vital「不可欠な，生命にかかわる」はいずれも意味が異なる。
㋑obviously は「明らかに，明瞭に」という意味で，ⅾの clearly が意味的に近い。carefully「注意深く」，effectively「効果的に」，recently「最近」はいずれも意味が異なる。
㋒sound はここでは第2文型で用いられ「～のように聞こえる，～と思われる，～らしい」という意味。ⅽの appear も第2文型では「～のように見える，～と思われる」という意味になり，これが意味的に近い。say，see，think はいずれも第2文型では用いないので不適。

㈎この took は「〜を必要とする」という意味で用いられた take の過去形であり，選択肢の中では a の required「〜を必要とした」が意味的に近い。

㈭ carried out は carry out 〜「〜を実行する，〜を行う」というイディオムの過去形であり，選択肢の中では d の conducted「行った」が意味的に近い。

B．a．「筆者は自分の 2 人の娘の間には類似点がないと感じている」　第 1 段第 4 文（But there are …）に，筆者の 2 人の娘には共有する特性もあると述べられており，不一致。

b．「アリストテレスは親子間には似たところがあることに気づいていなかった」　第 2 段第 1・2 文（The existence of … remained a mystery.）に，親子間には類似点があり，それはアリストテレスをはじめとする古代の思想家たちも気づいていた点だったと述べられており，不一致。

c．「一部の思想家は子供はふつう，両親のどちらか一方から特性を受け継ぐと考えた」　第 2 段第 4 文（Aristotle, for example, …）にあるように，母親だけが胎児の成長に影響を与えると考えたのはアリストテレスで，同段最終文（Others thought that …）には，他にも，両親の血が混ざることで子供たちの特徴が決まると考えた思想家もいたと述べられている。両親のどちらかから特性を受け継ぐと考えたのはアリストテレスだけなので，不一致。

d．「遺伝科学の進歩がなければ，科学者たちは家族の類似の仕組みを十分に理解することはできなかっただろう」　第 3 段第 1 文（It took the …）に，遺伝の仕組みを実態に沿う形で理解する道を開くには遺伝子の発見が必要だったと述べられており，遺伝の仕組みが外に見える形で現れたのが家族間の類似であることから，一致。

e．「遺伝情報は細胞の形成にとって重要である」　第 3 段最終文（As well as …）に，遺伝子は生き物が細胞や，細胞からなる生命体を作り上げ，維持し，再生産するのに用いる情報の主な出所だと述べられており，一致。

f．「メンデルは主にエンドウ豆と人間で，家族の類似のパターンを研究した」　最終段第 2・最終文（But he did … now call genes.）に，メンデルは，人間の家族の遺伝のパターンを研究したのではなく，エンドウの苗

木で実験を行ったと述べられており，不一致。

Ｃ．The existence of ～ は直訳すると「～の存在」だが，「～が存在すること」という訳も可能。similarities between parents and children「親子の間で似ているところ，親子間の類似点」 typical「典型的な，よく見られる」 characteristic「特徴，特性」 living beings はここでは all がついており動植物，すべての「生物」という意味。

Ⅲ　**解答**　Ａ．(1)— c　(2)— c　(3)— a　(4)— c　(5)— b
　　　　　　　　Ｂ．(ア)— d　(イ)— a　(ウ)— d

Ｃ．c・e

━━━━━━◆全　訳◆━━━━━━

≪AIの進化がもたらす変化≫

　私たちには2050年に労働市場がどうなっているのか，まったくわからない。人工知能，とくに機械学習が，食品の製造から運動の指導にいたるまで，ほぼあらゆる業種を一変させるだろうという点では，おおむね意見が一致している。しかしながら，その変化がどんなものとなり，はたしてどのくらい急速に生じるのかという点については，相反する見方がある。ほんの10年か20年以内に，何十億もの人たちが職を失うだろうと思っている人もいる。長い目でみたとしても，自動化は万人に対し新たな仕事とさらなる経済的成功を今後もずっと生み出し続けると主張する人もいる。

　だとすると，私たちはまさにひどい変化を経験しようとしているのだろうか，あるいは，そういう予想は，今のところ，産業革命期の一部の労働者が，自分が職を失うことを恐れて機械を破壊したときに感じていたパニックのまた別の例なのだろうか。それは判断が難しい。自動化は大量の失業を生み出すだろうという恐れは，19世紀に端を発するものであり，今のところ，そういうことはまだ一度も起きていない。産業革命の開始以来，機械によって失われたどの仕事に対しても，新たな仕事が少なくとも一つは創り出されており，平均的な生活水準は劇的に上昇してきたのだ。それでも，今回は別で，機械学習は実際に物事を一変させるものとなるだろうと思うのももっともな理由はいくつかある。

　人間には，2つのタイプの能力があり，それは身体的なものと認知に関するものだ。これまでは，機械は主に生身の身体能力面では人と競合する

ものだったが，一方，人間は，認知能力の面で機械より圧倒的に優位に立っていた。したがって，農業や産業において肉体労働が自動化されたときも，人だけがもっているという類の認知技能を必要とする新たなサービス業が作り出された。その技能とは，学習，分析，意思の疎通，そしてとりわけ，人の感情を理解するといったものだ。しかしながら，人工知能は今や，人の感情を理解することを含め，これらの技能においてもますます人間をしのぐようになりつつある。私たちは，第3の活動分野，つまり肉体に関するものと認知に関するもの以外に，人間が常に安定して優位に立てるような分野がまったくわからないのだ。

　人工知能による革命は，単にコンピュータがますます高速かつ賢くなっているというだけの話ではないと理解することが極めて重要である。それは，生命科学，さらには社会科学における進歩によっても加速される。私達が人の感情，欲求，選択を決定づける生化学の仕組みをよく理解すればするほど，コンピュータは人の行動を分析し，人の決定を予測し，さらには人間の運転手や銀行員や弁護士に取って代わるのも，ますますうまくやれるようになるのだ。

　ここ数十年間で，神経科学や行動経済学といった領域の研究によって，科学者たちは人がどのように決定を行うかがはるかによくわかるようになった。結局，食べ物から配偶者にいたるまで，どんなことに関する私たちの選択も，何か謎めいた自由意志ではなく，何十億もの神経細胞がほんの一瞬のうちに確率を計算した結果だということがわかった。「人間の勘」とは，実は，「パターン認識」なのだ。腕のいい運転手や銀行員や弁護士は，運行や投資や交渉に対して驚くべき勘をもっているのではない——正しくは，繰り返されるパターンを認識することで，不注意な歩行者や，返済能力のない借り手や，うそをつく犯罪者を見抜いて，避けようとしているのである。そして，パターンは学習することができる——それは機械でもできることなのだ。

■■■■ ◀解　説▶ ■■■■

A. (1)直前の文が，Some が主語である点に注目すると，この2文が，Some *do* ～ に続けて，Others *do* … とすることで「～する人もいれば，…する人もいる」という意味の対比をなす形とわかり，cの Others が正解。

(2)空所の後には主部と述部のある完全な文が続いていることから判断して，Fears「不安，恐れ」の内容を説明する同格の節を導く接続詞である，cの that が正解。

(3)この段落の第1文（Humans have two …）では，physical「身体的な」と cognitive「認知の」という，人間の2つのタイプの能力について述べられており，農業や産業における仕事がどのタイプの仕事かを考えると，aの manual「肉体の，手作業の」が正解。

(4)空所の後の humans 以下の文は完全な形の文であり，any third field of activity を説明する内容となっていることから判断して，この語を先行詞とする関係副詞節が続いているとわかる。したがって，関係副詞であるcの where が正解。

(5)空所には，in analysing 〜, predicting … に続く形で，コンピュータがどんどんうまくなる分野の説明がなされており，この後に運転手といったさまざまな職種が挙げられていることから判断して，bの replacing「〜に取って代わること」が正解。

B. (ア) there are contrary views about what the change will be and how quicky it might happen の contrary view は「相反する見方」という意味で，この部分は「その変化がどんなものとなり，はたしてどのくらい急速に生じるのかという点については，相反する見方がある」という意味になる。選択肢の中では d の people have different opinions as to what the change will be and how quickly it might happen「人々はその変化がどんなものとなり，はたしてどのくらい急速に生じるのかという点については異なる意見をもっている」が意味的に近い。

(イ) machine learning will be a real game changer の game changer とは「事態を一変させるもの，考え方を根本から変えるもの」という意味であり，この部分は「機械学習は実際に物事を一変させるものとなるだろう」という意味になる。選択肢の中では a の machine learning will change the situation completely「機械学習は状況を完全に変えてしまうだろう」が意味的に近い。

(ウ) the AI revolution is not just about computers getting faster and smarter の about 以下は，computers を意味上の主語とする動名詞句で，この部分は「人工知能による革命は，単にコンピュータがますます高速か

つ賢くなっているというだけの話ではない」という意味になる。選択肢の中ではdの the AI revolution means more than improved features of computers「人工知能による革命はコンピュータの特性が改良されること以上の意味がある」が意味的に近い。

C．a．「機械は10年から20年後には人々から仕事を奪ってしまう可能性が高い」 第1段第4文（Some believe that …）に，10年か20年以内に，何十億もの人たちが職を失うだろうと思っている人もいると述べられているが，これは一部の人の考えであり，この文章の前後より，相反する意見を述べる人もいることがわかるので，不一致。

b．「人工知能が私たちをより大きな経済的成功へと導くのは確かだ」 第1段最終文（（　1　）maintain that …）に，自動化は万人に対し新たな仕事とさらなる経済的成功を今後もずっと生み出し続けると主張する人もいると述べられているが，これも一部の人の主張であり，第1段第3文（However, there are …）より，相反する考えの人もいるとわかるので，不一致。

c．「人工知能による革命が産業革命の結果と同じ結果を生むかは定かではない」 第2段第1文（So are we …）には疑問文の形で，人工知能による変化は産業革命期に労働者が感じたパニックの別の例になるのだろうかと述べられているが，同段第2文（It is hard …）には「それは判断が難しい」とも述べられており，一致。

d．「産業革命後，仕事の数は絶えず減少してきた」 第2段第4文（Since the beginning …）に，産業革命の開始以来，機械によって失われたどの仕事に対しても，新たな仕事が少なくとも一つは創り出されたと述べられており，不一致。

e．「人間は，脳内で一瞬にして行われる確率の計算に基づいて決定を下すことがわかっている」 第5段第2文（It turned out …）に，どんなことに関する私たちの選択も，何十億もの神経細胞がほんの一瞬のうちに確率を計算した結果だということがわかったと述べられており，一致。It turned out that ～ は「結局～だということがわかった」，within a split second は「ほんの一瞬で」という意味。

f．「例えば，腕のいい運転手は，運行に対するその驚くべき勘のおかげで完璧な運転ができる」 第5段第4文（Good drivers, bankers, …）に，

運転手，銀行員，弁護士の例が挙げられており，腕のいい運転手は運行に対して驚くべき勘をもっているのではなく，繰り返されるパターンを認識することで，不注意な歩行者を見抜いて，避けようとしていると述べられているので，不一致。

Ⅳ　解答

(1)— d　(2)— c　(3)— d　(4)— b　(5)— d　(6)— c
(7)— a　(8)— d　(9)— b　(10)— a

◀解　説▶

(1)「3歳の少女が，金曜日の強い地震の直後に壊れたアパートの建物から生きて救出されたばかりだ」　空所には救助された際の状態を表す形容詞が入る。選択肢の中で補語として用いることのできるのはdのalive「生存して」であり，これが正解。living「生きている」は形容詞としては名詞を修飾する限定用法で用いる。to liveだと目的を表すことになり，文脈上不適。lively「活発な」は救出時の状態としては不自然。

(2)「ティムは，警察官が彼にスピード違反の書類を発行している間，腕を組んだまま車に座っていた」　with A done「Aを〜して」の形で付帯状況を表す用法であり，cのarms foldedが正解。

(3)「審判は，選手を無用の危険にさらさないように，競技の規則を施行し，試合を適切に取り仕切るべきだ」　expose以下は，審判が競技の規則を施行し，試合を適切に取り仕切る目的と判断でき，so as not to doの形で「〜しないように」という意味になる，dのso as not toが正解。

(4)「人はみな，年齢，性別，人種的背景にかかわらず，人権，および市民権を有する」　空所の前のregardlessに注目すると，regardless of〜の形で「〜にかかわらず」という意味になるbのofが正解。

(5)「客たちには，その会社がそれほど大量の発注を処理できるとは思えない」　空所の前のcapableに注目すると，be capable of doingの形で「〜する能力がある，〜できる」という意味になるdのof handlingが正解。

(6)「会議の出席者の中に，気候物理学の教授であるティム=トンプソンがいた」　この文全体は，among「〜の中に」で始まる前置詞句が文頭に来て，主語であるTim Thompsonと述語動詞のwasが倒置された形となっている。thoseは「人々」という意味で用いることができ，those presentで「出席者」という意味になるので，cのthoseが正解。presentは「出

席して」という意味の形容詞として用いるときは名詞を後置修飾する形となる点に注意する。

⑺「あなたが誠実である限り，あなたが何を信じるかは重要ではない」空所の後には文が続いている点に注目すると，as long as S V の形で「S が V する限り，S が V しさえすれば」という限定条件を表す表現となる，a の as long as が文脈上も適切。

⑻「彼女はバレエとオペラが大好きだったが，そのどちらもまったく彼の興味を引かなかった」　空所の前の neither of は接続詞がないまま空所の部分を含んで interested の主語となっている点に注目する。d の which であれば，ballet and opera を先行詞とする関係代名詞の継続用法として用いることができ，neither of which で「そのどちらも～ない」という意味になり，文脈上も適切なので正解となる。

⑼「私は自分が成し遂げたことに満足感を覚えて，持ち場を離れることになるときが来るだろう」　I feel 以下の2つの文は come の後に直接続いていることから，The time を先行詞とする関係副詞節が離れた形で後置されていると判断できる。よって，時を先行詞とする関係副詞として用いることができる b の when が正解。

⑽「そのサッカー選手たちは，その驚異的なスピードとパワーであなたの度肝を抜く」　空所の前の take と直後の away に注目すると，take *one's* breath away の形で「～の度肝を抜く，～をアッと言わせる」という意味のイディオムとなる a の breath が，文脈上も適切。

V 解答

A．（3番目・7番目の順に）　⑴—g・e　⑵—f・e
B．try to find something enjoyable and meaningful in your daily life

◀解　説▶

A．正しく並べ替えた英文とポイントはそれぞれ次の通り。

⑴（In my opinion, getting）more sleep is not necessarily a waste of time（.）

「必ずしも～ではない」という部分は部分否定となっており，not necessarily の形で表現する点がポイント。「時間の無駄」は a waste of time となる。

(2)(What you feel is) determined by <u>what</u> kind of person <u>you</u> are (.)
文全体は，What you feel という関係代名詞節が主語，述語動詞は is determined by ～「～によって決まる」という意味の受動態，この後に疑問詞節が続くという形である。「どんな人物」は「どのような種類の人」と考えて，what kind of person という語順になる点がポイント。kind of の後は無冠詞の名詞が続く。間接疑問文なので，you are の語順となる点にも注意する。

B．空所の前に to が置かれており，「～を発見しようとすること」は to 不定詞の形で，to try to find ～ とする。この to 不定詞が文全体の主部であり，it は形式主語。「何か楽しく，有意義なこと」は find の目的語なので，この後に続ける。「何か～なこと」は something を形容詞が後置修飾する形となる。「楽しい」は enjoyable や delightful で表せる。「有意義な」は meaningful でよいが，「実り多い」という意味でもある fruitful や「生産的な」という意味でもある productive を用いてもよい。「日常生活の中で」は「日常生活において」と考えて，in your daily life と表現できる。

VI　解答

(1)— d　(2)— c　(3)— d　(4)— d　(5)— a　(6)— b
(7)— b　(8)— a　(9)— a　(10)— d

━━━━◆全　訳◆━━━━

≪旅行中の二人の会話≫

　モリスとリンダは週末の旅行中で，ホテルに滞在している。

モリス：フロントに電話して，Wi-Fi のパスワードをもらうべきかな？

リンダ：そうね。ついでに，ベッドカバーを変えられるか尋ねてくれる？こっちのに染みがついてるの。

モリス：もちろん，いいよ。

　モリスはフロントに電話をする。

リンダ：それで？

モリス：誰も電話にでないんだ。うーん，さっき，僕が階下にいたときも，カウンターには誰もいなかったしね。

リンダ：私，きれいなタオルもないことに気がついたわ。あいにくビーチタオルしか荷物に入れなかったの。

モリス：わかった。そのことも尋ねてみるよ。でも，誰にもつながらない
　　　　な。どうして誰も電話にでないのかわからないよ。

リンダ：そのシミが何かもわからないわ。私，あのベッドで寝るなんてで
　　　　きないわ。

モリス：僕もだよ。どうりでここが４つ星ホテルのわりにそんなに安いわ
　　　　けだ。

リンダ：ここが本当に４つ星ホテルなんて考えられないわ。

モリス：まあ，それは旅行会社の女性が言ったことだけどね。ネット上の
　　　　レビューは全部いいものばかりだったよ。

リンダ：もしかすると，そのレビューはホテルの従業員が出したものかも
　　　　ね，あはは。

モリス：それとも，ひょっとして，オーナーが全部一人で書いたのかも！
　　　　でも，マジで，たぶん，ホテルにとっての，単なる運の悪い一日
　　　　なんだよ。ビーチに行っちゃって，また後で電話しようよ。

リンダ：うーん，今，これをなんとかした方がいいよ。そんなこと，今夜
　　　　やりたくないもの。

━━━━━━━ ◀解　説▶ ━━━━━━━

(1)モリスは Wi-Fi のパスワードをもらおうとしているので，どこに電話
をしようとしているかを考えると，ｄの reception「フロント，受付」が
正解。動詞の receive や receipt「領収書」，receiver「受話器」はいずれ
も call の目的語としては不適。

(2)空所の後には文が続いていることから，ask if Ｓ Ｖ の形で「Ｓが～する
かどうか尋ねる」という意味と判断でき，ｃの if が正解。

(3)電話がつながらないという状況であり，空所の後の the phone に注目
すると，pick up the phone で「受話器を取る，電話に出る」という意味
になるｄの picking up が正解。

(4)リンダはこの直前，きれいなタオルがないと述べており，荷物にビーチ
タオルしか入れなかったというのは良い状況とは言えないので，ｄの
Unfortunately「あいにく」が適切。

(5)電話に誰も出ないという状況が続いていることは，この後に続く「どう
して誰も電話に出ないのかわからない」という発言からも明らかだ。よっ
て，「～に連絡する，～と連絡がつく」という意味になるａの reach が正

解。

(6)リンダはその染みが何の染みかがわからず，シーツに染みがついたベッドには寝たくないと述べているという状況だと判断でき，Who knows 〜で「〜は誰も知らない」という意味になる b の Who が正解。

(7)この直前のリンダの発言の There's no way S V は「S が V するなんてことはできない」という意味であり，この否定文を受けて，モリスは「僕もだよ」と返事したと考えられるので， b の Me neither が正解。c の Me too は肯定文を受けて「僕もだ」という意味になるので不適。d の Not me は「僕じゃない」という意味で，会話の流れとして不適。

(8)空所の後にはコンマがあり，このあとホテルに関連した別の話をしていることから，モリスはそのことを思い出して，言いよどんだと考えられる。「えーと，なるほど」などの意味で用いる a の Well が正解。よい情報を思い出したわけではないので， c の Luckily は不適。d の Then「それでは」も会話の流れとして不適。

(9)高評価であるはずのホテルでトラブルが相次いだため，リンダの第6発言及びモリスの第7発言第1文（Maybe the reviews … all by himself!）では，高評価は全部ホテル関係者によるものではないかと冗談めかして述べている。しかし，カウンターにも人がおらず，フロントに電話もつながらない状況なので，空所のある文では，For real though「でも，マジで」と断ったうえで「ホテルにとっては単なる運の悪い一日」，つまり普段はこんなことはなく偶然その日はホテル側のミスが重なって対応に追われ，人手が足りなくなっているのではないかという流れになる a が正解。空所に続く文で「電話は後回しにしてビーチに行こう」と誘っていることからも，ホテルの対応をあまり気にしていないことが読み取れる。

(10)後に続く if 節の中の時制が過去形であり，二人はシーツの染みの件の処理は今できない状況であることから，この発言は仮定法でなされたと判断でき，帰結節で用いる過去形の助動詞である d の would が正解。take care of 〜 は「〜に対処する」という意味。

❖講　評

　2022 年度の学部個別日程試験も例年通り，読解問題 3 題，文法・語彙問題 1 題，文法・語彙問題（語句整序）および英作文問題 1 題，会話文問題 1 題の計 6 題という構成であった。

　3 題の読解問題については，Ⅰは選択式の同意表現・空所補充・内容説明と記述式の英文和訳，Ⅱは選択式の同意表現・内容真偽と記述式の英文和訳，Ⅲはすべて選択式で，空所補充・同意表現・内容真偽という構成であった。同意表現問題では，語句だけでなく英文と文意が同じ英文を問う問題が複数出題されており，難度の高いものもある。Ⅳの文法・語彙問題，及びⅤの語句整序は語彙・熟語・構文力，文法力が幅広く問われる問題である。Ⅴの記述式の英作文は，文頭部分が与えられており，形式主語の構文だが，ごく標準的な英作文となった。Ⅵの会話文は 10 カ所の空所補充問題となっており，主に文脈把握力と語彙・熟語力を問う問題となっている。

　全体としては設問形式に大きな変化はなく，3 題の長文読解問題に時間がかかるので，時間配分が難しいものの，文法や語彙・熟語力を含め，バランスのよい学力が問われる標準的な問題と言える。

//////////////// · **memo** · ////////////////

/////////////// · **memo** · ///////////////

/////////////// · **memo** · ///////////////

///////////////// · **memo** · /////////////////

/////////////// · memo · ///////////////

教学社 刊行一覧

2025年版 大学赤本シリーズ

国公立大学（都道府県順）

374大学556点 全都道府県を網羅

全国の書店で取り扱っています。店頭にない場合は、お取り寄せができます。

いつも受験生のそばに──赤本

大学入試シリーズ＋α
入試対策も共通テスト対策も赤本で

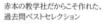

2025年版　大学赤本シリーズ　No. 496

関西学院大学（英語〈3日程×3カ年〉）

2024年7月10日　第1刷発行
ISBN978-4-325-26555-9
定価は裏表紙に表示しています

編　集　教学社編集部
発行者　上原　寿明
発行所　教学社
　　　　〒606-0031
　　　　京都市左京区岩倉南桑原町56
　　　　電話　075-721-6500
　　　　振替　01020-1-15695
　　　　印　刷　太洋社